*Es wird alles
wieder gut*

Es wird alles wieder gut

CARL HABEL
VERLAG

Es wird alles wieder gut
Copyright by Carl Habel Verlag GmbH, Königswinter
Einbandgestaltung: Rincon² & Produktion GmbH, Köln
Einbandfoto: Reinhardt Tierfoto
Gesamtherstellung: Carl Habel Verlag
Printed in Germany

ISBN 3-87179-310-8

INHALT

DAS LEBEN VERGISST NICHTS	9
Wie alles begann	11
Die Bestie	14
Vierjahreszeitenkater	20
Tödliche Absicht	22
Der Ruin einer Freundschaft	27
AUSSER KONTROLLE	33
Die Neuen	35
Gegen jede Chance	36
Der Punker	40
Die große Gier	43
Ausflug in die Provinz	44
Der Ameisenprofessor	45
Njamm Njamm und der blaue Drache	49
Es muß nicht immer Dosenfutter sein	51
EIN HAUCH VON SCHICKSAL	55
Das große Sterben	57
Der Sommerwurm	59
Kleine Geschenke erhalten die Feindschaft	61
Arthur	64
AM ENDE DER ZEIT	67
Wenn die Dauer der Zeit kürzer wird	69
Wehleidiger Sommer	71
Der Weihnachtsgruß	73
Eine phantastische Geschichte	75
Betthupferl	78
Krieg ohne Blutvergießen	80
DAS GIFT DER BELASTUNGEN	83
Die letzte Warnung	85
Der große Frust	88
Kleines Herz in Not	89
SPIEGEL DER VERGANGENHEIT	93
Liebesgeflüster	95
Tür auf, Tür zu	98

Basta!!!	100
Der Fremde geht fremd	104
Augenblicke	107

VERHÄNGNISVOLLE HERAUSFORDERUNGEN — 109

Schlaf weiter, Dschina	111
Timmi	115
Korbbesetzung	116
Die Maske	118
Das Problem der Lösung	121
Unüberwindbare Schwierigkeiten	124

DEM SOMMER ENTGEGEN — 127

Schneidender Eindruck	129
Umwege	131
Katzenzungen	134
Die Maiwanderung	135
Wenn die Sonne streikt	137
Wiegenfest und Schafskälte	139
Weißkittel mit Tücken	142

BEGEGNUNGEN — 145

Ein gefundenes Fressen	147
Mitternachtsphantasien	149
Gewitterforschung	154
Eine nützliche Allergie	157
Lebensrettungsdienst	159
Nachtstreife	160

DIE EINFACHEN DINGE IM LEBEN SIND DIE BESTEN — 163

Jenny und Mizzi	165
Heilsarmee	166
Noch eine Rettung	168
Urlaubswaise	171
Einbrecher	172
Grillegrille	174
Das Monster im Schlafzimmer	176

NECKISCHE SPIELCHEN — 181

Regenzeit und Raupeninvasion	183
Spannungen	184
Zeit der Vergeltung	186

Einbalsamierung	187
Um Haaresbreite	189
Sehnsucht	191
Herbstfarben	194

AUSSERHALB DER SCHATTEN — 197

Der Häuptling und seine Squaw	199
Schleudernickel	200
Das heilige Grinsen	201
Flohzirkus	203
Spielverderber	205
Die kleine Spionin	208
Die Suppennudel	210
Seiltanz	211

NICHTS ALS ÄRGER — 215

Gierige Blicke	217
Eisiger Weg	219
Streicheleinheiten	221
Rache ohne Ende	223
Das Weihnachtswunder	224
Nebelhochzeit	226
Eingeschneit	226
Jenseits der Schmerzgrenze	230

WENN DAS LEBEN ENTGLEIST — 233

Kauwerkzeug	235
Allerlei	238
Lieblingsplätze	239
Im Labyrinth des Grauens	241
Danach	248

PARADIES MIT WIDERHAKEN — 251

Der Ausweg	253
Die Kleinkarierten	254
Der Superschlaue	258
Käsestückchen	259
Romeo	264
Forelle satt	266
Es wird alles wieder gut	268

DAS LEBEN VERGISST NICHTS

Wie alles begann

Hartnäckig weigere ich mich bis zum heutigen Tag, meine Einbildung aufzugeben, daß ich sie samt ihrem Innenleben genau kenne und auch einschätzen kann.

Daß ich sie überhaupt nicht kenne und daß meine Einschätzung geradezu eine Anmaßung gegenüber ihrer Unberechenbarkeit ist, demonstriert sie immer wieder aufs neue.

Allem Anschein nach kenne ich sie überhaupt nicht.

Ich rechnete damit, sie würde mit der Zeit berechenbar werden, aber bei dieser Rechnung habe ich mich gewaltig verrechnet. Die Unberechenbarkeit wurde zu ihrem Markenzeichen, und damit schockt sie mich, wann immer sie Lust dazu verspürt.

Nickel!

Ich lehne mich in die Vergangenheit zurück und schwärme von ihren ersten Tagen in unserer Nähe.

Ich war damals so sehr in sie verliebt, daß ich noch heute davon zehre.

Ab und zu jedenfalls, wenn sie mir nicht gerade wieder einen Tiefschlag versetzt. Das heißt, wenn sie mich nicht gerade wieder auf höchste Palmenblätter treibt, was ihre Lieblingsbeschäftigung ist.

Wir haben eine Lebensgemeinschaft gegründet.

Eine Selbsterfahrungsgruppe sozusagen.

Ich leide unter Nickels Mißachtung meiner Ergebenheit, und sie leidet unter meinen Aggressionen, die daraus entstehen.

Mein borniertre Stolz hat sicher auch seinen Teil dazu beigetragen, unsere Beziehung, die eigentlich nie eine gewesen ist, scheitern zu lassen.

Ich werde umdenken müssen.

Nickel ist immer noch das Biest, und ich bin immer noch der verliebte Rote.

Darum kann ich es auch nicht vermeiden, zum wer weiß wievielten Mal in Nickels stets offene Messer hineinzustolpern.

Meine Kleine kriegt es auch noch mit, daß Nickel wieder einmal einen Annäherungsversuch meinerseits barsch abblockt und nun fauchend durch die Gegend rennt.

»Na, Fritzi, hat sie dich wieder abblitzen lassen«, witzelt sie.

Ja, ja! Sie hat ja recht, wie sie immer recht hat, denke ich bitter. Und daß sie witzelt, nehme ich ihr nicht einmal übel.

Was kann sie dafür, daß meine Liebe zu Nickel vergeblich ist und es vermutlich auch immer bleiben wird.

Schon seit etlichen Jahren besitze ich den Gutschein für eine innige Liebe. Ich bewahre ihn in meinem Herzen aufgehoben und verschlossen, weil Nickel nicht bereit ist, ihn endlich einzulösen.

Ich glaube, sie hat es vergessen, daß sie mir einst versprochen hat, wir würden uns irgendwann einmal verstehen und vielleicht sogar näherkommen. Wahrscheinlich hat sie dieses Versprechen aus ihrem Gedächtnis verbannt, um nie wieder daran erinnert zu werden.

Sie versprach mir den Himmel und schickte mich durch die Hölle.

Es gab Zeiten, da sind wir beide recht gut miteinander ausgekommen. Wenn eine Gefahr von außen drohte, zum Beispiel.

Wenn unsere Kleine krank oder nicht so gut drauf war, haben wir zusammengehalten, haben sie gepflegt und wieder aufgebaut.

Oder an Silvester, da sind wir stets die Eintracht in Vollendung, weil der Streß des Feuerwerks uns zusammenschweißt.

Wir rücken näher zusammen. Gerade soviel, daß wir uns fast anlehnen könnten, aber nie soweit, daß wir uns verletzen.

Doch die Zeiten außerhalb dieser Harmonie sind ausschließlich von Streit und Zwietracht geprägt, und sie überwiegen.

So kann ich mich eigentlich nur an Kampf, Schlägereien und Blutrausch erinnern, wenn ich an Nickel denke.

Dabei ist sie eine Secondhand-Katze, die froh sein kann, daß meine Kleine sie damals adoptiert hat. Sie prophezeite, mir meinen Platz wegzunehmen, als sie sich mein Heim als Zuflucht aussuchte.

Nie im Leben hätte ich das für möglich gehalten, doch mittlerweile teilen wir uns mein Zuhause.

Ich war nicht in der Lage, mein Revier gegen diesen Eindringling zu verteidigen, weil meine heimtückische, hoffnungslose Liebe zu diesem Biest mir einen gehörigen Strich durch meine Rechnung gemacht hat.

Die Hoffnung, vielleicht doch einmal in ihr Herz dringen zu können, ließ mich unvorsichtig, leichtsinnig und nachlässig werden, was die Verteidigung meiner Hoheitsgebiete und Rechte angeht.

Nun ist es soweit gekommen, daß sie auch all das besitzt, was ich mein Eigen nenne, einschließlich aller Zuneigungen, Privilegien und Zuteilungen.

Dafür hat sie viel einstecken müssen, aber sie hat es hartnäckig durchgezogen, und so wurde sie ein Mitglied unserer Familie.

Sie spielt ihre Spielchen, und ich spiele mit.

Unsere kleine Familie besteht aus meiner Kleinen, meinem Großen, einem Kater und einer Katze.

Auf letzteres könnte ich locker verzichten, wenn da nicht meine Kleine wäre, die sich, genau wie ich, von dieser Emigrantenkatze hat becircen lassen und ihr so grünes Licht für ihren Einzug bei uns gab.

Das war vor Jahren, und ich muß zugeben, daß es seitdem nie mehr langweilig geworden ist.

Es geht rund in der Bude, und ich gestehe, daß ich das eigentlich auch gar nicht missen möchte.

Aber, was soll's.

Ich habe ja noch meine Kleine.

Mit der Zeit meines Lebens hat sich unsere Liebe und deren Treue gefestigt wie ein Fels in der Brandung.

Kein noch so heftiger Schadenssturm und keine noch so gigantische Verhängnisflut kann uns nachhaltig treffen. Wir gehören zusammen, und manchmal bin ich der festen Auffassung, daß ich nur lebe, weil es sie gibt.

Sie ist der Grund, warum ich existiere, und ich verdanke ihr alles, was ich bin.

Die wertvollen Augenblicke, die uns diese Verbundenheit schenkt, lassen alles Schädliche belanglos werden.

Dieses schädliche Belanglose hat uns im vergangenen Winter ganz gemein geschüttelt.

Nickel hatte einen Verehrer, der ihre Hartnäckigkeit und ihr Durchsetzungsvermögen in den Schatten stellte.

Wochenlang hat er um sie geworben, hat uns terrorisiert und unsere Nerven verschwendet.

Meine Kleine hat er fast in den Wahnsinn getrieben, weil sie ständig vergebens auf der Lauer war, um seine Duftmarkierungen zu verhindern. Daß ein ausreichender Schlaf dabei auf der Strecke blieb, war nicht zu verhindern.

Unausreichender Schlaf bedeutet Zermürbung und Zerfall.

Zumindest aber die totale Erschöpfung.

Mich hat er, wann immer er mich erwischen konnte, hemmungslos durch die Gegend geprügelt und mir schlimmste Verletzungen an Leib und Seele zugefügt.

Er hat mich vorgeführt und zum Kasper gemacht.

Nickel hat er mißbraucht und fallengelassen.

Er machte die Nacht zum Tag und den Tag zur Hölle.

Das gesamte Viertel versetzte er in Aufruhr.

Alles in einem, das schwarze Elend in Form eines liebestollen Katers mit Erbsenhirn hat uns bitter zernagt.

Wir wissen noch immer nicht, woher er kam, und wohin er schließlich gegangen ist.

Es ist auch egal.

Maßgebend ist, daß wir ihn vertrieben haben, und nur das zählt.

Trotzdem bleibt bei uns allen ein herber Nachgeschmack, wenn wir an diese vergangene, allzu turbulente Zeit zurückdenken.

Es kommt mir vor, als hätte ich das alles nur geträumt.

Was bleibt, ist ein schwarzer Kater, der plötzlich nicht mehr vorhanden war, nachdem er aggressiv und äußerst link bei uns Krieg gespielt hatte.

Etwas Gutes war an der Sache mit dem Schwarzen allerdings.

Ich habe erfahren, daß ich viele Freunde besitze, die mit mir jeder Bedrohung entgegengehen, um sie zu beseitigen.

Es ist gut zu wissen, daß ich all diese Freunde habe.

Die Bestie

Einer dieser Freunde ist mein Bruder Morle, der in unmittelbarer Nachbarschaft bei Mia und Arthur wohnt.

Auch Morle hat bei der vergangenen Dauerauseinandersetzung mit dem schwarzen Angreifer einen schwachen seelischen Knacks abgekriegt, weil er dem Bastard ähnlich ist, wie ein Floh dem anderen.

Dies war der Grund, warum man oft auch Jagd auf Morle gemacht hat, bevor man erkannte, das er der harmlose Schmusekater von nebenan ist.

Verunsichert durch die Verwechslungsmißverständnisse hat er sich etwas zurückgezogen.

Er traut dem Frieden noch immer nicht so recht.

Meistens hängen wir bei ihm zu Hause herum und dösen.

Mia hat sich schon daran gewöhnt, daß ich morgens auftauche.

Wenn wir uns genug ausgeruht haben, pilgern wir ab und zu durch die Gegend, in der Hoffnung, daß uns ein Zeitvertreib einfällt.

Es endet gewöhnlich damit, daß wir irgendwelchen Unfug fabrizieren, der hart an der Grenze von Gut und Böse ist.

Alles, was wir bisher angestellt haben, ist eine Lappalie, verglichen mit dem, was gerade auf uns zukommt.

Ich bin damit beschäftigt, meinem Bruder scherzhaft ins Genick zu beißen, als ich mitten im Sprung erstarre.

Morle, der sich bereits halb auf den Rücken gedreht hat, richtet sich wieder auf und schaut mich ungläubig an.

»Hat dich der Schlag getroffen oder hast du einen Hexenschuß«, fragt er und wedelt mit seiner Pfote vor meinen weit aufgerissenen Augen herum.

»He, Fritz! Was ist los mit dir? Ich sehe Panik in deinen Glotzkugeln. Ist der Schwarze wieder da?«

Er folgt der Richtung meiner starrenden Pupillen und bleibt ebenfalls angewurzelt stehen. Er kriegt einen langen Hals, und sofort stellen sich seine Rückenhaare auf.

Meine müßten eigentlich schon abgebrochen sein.

»Da!!! Dadadada...!!! Nein, das ist nicht wahr, Fritz. Das kann doch gar nicht wahr sein. Ich träume.«

»Morle, was ist das?«

Meine Stimme vibriert.

»Es sieht genau so aus wie du, Morle. Ich meine, wenn man es durch dreißig teilt.«

Ich mustere meinen Bruder und dann dieses riesige Ebenbild von ihm, welches in nächster Nähe an uns vorbeischleicht.

Es sieht verdammt gefährlich aus.

Unsere Lähmung löst sich langsam, denn es hat uns nicht entdeckt.

Noch nicht, denke ich mal und dränge mich mit Morle vorsichtig unter den erstbesten Strauch.

Regungslos und mucksmäuschenstill verharren wir in unserer Deckung und warten, was geschieht.

Mein Herz bollert bis zum Hals.

»Wenn der uns erwischt, landen wir in seinem Magen.«

Morles Flüsterstimme überschlägt sich vor Aufregung.

Immerhin kriegt er noch einen Ton heraus, im Gegensatz zu mir.

»Abhauen ist nicht mehr möglich. Er holt uns sofort ein«, piepse ich kaum hörbar. »Also, ruhig verhalten, nicht bewegen und hoffen, daß er uns nicht bemerkt. Hast du gehört, Morle? Hör auf zu zittern, der Strauch zittert mit dir!«

So bin ich. Wenn ich selber Pudding in den Knien habe, versuche ich, mich zu überlisten, indem ich andere beruhige und Verhaltensmaßregeln erteile.

Eben erst merke ich, wie laut es um uns herum geworden ist.

Die Vögel zwitschern und schreien in heller Aufregung, und sie flattern ängstlich umher.

Beppis Schafe rennen in allerhöchster Panik in die Hütte, und sie mähen und blöken wild durcheinander.

Alles ist in totalem Aufruhr, und die Hektik, die sich ringsum ausbreitet, artet in Konfusion aus.

Der riesige Schwarze pirscht etwa drei Meter an unserem Unterschlupf vorbei.

Er lauert und lefzt.

Er wird sich ein Schaf holen, denke ich und halte die Luft an, bis er uns hinter sich gelassen hat.

Das ist ja ein Wahnsinnstyp!

Rabenschwarzes, glänzendes Fell, kräftiger Körperbau und doch äußerst geschmeidig. Die Augen leuchten grellgelb aus seinem schwarzen Gesicht hervor, und sie blitzen ängstlich verstört.

Ich bin auch ängstlich.

Ich habe furchtbare Angst und sehe mich vorsichtshalber nach einem Fluchtweg um, obwohl es sicher wenig Zweck hätte zu fliehen.

Im Nachbarhaus sehe ich eine Frau auf dem Balkon stehen.

Steif wie eine Statue, blaß wie ein Schneemann, den Mund weit aufgerissen stiert sie in unsere Richtung.

Sie kann sich vor Schreck kaum rühren und versucht, langsam in den Schutz ihrer Wohnung zu gelangen.

Der große Schwarze pirscht geradewegs auf die Schafhütte zu, in der das absolute Chaos der Todesangst herrscht.

Die Muttertiere treiben ihre Nachkommen immer wieder in die Hütte, weil sie panisch auseinander rennen wollen.

Sie zwingen sie zurück in die Hütte.

Ja, wissen sie denn nicht, daß sie dort in der Falle sitzen?

Direkt auf dem Präsentierteller?!

Morle und ich atmen auf.

Wie es aussieht, hat er für uns keine Verwendung.

Er konzentriert sich auf größere, ergiebigere Portionen.

Wir sind noch einmal davongekommen.

Mit schlottrigen Pfoten heften wir uns an die Fersen der Bestie.

Lautlos, sehr langsam und übervorsichtig.

Der Zaun, der das Schafgehege umgibt, ist kein Hindernis, und der Riesenkater setzt zum Sprung an.

Plötzlich verharrt er in seiner Bewegung, wendet sich um und lauscht irritiert.

Unruhig sucht er einen Weg für seine Flucht.

Er hetzt an dem Zaun entlang, spingt über das Gatter auf das angrenzende Feld und rennt in Richtung See.

Ein paar Augenblicke später nehmen wir auch schon den Grund

seines Sinneswandels wahr.

Zwischen unseren Häusern laufen ein paar Männer herum.

Sie sind genauso aufgeregt wie wir alle.

Sie hatten sich versteckt und stürmen nun die Wiese hinunter.

»Da vorne ist er. Nur im Notfall schießen«, ruft einer.

»Keine Fehler, Leute!«

Sie hetzen hinter dem Tier her und stellen ihm nach.

»Sie haben nicht die geringste Chance«, sage ich zu Morle.

»Komm, hinterher! Ich muß sehen, wie das noch weitergeht. Das ist Action«, ruft Morle mit seinem typisch verschmitzten, unternehmungslustigen Gesichtsausdruck.

Ich zögere, weil ich leicht verwirrt bin.

Ich weiß noch immer nicht, was das soll, und wenn ich nicht blicke, was abgeht, dann bin ich mißtrauisch.

»Na los, Fritz, mach schon! So etwas kriegt man im Leben, wenn überhaupt, vielleicht ein halbes Mal zu sehen. Das dürfen wir uns auf keinen Fall entgehen lassen«, drängelt mein Bruder.

Endlich reißt meine Neugierde mich aus meinen Überlegungen und rüttelt mich wach. Morle hat recht.

Wir warten noch, bis die Männer an uns vorbei gegangen sind, dann folgen wir ihnen.

Von der Straße her schallt die Durchsage: »Achtung! Hier spricht die Polizei! Gehen sie sofort in ihre Häuser, und bleiben sie dort. Ein Panther ist entlaufen und hält sich hier in der Gegend auf!« Es wird ein paarmal wiederholt.

»Ein Panther also«, sage ich zu Morle. »Panther sind mit uns verwandt, hat Mama gesagt. Ja, irgendwie gehören wir doch alle zusammen. Aber ich glaube kaum, daß diese großen Panther uns kleine Panther leiden können. Ich möchte das auf keinen Fall testen. Wahrscheinlich mögen sie uns nur als Füllung für ihren Magen.«

Als wir am See ankommen, sind wir total außer Atem.

Wir suchen uns einen sicheren Platz und beobachten diese wahnsinnig spannenden Szenen.

Der Panther läuft jenseits des Sees aufgekratzt hin und her.

Die Hetzemänner haben sich im Gebüsch versteckt und warten ab.

Ein Mann geht langsam um den Fischteich herum und redet dabei behutsam auf unseren Onkel ein.

Er scheint ihm zu vertrauen.

Onkel Panther bleibt stehen und schwingt nervös seinen Schwanz.

Wir sind doch alle gleich, ob groß oder klein.

Die anderen Männer schleichen sich sachte an den Panther heran.

Sind die naiv!

Die glauben doch glatt, sie könnten ihn leimen, dabei hält er sie schon die ganze Zeit zum Narren.

Längst hat er gemerkt, was los ist, und er wäre bereits über alle Berge, wenn nicht jener, der sein Vertrauen besitzt, mit ihm reden würde.

Er ist nun ganz nah bei seinem Tier und beruhigt es.

Gleich werden sie zusammen weglaufen wie ein Herz und eine Seele.

Sie kennen sich gut, daran gibt es keinen Zweifel.

Es knackt im Gebüsch.

Der Panther zuckt zusammen, rennt in den angrenzenden Wald und ist verschwunden.

»Du Idiot! Beinahe hätten wir ihn einfangen können. Jetzt geht das Ganze wieder von vorn los«, höre ich das ärgerliche Gemaule neben mir.

»Tut mir leid, ich bin ausgerutscht«, entschuldigt sich der Knackser hinter mir.

Morle und ich überlegen, ob wir unserem Onkel Panther folgen sollen, lassen es aber bleiben und begleiten die verhinderten Pantherjäger bei ihrem Rückzug.

Mann, war das aufregend. Ich habe einen ganz trockenen Mund.

Viel Aufregung gibt viel Durst. Ich muß unbedingt etwas trinken.

Wir gehen erst mal heim.

Nickel, die ich auf dem Balkon treffe, erzähle ich alles brühwarm. Natürlich glaubt sie mir nicht eine Silbe und meint, ich würde sie auf den Arm nehmen.

»So einen großen Kater gibt es ja gar nicht«, faucht sie mich an, anstatt sich sprachlos satt zu staunen, wie es sich bei solchen Geschichten gehört.

»Mensch Mädel, bist du kindisch! Du glaubst wohl, außer dir gibt es nichts anderes mehr«, sage ich bissig. »Der wäre genau deine Kragenweite. Bei dem könntest du dir deine Faxen abschminken. Er würde dir schon Manieren beibringen.«

»Laß mich doch in Ruhe, du roter Blödmann«, giftet Nickel.

»Du mich auch, du graue Giftspritze!«

Ich gehe in die Küche und stille meinen Durst.

Danach muß ich mich ausruhen. Das war ganz schön viel auf einmal.

18

Schade, daß es meine Kleine nicht miterlebt hat.

Während ich döse, höre ich immer wieder die Durchsage der Polizei.

Man soll Kinder nicht zum Spielen ins Freie lassen, und man soll die Haustiere einsperren.

»Katzen, insbesondere schwarzgrauweiße, die auf den Namen Nickel hören, sollen sich unbedingt im Wald hinter dem See treffen.«

Als meine Kleine nach Hause kommt, hat sie keinen blassen Schimmer, was am Nachmittag passiert ist.

Nur wundert sie sich über das Polizeiaufgebot am Waldrand.

Erst, als der Beppi kommt, kriegt sie alles berichtet, und auch gleich noch etwas mehr.

Natürlich hat der Panther zwei Schafe gerissen und die Hütte total verwüstet.

Wenn ich reden könnte, würde ich ihn jetzt ganz schön blamieren.

Aber meine Kleine weiß auch so, daß sie bei dem Beppi immer alles durch drei teilen muß. Selbst dann ist es noch stark übertrieben.

Er will die Nacht in der Hütte verbringen, um seine Tiere zu schützen. Einen Baseballschläger nimmt er mit.

Den wird er schleunigst fallenlassen und seine Füße in die Hände nehmen, wenn er den Riesenkater zu sehen kriegt.

Die Kleine sagt, daß sie das Haus nur noch in Begleitung eines riesigen Stückes Fleisch verläßt.

Falls der Panther auftaucht, wird sie es ihm vor die Pranken werfen, in der Hoffnung, daß es ihn so lange beschäftigt, bis sie das Auto erreicht hat.

Ich wäre jetzt auch gerne der Panther, der meiner Kleinen mit dem Fleisch begegnet.

So viel Aufregung an einem Tag!

Das gesamte Viertel ist auf den Beinen, und jeder hat seine spezielle Panthergeschichte erlebt.

Einem hat er sogar ins Schlafzimmer geguckt.

Lächerlich, sage ich. Einfach lächerlich!

Sie werden alle zu Dichtern.

Ich entziehe mich dem Märchentratsch, indem ich zu Hause bleibe.

Die Kleine meint, der Panther wäre aus einen Zoo oder Tiergarten entlaufen. Er sei schon mehrere Tage unterwegs und habe eine Spur von erlegtem Wild hinterlassen. Er wird weiterziehen.

Der Arme! Sicher ist er arg verstört.

Die fremde Umgebung, und überall wird er gehetzt.

Bestimmt ist er regelmäßige Fütterungen gewöhnt, und nun muß er sich selbst durchschlagen.

Er tut mir richtig leid.

Trotzdem ist es nicht gerade mein Fall, einem ausgehungerten, irritierten Panther vor die Zähne zu laufen.

Man vermutet, daß er sich irgendwo in der Nähe versteckt hält, bis es dunkel geworden ist, und dann wird er sich ein Schaf nehmen.

Ich glaube das weniger.

Es ist viel zu hektisch überall.

Die Masse ist in einer Art Volksfeststimmung.

Da geht endlich mal etwas ab, da muß man hin.

Jeder will den Panther fangen.

Das ist Nervenkitzel!

Die Realität ist manchmal atemberaubender als ein spannender Roman.

Er wird sich bei diesem Menschenauflauf nicht mehr zeigen.

Er wird sich im Wald etwas holen, sich satt essen und weiterziehen.

Viel Glück, großer Onkel!

Zwar habe ich Angst vor dir, aber ich wünsche dir alles Gute.

Am nächsten Tag ist wieder Ruhe eingekehrt.

Der Panther bleibt spurlos verschwunden, und die Geier sind enttäuscht, daß er sie um ihre sensationelle Vorstellung betrogen hat.

Es wäre doch eine Mordsgaudi gewesen, hätte die hinterhältige Bestie einen der Häscher niedergemacht.

Man hätte etwas zum Reden und könnte sein Entsetzen äußern.

»Ich hab's ja gewußt, der schreckliche, blutrünstige Panther!«

Er ist einfach weggeblieben.

Das gehört sich nicht.

Ein echter Panther muß angriffslustig und mörderisch sein.

Wenn er wenigstens ein Schaf gerissen hätte, wäre man ja schon zufrieden, und man hätte seinen Gesprächsstoff.

Aber sich einfach aus dem Staub machen, das geht nicht!

Vierjahreszeitenkater

Wenn man der Wärme glauben kann, verliert der Winter bald seine Schärfe.

Die Dunkelheit weicht dem länger anhaltenden Licht, der Schnee schmilzt, und wir spüren erneut den Segen der Sonne.

Der Frühling läßt noch immer mein Herz höher schlagen.

Eigentlich könnte man mich auch Vierjahreszeitenfritzel nennen.

Ich lebe mit den Gezeiten des Jahres wie in einer harmonischen Ehe, und ich erlebe es immer wieder erneut mit Faszination und Verwunderung, was sie mir alles zu bieten haben, wenn ich ihnen meine Sinne widme.

Als junger Kater war ich natürlich auf den Frühling und auf den Sommer fixiert.

Mit der Zeit habe ich auch den Herbst und den Winter lieben gelernt, weil auch diese Zeiten mich mit zauberhaften Naturerscheinungen verwöhnen können.

Es mag daran liegen, daß die Jahreszeiten genau so unberechenbar geworden sind, wie es mein Charakter ist.

Sogar der unzuverlässige April, der mir mit seinen vielen Regentagen bisher meistens eine kleine Depression oder wenigstens graue Gefühle geschenkt hat, verwöhnt mich mit Augenfreuden.

Nachdem es geregnet hat, sind die neuen Farben um ein Vielfaches intensiver.

Der Feuchtigkeitsfilm überzieht alles und läßt es in einer sauberen Klarheit erscheinen.

Die Umrisse sind scharf abgegrenzt, wie auf einer gestochenen Fotografie. Wie abermillionen kleine Lupen bringen die Regentropfen das Leben um mich herum zu strahlendem Glanz.

Es blendet mich fast, doch ich sauge diesen Anblick gierig auf.

Nicht jedem gelingt es, die Gaben der Natur so zu sehen.

Anfangs war auch ich blind für solche Geschenke.

Regen war ein leidiges Übel, das mich aufweichte bis auf die Haut und meine Pfoten schmatzend im Schlamm verschluckte.

Heute weiß ich, daß man auch bei Regen die Sonne sehen kann.

Man muß nur genau hinschauen.

Wenn es neblig war, bin ich meistens zu Hause geblieben, weil es mir zu ungemütlich war.

Ich habe dieses schaurigschöne, leicht schwermütige Flair ignoriert, ohne zu ahnen, daß es mich in geheimnisvolle Welten entführen kann.

Die Kälte hatte für mich nur den einen Sinn, sich tief in meinen Knochen einzunisten.

Daß sie zusammen mit dem Frost wunderschöne Gebilde erschaffen kann, habe ich nicht wissen wollen.

Und der Schnee, den ich einst so sehr gehaßt habe, erscheint mir faszinierend, wenn ich bedenke, daß nicht eine Schneeflocke so aussieht wie die andere.

Jede Flocke ist eine einzigartige Kreation.

Ein Sturm, der früher heulend und tobend ein Unwetter ange-kündigt hat, bringt mir heute den Klang der Kirchturmglocken mit.

Und der Wald rauscht wie ein Wasserfall. Blätter fallen aufein-ander, um sich gegenseitig vor der Kälte zu schützen.

Meine Kleine hat mir beigebracht, das alles mit anderen Augen zu sehen.

Seit ich festgestellt habe, daß es ihr bekommt, wenn sie sich mit der Natur und deren Jahreszeiten versteht, tue ich es ihr gleich und profitiere davon.

Wer die Natur nicht achtet, der existiert gar nicht.

Aber trotz allem kann mich nichts davon abhalten, den Früh-ling, der gerade wieder bevorsteht, am meisten zu mögen.

Es kommt mir jedesmal vor, als wäre alles wie neu geboren.

Mein Unternehmungsgeist ist nicht zu bremsen.

Ich platze fast vor Übermut.

Tödliche Absicht

Es war bisher in meinem Leben immer so, daß ich mich vor einem seelischen Hoch gefürchtet habe, weil ich mit hundertprozentiger Sicherheit davon ausgehen konnte, daß danach ein absolutes Tief folgen würde.

Das Böse wohnt direkt neben dem Guten.

Nun ja, ich befinde mich gerade in dieser gewissen Hochstim-mung, weil ich den Frühling spüren kann, da kommt mein Bruder und knallt mich zurück auf den Boden der Tatsachen.

Man hat Herkules gefunden.

Herkules war vor nicht allzu langer Zeit noch ein echter Kumpel von uns gewesen.

Er und seine Lebensgefährtin Bärchen sind mit uns durch dick und dünn gegangen, und wir haben wirklich gute Zeiten miteinander verbracht.

Dies änderte sich, als Herkules und Bärchen öfter mit den Rei-chen am oberen Viertel verkehrten.

Bärchen blieb die Alte, denn sie hat bald gemerkt, daß sie dort nur Mittel zum Zweck sein sollte, und sie hat sich zurückgezogen.

Herkules allerdings hat sich sozusagen von einem Tag auf den anderen verändert.

Zuerst wollte er nichts mehr von unserer Freundschaft wissen, weil Morle und ich und vermutlich auch sein Bärchen ihm zu gewöhnlich waren.

Er entfernte sich von uns und beschloß, etwas Besseres zu sein. Damit nicht genug.

Er betrog Bärchen, hat sie bösartig hintergangen, ausgenutzt und verletzt.

Manche Verletzungen konnte man sehen.

Die schlimmsten Schläge hält Bärchen in ihrer Seele versteckt, und sie schmerzen bis heute.

Diese Miß Purple mit ihrem Lebensstil und ihrer krankhaften Besitzergreifung hat Herkules gefangen, wie der Teufel die arme Seele, und sie hat ihn nicht mehr losgelassen.

Bärchen ist fast dabei zugrunde gegangen.

Sie konnte es nicht verkraften, daß Herkules sie wegen einer Jüngeren hat fallenlassen, daß er alles vergessen konnte, was sie einmal verband.

Zu oft betäubte sie ihre wirren Gedanken mit schwerem Lavendelduft, und sie merkte nicht, wie sie süchtig wurde.

Ich habe sie nicht mehr ohne Rausch erlebt, seit Herkules in das Haus von Miß Purple eingezogen ist.

Dort lebt er nun in Saus und Braus.

Nein, dort lebte er in Saus und Braus, denn das, was Morle zu berichten hat, beschreibt alles andere als ein solches Leben.

Herkules wollte zuviel, und er hat nichts davon behalten können.

Wer alles will, kriegt nichts.

In der Gosse hat man ihn gefunden.

Er hat sich heute nacht unter ein Auto gelegt und so lange die Abgase eingeatmet, bis er gestorben ist.

Ein Pärchen hatte bei laufendem Motor noch ein wenig geschmust, und Herkules nutzte die Gelegenheit, seine gescheiterte Existenz zu beenden.

Das Mädchen hat seinen leblosen Körper beim Aussteigen gefunden.

Sie erkannte ihn an seinem grauen Fell und dem Biß im Ohr.

Sie hat ihn zu seinen Leuten gebracht.

»Dann weiß Bärchen es schon«, frage ich erschüttert meinen Bruder.

»Ja, Fritz! Sie weiß noch viel mehr, aber sie blickt nicht mehr durch«, berichtet Morle traurig. »Wie immer ist sie im Rausch, und sie schluchzt kichernd vor sich hin.«

»Wir müssen sofort zu ihr. Sie braucht unsere Hilfe«, sage ich.
»Was willst du da noch helfen, Fritz. Herkules hat Bärchen schon lange zerstört, und nun hat er ihr den Rest gegeben. Das wird sie nicht überwinden.«

Morle erzählt mir, was er von Bärchen mühsam in Erfahrung gebracht hat.

Das heißt, was sie geradeso zusammenpuzzeln konnte.

Herkules ist heute nacht bei Bärchen gewesen und wollte sie um Verzeihung bitten. Zuvor muß er bei Miß Purple randaliert haben. Er hat sie geschlagen und schlimm verletzt, nachdem er sie mit einem anderen Kater erwischt hat. Schon länger ahnte er, daß er als Spielzeug für die »reiche Schnalle«, wie er sie nannte, ausgedient hat. Gestern abend kam er zu ihr und mußte mitansehen, wie Miß Purple gerade dabei war, dem anderen, jüngeren Kater eine Ecke aus seinem Ohr zu beißen. Das Zeichen ihrer Verbundenheit, das auch Herkules' Ohr ziert.

Er hat alles kurz und klein geschlagen, einschließlich der beiden frisch Verliebten und wollte zu Bärchen zurückkehren.

Er konnte nicht wissen, daß Bärchen mittlerweile viel mehr für Lavendel übrig hat, als das für Herkules jemals der Fall gewesen war.

»Jetzt spürst du, wie es ist, wenn man einfach so fallengelassen wird«, hat sie ihm entgegengelallt, und dann hat sie ihn hinausgeworfen. Er solle es nicht wagen, sich noch einmal bei ihr blicken zu lassen, und er solle sie für alle Ewigkeit in Ruhe lassen, hat sie ihm hysterisch nachgeschrien.

»Aber Morle, warum hat sie so hart gegen Herkules und sich selbst reagiert? Sie hat ihn doch noch immer geliebt. Trotz allem, was er ihr angetan hat«, unterbreche ich ihn. »Wir wissen es beide nur zu gut. Sie hat uns nie eine Chance gegeben, ihr über die Kränkungen und Mißhandlungen von Herkules hinwegzuhelfen, weil sie ein Türchen in ihrem Herzen für ihn offenhielt.«

»Ja Fritz, ich weiß. Ich weiß aber auch ein bißchen mehr als du. Ich weiß, daß sie Herkules letztendlich die Schuld an ihrem Lavendelmißbrauch gibt, und daß sie dadurch bis zur Selbstaufgabe zerfallen ist, zerstörte auch diesen verbliebenen Hauch von Liebe.

Daß sie seinetwegen so unendlich tief gesunken ist, konnte sie ihm nicht verzeihen. Ein gebrochenes Herz schlägt den Takt der Einsamkeit und der Verzweiflung, bis daraus das monotone Hämmern der Verbitterung entsteht, das jedes Gefühl erstickt.«

»Wir werden versuchen, uns um sie zu kümmern. Vielleicht gelingt es uns doch, sie in ein neues Leben zu ziehen«, sage ich zu Morle, und wir brechen auf, Bärchen zu suchen.

Wir finden sie am Lavendelstrauch in Morles Garten.

Den Rücken uns zugewandt, sitzt ihr abgemagertes, von Weinkrämpfen geschütteltes Körperchen vor dem Duftgewächs, und ihr Verstand hat sich schon wieder in dem starken Parfüm verloren.

Ergriffen beobachten wir sie eine Weile.

Es ist fast unmöglich, nun das Richtige zu sagen, aber es muß sein.

»Es ist Zeit, Bruder. Zeigen wir ihr, daß wir für sie da sind«, sage ich leise zu Morle, und ich spüre den Kloß in meinem Hals wachsen.

Morle ist es, der diese bedrückende Szene mit seinen hilflosen Worten unterbricht.

»Bärchen, wir sind gekommen, um dir zu versichern, wie leid uns die Sache mit Herkules tut. Wir werden alles uns Mögliche versuchen, dir in dieser Zeit beizustehen.«

»Sie werden denken, ich bin durchgedreht. Du kannst ihnen ausrichten, sie haben recht, hat er gesagt, als er mich verließ. Er hat mich gebeten, euch zu sagen, daß er alles, was geschehen ist, unendlich bedauert.«

Bärchen faßt sich etwas, aber ihr erbärmlicher Anblick schockiert mich bis zur Schmerzgrenze.

Ich habe dieses einst so liebliche Wesen einmal geliebt, und wenn ich nun betrachte, was Herkules von ihr übriggelassen hat, kriege ich eine ohnmächtige Wut, daß ich weinen möchte.

»Bärchen, du mußt jetzt endlich aufhören, dich mit diesem verdammten Lavendelduft zu betäuben. Je eher, desto besser«, höre ich mich mit heiserer Stimme sagen. »Du wirst ein neues Leben beginnen, und dazu brauchst du einen klaren Verstand.«

»Ja Fritz, du hast ja recht. Ich werde damit aufhören. Jetzt sofort«, sagt sie zu meiner Erleichterung, obwohl ich mich schon darüber wundere, wie sie das eben gesagt hat.

So eintönig und so phlegmatisch.

»Ich meine es ernst. Du mußt wieder zu dir kommen.«

»Ja Fritz, ich danke dir. Ich danke euch beiden.«

Bärchen rennt los, und noch bevor wir überhaupt reagieren können, ist sie am Rand der Straße.

Wir hören das Auto heranfahren.

»Schnell, wir müssen sie aufhalten. Sie ist verrückt geworden«, schreie ich Morle zu, doch es ist schon zu spät.

Verzweifelt versuchen wir, sie einzuholen, aber wir wissen genau, es ist unmöglich.

Zu überraschend traf uns dieses wahnsinnige Vorhaben von Bärchen, so daß wir nicht in der Lage sind, es zu verhindern.

Unsere einzige schwache Hoffnung ist, daß ihr Mut sie verläßt.

Nein!

Diesen dumpfen Schlag, vereint mit einem kurzen Knacks, als ihr Schädelchen gegen den Kotflügel stößt, werde ich nie mehr vergessen können, solange ich lebe.

Sie hat es perfekt ausgerechnet und exakt dosiert.

Schon, als sie ihre letzten Worte sprach, die mir so monoton vorkamen, hörte sie das Auto ankommen.

Sie hat ihren Tod auf den Sekundenbruchteil genau geplant.

Ein schneller, schmerzloser Tod.

Bärchen hat sich das Genick gebrochen, und wäre nicht dieses kleine Rinnsal von Blut, das aus ihrem Mund sickert, könnte man meinen, sie schläft.

Ich weiß nicht mehr, was ich denken soll.

Ich glaube, ich drehe durch.

Das kann man doch nicht verkraften, was wir gerade erlebt haben.

Ich will sofort aus diesem irrsinnigen Traum aufwachen.

»Morle, hilf mir! Das Grauen packt mich!«

Er ist nicht in der Lage, mir zu helfen, weil er sich ebenfalls in einem tiefen Schock befindet.

Aber wir müssen etwas tun, bevor wir überschnappen, das verlangt der Selbsterhaltungstrieb.

Das einzige, was wir für Bärchen noch tun können, ist, ihren toten Körper so lange zu bewachen, bis man ihn findet.

Stumm sitzen wir bei ihr und wiegen uns in Hilflosigkeit.

Es dauert nicht lange, bis die Leute von Bärchen und Herkules herbeigeeilt kommen.

»Bärchen! Oh nein, mein Bärchen!«

Die Frau weint.

»Erst Herkules und jetzt auch mein Bärchen. Warum? Warum nur?«

Die Frau ist in schlimmster Verzweiflung, wie wir alle, die wissen, daß es nun keinen Trost gibt.

Der Mann nimmt sein totes Kätzchen in seine Arme und trägt sie ins Haus.

Morle und ich bleiben noch lange an dieser Stelle sitzen, wo auch Herkules gestorben ist.

»Wie soll man das verstehen können, Morle?«

»Ich habe keine Ahnung, Fritz. Verstehen kann man so etwas wahrscheinlich überhaupt nicht, aber wir müssen versuchen, es zu akzeptieren.«

»Aber es ist so schwer. Wie kann man etwas akzeptieren, wenn man es nicht einmal begreifen kann?«

»Sie haben es so gewollt. Herkules und auch Bärchen. Sie ist ihm gefolgt«, sagt Morle, und ein schwacher Hauch von Verständnis zeichnet sich für mich ab.

»Ja, sie haben es so gewollt. Meinst du, wir hätten es verhindern können?«

»Nein, und ich bin mir nicht einmal sicher, ob wir das hätten tun sollen, Fritz. Wir müssen uns damit abfinden, daß wir heute zwei wertvolle Freunde verloren haben. Die Zeit wird uns hoffentlich darüber hinweghelfen.«

»Bärchen ist Herkules in den Tod gefolgt. Nun sind sie wieder zusammen. Und sie hat ihn doch noch geliebt, Morle.«

»Ja Fritz, sie hat ihn doch noch geliebt.«

Ich muß nach Hause zu meiner Kleinen.

Sie wird mich trösten.

Sie hat gehört, was geschehen ist, und sie ist sehr traurig.

»Fritzi, ich bin so froh, daß dir nichts passiert ist«, sagt sie mit Tränen in den Augen, als sie mich an sich drückt.

Ja, für unsere Menschen sieht die Sache ganz anders aus.

Da sind binnen kurzer Zeit zwei Katzen überfahren worden.

Zufällig fast genau an derselben Stelle, das ist grausam genug.

Sie wissen nicht, daß dort zwei Liebende den Tod gesucht haben, um sich wiederzufinden.

Sie werden es nie wissen.

Wir lehnen uns aneinander und teilen unseren Schmerz, der uns noch lange lähmen wird.

Der Ruin einer Freundschaft

Und trotzdem geht das Leben weiter. Der Alltag fordert sein Recht.

Mit bitterem Beigeschmack, aber es geht tatsächlich weiter.

Diva, die alte Kaninchendame, die mir das Leben beigebracht hat, bevor sie starb, hatte mir prophezeit, daß das Leben nicht nur aus Streicheln und Schmusen besteht.

Ich wache mit brennendem Herzen auf, und wenn die Sonne

untergeht, kommt dieses leere Gefühl über mich.

Das Unheil und sein Komplize, der Tod, sind immer anwesend, und sie lauern überall.

Mir hat der Tod schon eine Menge Freunde gestohlen, nachdem das Unheil über sie hereingebrochen war.

Immer wieder bin ich tief erschüttert, wenn er erneut zuschlägt.

Das mit Bärchen und Herkules war so sinnlos.

Es war so unnütz, und es hätte nicht sein müssen.

Es hat lange gedauert, bis die beiden bereit waren, ihrem Tod zu folgen. Er hat sie zermürbt und zerstört, hat sie nicht mehr losgelassen, bis er sie schließlich zu sich nehmen konnte.

Und dieser Tod bringt mich nun wieder soweit, daß ich die Welt nicht mehr verstehen kann, daß ich aufgeben möchte, weil ich das alles nicht wahrhaben will. Ich kann es immer noch nicht glauben, und ich wünschte, ich könnte es endlich vergessen.

Meine Kleine wird durch ihren Job von dem Tragischen abgelenkt.

Eine Kollegin hat gekündigt, und so ist sie momentan doppelt belastet, weil sie für zwei zu arbeiten hat.

Sie hat keine Zeit, sich mit düsteren Gedanken zu befassen.

Erst, wenn sie zur Ruhe kommt, was selten der Fall ist.

Mich lenkt Nickel ab.

Seit die Kleine mit ihr wieder einmal beim Weißkittel war, hat sich das Biest als Klette verkleidet.

Sie hängt an meiner Kleinen wie eine schleimige Schnecke.

Das ist ihre Art, zu zeigen, wie dankbar sie ist, daß die Kleine sich so rührend um sie kümmert und sie sogar zum Arzt schleppt.

Ein Ekzem plagt die Schnecke.

Das hat sie nun davon.

Ich werde mal zur Hütte gehen und den Beppi besuchen.

Ich denke, das wird mein derzeit verknotetes Gemüt etwas entwirren.

Ich brauche unbedingt Zerstreuung.

Ja, ja, die Hütte.

Sie steht immer noch.

Vor zwei Jahren sollte sie abgerissen werden, und meine Kleine hat es doch tatsächlich hingekriegt, den behördlich angeordneten Abriß bis heute zu verzögern.

Der Beppi kümmert sich gerade um seine Schafe. Ich leiste ihm Gesellschaft und beobachte mit Wehmut seine etwas hilflosen, fahrigen Bewegungen.

Er hat wieder getrunken, ich erkenne das ganz eindeutig.

Es ist schade, daß wir nur noch selten hierher kommen.

Ich habe die Abende immer sehr genossen, als wir noch die besten Freunde waren und hier zusammen unsere Freizeit ausklingen ließen.

Und die Grillfeste vermisse ich sowieso.

Meine Kleine, mein Großer und ich waren einmal sehr eng mit dem Beppi befreundet.

Heute sind wir nur noch gute Freunde.

Das ist zwar auch noch viel, aber früher waren wir so etwas wie eine Familie.

Da war jeder für den anderen da.

Besonders meine Kleine war für den Beppi da.

Sie hat viel für ihn getan, und sie hat ihm sogar ein wenig von ihrer Nervensubstanz überlassen.

Das alles hat sich geändert, als Gisela gestorben ist.

Nach dem Tod seiner Frau hat der Beppi sich immer mehr dem Alkohol ergeben, und nun ist er soweit, daß er auch noch das Wohl seiner Kinder aufs Spiel setzt. Er verspielt nicht nur das Heute, sondern auch das Morgen.

Er ist so unberechenbar geworden.

Es gab oft unschöne Auseinandersetzungen, und irgendwann war meine Kleine es leid, die Scherben, die der Beppi hinterlassen hat, wieder zusammenzufügen.

Sie hatte nicht mehr die Kraft, Blitzableiter für seine alkoholgetränkten Wutausbrüche und Hetzereien zu sein.

Beppi ist mit unserer Freundschaft zu leichtsinnig umgegangen, und er hat das Vertrauen mißbraucht. Was bleibt, sind gute Nachbarn.

Ab und zu besucht er uns noch, aber wenn ich bedenke, daß er jeden Abend bei uns war und immer mindestens einen guten Rat mit nach Hause genommen hat.

Und was wir auch sonst alles miteinander unternommen haben.

Es bleibt wirklich nicht viel davon übrig.

Die Enttäuschung meiner Kleinen darüber, daß er heimlich weitergetrunken hat, obwohl sie sein Versprechen hatte, es nicht mehr zu tun, hat die Sache beschleunigt.

Und weil der Beppi nicht bereit war, seinen Alkoholkonsum einzuschränken und ihn statt dessen ins Uferlose ausdehnte, hat die Kleine traurig resigniert.

Es ist eigentlich absolut nicht ihre Art aufzugeben, aber wenn jede Bemühung sinnlos verpufft, weicht irgendwann der Wille.

»Was kann man da noch tun, wenn man mit ihm redet, und das Gesagte ihn gar nicht mehr erreicht«, beklagt sie sich oft bei meinem Großen.

»Der Alkohol ist schuld, daß alles so schlimm gekommen ist, und wenn er nicht damit aufhört, kann ich nichts mehr für ihn tun. Ich muß mitansehen, wie er sich ruiniert, aber ich werde nicht mehr an diesem Ruin teilnehmen.«

Ich bin noch immer gut drauf mit dem Beppi.

Mit mir mault er ja auch nicht so herum, wie er das mit der Kleinen tut.

Bei mir kann er seinen Frust nicht abladen, weil ich mich aus dem Staub mache, sobald er unleidig und laut wird.

Seit die Kleine ihm deutlich gemacht hat, daß sie seine Wutausbrüche nicht mehr erdulden will, daß sie es satt hat, sein Fußabstreifer zu sein, steht der Beppi ziemlich alleine da, und das macht ihn noch schlimmer.

Er weiß genau, daß er es sich verscherzt hat, und das trifft ihn am meisten.

Mein Großer ist noch oft mit ihm zusammen, aber auch das ist nicht mehr, wie es einst gewesen ist.

Tja, lieber Beppi! Du hast die Geduld und das Verständnis unserer Kleinen zu arg strapaziert. Was hat sie dir alles durchgehen lassen. Sei ehrlich, du weißt das ganz genau. Du mußt dich ändern, dann wird alles wieder gut.

»Ja, der Frrrritzzzellle!!! Daß du mich auch mal wieder besuchst!«

Eigentlich hasse ich es, wenn er meinen Namen so ausspricht, aber ich kann jetzt nicht nachtragend sein.

»Du bist der einzige, der noch mit mir zu tun haben will.«

Nein, mein lieber Beppi, denke ich, als er mir über den Rücken streicht. Das siehst du nicht richtig. Sie sind noch alle für dich da. Sie haben sich nur von dir zurückgezogen, und du weißt das auch. Der nächste Schritt muß einer von dir sein. Was das heißt, brauche ich dir nicht zu erklären.

Es gibt Situationen, da wünsche ich mir nichts sehnlicher, als daß ich mit unseren Menschen reden könnte.

Ich verabschiede mich von meinem Freund, denn ich sehe ein, daß mich dieser Besuch auch nicht aufheitern kann.

Das Gegenteil ist der Fall.

Meine Unbeschwertheit hat sich freigenommen und schickt als Vertretung eine leichte Depression.

Vermutlich muß ich mich doch auf die Heilung durch die Zeit

verlassen.

Auf meinem Rückweg entdecke ich einen frisch aufgeschütteten Erdhügel unter der riesigen Eiche neben der Schafweide.

Ich bin sicher, daß man dort Bärchen und Herkules begraben hat, weil dies der schönste Platz in der ganzen Gegend ist.

Auch Diva ist hier beerdigt, und ich denke, mein Großer wird mich ebenfalls hierher bringen, wenn mein Leben einmal beendet sein wird. Ein schöner Platz für die Ewigkeit.

Ich verweile einen Augenblick an dieser Stelle und tröste mich mit der Vorstellung, daß ich die Verlorenen doch noch in meiner Nähe habe.

Ausser Kontrolle

Die Neuen

Der Frühling ist schon fast vollendet.

Es ist mir durch meine seelische Schwere beinahe entfallen, daß der Frühling und der Sommer zu meinen treuesten Kameraden gehören.

Sie sind in der Lage, mir über alles Unschöne hinwegzuhelfen.

Nun, den Frühling habe ich mit Kummer verbummelt, doch nun bin ich bereit, mit jeder Faser in den Sommer einzusteigen.

Jetzt geht es erst richtig los.

Es sind Neue ins Haus eingezogen.

Das ist interessant!

Das ist sogar sehr interessant für mich, weil alles Neue mich neugierig macht.

Also treibe ich mich neugierigerweise bei den Neuen herum und lasse mich, nach einer gewissen Weile in sicherem Abstand, schließlich von ihnen mit Streicheleinheiten verwöhnen.

Ich muß bekennen, daß ich schon wieder drauf und dran bin, meine Kleine zu hintergehen.

Der Weg durch mein Revier führt nun mal direkt an der Wohnung der Neuen vorbei, und natürlich nutze ich diese Gelegenheit, bei ihnen ein wenig Zuneigung abzustauben.

Ich muß mich ja nicht gleich verlieben.

Daß meine Neuen sich auf Anhieb in mich verliebt haben, dafür kann ich schließlich überhaupt nichts.

Das muß die Kleine mir abnehmen.

Ich stelle fest, ich habe noch immer ein schlechtes Gewissen, das mich manchmal zu Rechtfertigungen und Ausreden nötigt.

Ich befinde mich also wieder einmal auf Abwegen und begrüße natürlich, daß meine beiden sich nach kurzer Zeit mit meinen Neuen anfreunden.

Das erleichtert die Sache, weil sich so meine Untreue perfekt vertuschen läßt.

Entweder sind wir alle bei uns oder bei Elki und Harald.

Wir sind oft zusammen, und ich habe beste Gelegenheiten zum Flirten, die ich auch schamlos nutze.

Ich liebe es, wenn wir bei Elki und Harald sind, weil dort das Nickelbiest nicht hinkommt.

Noch nicht, denke ich und hoffe, daß es auch dabei bleiben wird.

Es reicht, daß sie mir den Rang abläuft, wenn Elki uns besucht.

Natürlich ist sie im Vorteil.

Sie ist ja auch viel niedlicher als ich, das gebe ich ohne Einschränkungen zu.

Schließlich verehre ich sie seit Jahren.

Und natürlich hat sich Elki ebenfalls sofort in Nickel verknallt.

Darum ist es mir lieber, wenn wir uns in der anderen Wohnung treffen, damit sie ihre Zuneigung nur auf mich alleine konzentrieren kann. Außerdem besitzen sie eine große Terrasse, und obwohl wir einen wunderschönen Blumenbalkon haben, halte ich mich gerne bei unseren neuen Freunden auf.

Gegen jede Chance

Der Beppi kommt auch ab und zu hierher, aber er bleibt nicht lange, weil er meistens keine Zeit hat.

Entweder muß er seine Schafe füttern oder er hat sie gerade gefüttert und muß schnell in sein Bett.

An einem Abend bleibt er länger, und wenn ich mir das alles überlege, bleibt er an diesem Abend zu lange.

Elki und Harald geben ein Fest.

Eine Wohnungseinweihungsparty, wie sie es nennen.

Es ist dieselbe fidele Stimmung, wie sie es früher immer war, als wir noch zusammen mit dem Beppi diese Feste veranstaltet haben.

Wir sind alle ausgelassen, von der lauen Sommerluft und der Stimmung angenehm betäubt und freuen uns, daß das Leben sich uns von seiner schönsten Seite präsentiert.

Da platzt unsere liebliche Illusion.

Der Beppi ist es, der dieses harmonische Zusammensein angreift.

Ich nehme an, es ist das letzte, hilflose Aufbäumen seines alkoholisiert dahinsiechenden Verstandes.

Weiß der Teufel, warum er meine Kleine so grob behandelt.

Er hat nicht den geringsten Grund, derart über sie herzufallen, und ich überlege ernsthaft, ob ich ihm nicht einen saftigen Krallenhieb verpassen soll.

Er beleidigt sie nun schon eine ganze Weile schlimm, aber noch immer schweigt sie betroffen.

Erst, als er ausfallend wird, weist sie ihn zurecht.

»Beppi, laß das! Es sind Kinder da«, sagt sie und unterdrückt ihren Zorn. »Wenn du mir etwas zu sagen hast, dann komme morgen, wenn du wieder nüchtern bist, und wir reden darüber. Aber rede nicht so vor den Kindern! Dein Frust bekommt so langsam etwas Krankhaftes.«

Die Kleine ist total verkrampft, weil sie genau weiß, daß diese Situation bereits nicht mehr zu retten ist.

Zu oft hat sie erfahren, daß der Beppi in diesem Zustand die Vernunft ignoriert und mit dem Entsetzen seine Spielchen treibt.

Er wird ausfallend werden, und er wird sich in seine nichtsnutzige Wut hineinsteigern, wie er es in letzter Zeit immer getan hat, wenn sie beisammen waren.

Er wird den Bahnhof übersehen.

Daß er sie zweideutig anmacht, ist halb so wild.

Wenn das alles ist, was geblieben ist?

Egal!

Daß er aber die Unschuld der anwesenden Kinder mißachtet und diese mit Kraftausdrücken bombardiert, das macht meiner Kleinen sehr zu schaffen.

Das kann sie nicht akzeptieren.

Dreizehn Mal weist sie ihn zurecht, und dreizehn Mal blickt der Beppi verlegen zur Seite, bevor er erneut auf sie losgeht.

»Ich habe genug. Du machst mich müde. Ich komme erst wieder wenn du verschwunden bist«, sagt meine arme Kleine, und ich bin geschockt, weil sie normalerweise den Beppi hätte niedermachen können und auch sollen.

Daß sie das eben gesagt hat, und daß sie ihm das Feld überläßt, deutet mir, daß sie den Beppi nicht mehr sehen möchte, und daß sie nichts mehr mit ihm zu tun haben möchte.

Der geschlagene Unterton in ihrer Stimme offenbart eine schwere, grenzenlose Enttäuschung.

Sie schleppt sich heim, und ich begleite sie.

Und wie immer steht sie alleine da, weil niemand diese Situation begriffen hat, außer meiner Kleinen.

Es war die absolute Kapitulation ihrer Bemühungen.

Nein! Es war mehr.

Es war die Bankrotterklärung von Beppis Charakter.

Eine glatte Quadratkatastrophe.

»Wenn er so von mir denkt und wenn das alles ist, was er für mich übrig hat, dann kann er mich gerne haben«, sagt die Kleine noch zu sich selber und legt sich erschöpft schlafen.

Ich bleibe eine Weile bei ihr, bis sie eingeschlafen ist.

Dann eile ich zu der ehemals lustigen Gesellschaft, bei der sich nun die Betroffenheit eingenistet hat.

Sie reden über diesen Vorfall, und sie tun es ohne Beschönigung, obwohl sie wissen, daß der Beppi nicht einmal hundert Meter von uns entfernt in seinen Kissen schlummert oder auch nicht.

Das war zuviel, was er sich heute Abend geleistet hat.

Er hat meine Kleine, die immer für ihn dagewesen ist, abgestreift wie ein schmutziges Hemd, obwohl er seelisch immer auf sie angewiesen war.

Er hat versucht, sie vor aller Augen zu demütigen.

Er hat sich heute zum einsamsten Menschen gemacht.

Am nächsten Morgen, es ist ein Sonntag, reden meine beiden noch einmal über diesen Abend.

»Warum bist du nicht noch einmal heruntergekommen«, will mein Großer wissen. »Er ist dann heimgegangen.«

»Er hat mir die Laune zerstört, wie er es schon so oft getan hat. Aber diesmal hat er sich selbst übertroffen. Er ist viel zu weit gegangen, und ich möchte jetzt wirklich nichts mehr mit ihm zu tun haben. Das ist endgültig und unwiderruflich. Ich kann nicht mehr, und ich will auch nicht mehr. Wer mit Dreck schmeißt, hat selbst schmutzige Hände. Der Beppi kann nun tun und lassen, was er will. Es ist mir wurscht. Ich will ihn nicht mehr sehen.«

Die Kleine meint es ernst, ich spüre das. Das wars also.

Jetzt hat er den letzten Hauch von Freundschaft auch noch zerstört.

Mein Großer ergreift nicht Partei für den Beppi, wie er es sonst meistens getan hat, um zu vermitteln.

Er schweigt betroffen, weil er weiß, daß er diesmal zu seiner Kleinen halten muß. Nach all den wüsten Beschimpfungen und Beleidigungen, die er über meiner Kleinen ausgeschüttelt hat, kann er den Beppi nicht in Schutz nehmen und die Angelegenheit herunterpielen. Und das Schlimme an der Sache ist, daß es nicht den geringsten Anlaß für Beppis fieses Benehmen gibt.

Meine Kleine wäre die Letzte, die dem Beppi etwas Böses wollte.

Er hat sich einfach immer wilder hochgeschaukelt, und es mußte ausarten, und der Alkohol hat diesen Ausbruch noch begünstigt.

Aber die Kleine ist auch nicht mehr bereit, dem Beppi seine Unzurechnungsfähigkeit durch den Alkohol nachzusehen.

»Morgen, wenn er nüchtern ist, wird er sich entschuldigen«, hat sie immer gesagt.

Diesmal gibt es keine Entschuldigung. Der Bruch ist perfekt.

Und der Beppi gibt noch eins drauf. Er kommt zu uns.

Das heißt, er klingelt, und mein Großer fängt ihn draußen ab.

Es wäre nicht klug, nun meiner Kleinen zu begenen, die in

einer Mischung aus maßloser Enttäuschung und steigender Wut badet.

Mein Großer versucht, ihm das zu erklären, doch der Beppi hört überhaupt nicht zu.

Meine Kleine hätte heute Nacht noch über ihn gelästert, nachdem er gegangen war. Sie solle das lassen, sonst würde er sie wegen übler Nachrede anzeigen.

Jetzt hört sich doch alles auf! Was bildet er sich überhaupt ein? Reicht es ihm noch nicht, was er angerichtet hat?

Mein Großer ist sprachlos, ja fassungslos, und er überlegt, was er tun soll.

Soll er ihn erst würgen oder soll er ihn gleich die Treppe herunterschmeißen?

Er steht regungslos in der Tür, und ich erwarte eine gigantische Explosion oder mindestens eine scharfe Auseinandersetzung.

Die Kleine, die ebenfalls nicht glauben kann, was sie eben gehört hat, ist total verkrampft, und sie hofft, das ihr Großer nichts Unüberlegtes anstellt.

»Hör zu Freund«, zischt mein Großer. »Nimm nie wieder ihren Namen in deinen Mund. Dazu ist sie zu schade. Wir kannst du dir so interessant vorkommen, daß man über dich reden sollte? Du bist ein Niemand, absolut unwichtig. Du wirst von nun an nur noch mit dir selber reden. Du hast es geschafft. Servus!«

Der Beppi will noch etwas sagen, aber die Tür klebt schon an seiner Nase.

Danach sitzen sie sich erst eine Weile stumm gegenüber.

Das übertrifft alles.

Er vernichtet mir nichts, dir nichts alles, was einmal war, und er will auch noch dafür abkassieren.

»Du hast recht«, sagt der Große. »Er ist nicht mehr zu retten. Warum sollen wir uns weiterhin so unnütz und nervenaufreibend belasten. Ich sehe keinen Sinn mehr, da noch irgendwelche Anstrengungen zu vergeuden.«

Die Kleine schweigt, wie immer, wenn ihr etwas sehr zu schaffen macht. Sie bedauert so ihren Verlust, und nach Reden ist ihr absolut nicht. Was zu sagen war, ist gesagt und basta.

Sie verstaut es in der Rumpelkammer in ihren Kopf.

In dieser Verdrängungskammer lagert sie sämtliche unangenehmen Erfahrungen ihres Lebens, und sie verschließt diese mit der Hoffnung, daß sie dort in Vergessenheit geraten und verschimmeln.

Der Punker

Ich möchte jetzt endlich mal etwas Erfreuliches erleben.

Die Ereignisse der vergangenen Wochen haben wieder ganz schön an meiner Substanz genagt.

Aber nein, natürlich kommt es noch dicker.

Das nächste Chaos dreht schon Warteschleifen und lauert, daß es mich erwischen kann.

Irgendwann wird mich der Schlag treffen.

Ein Platzregen hat mich überrascht, als ich zu lange in Morles Garten herumgetrödelt habe.

Nun hänge ich unter einem Busch fest, der mir absolut keinen Schutz gegen diese dicken, fetten Wassertropfen bietet.

Die Wassermassen peinigen mein Fell und meine Haut.

Nickel hat auch gebummelt und kauert unter der Balkontreppe.

Auch sie findet dort keinen Schutz, weil das Wasser Gefallen daran hat, in die großen Pfützen vor ihr zu platschen.

Sie ist ständigem Beschuß ausgeliefert, und sie könnte sich genausogut unter die Dusche stellen.

Meine Schadenfreude hält sich in Grenzen, weil ich mich selbst äußerst unwohl fühle in meinem nassen Unterschlupf.

Die Kleine holt mich ja doch nicht.

Sie holt mich nie, wenn mich der Regen überfällt und ich sie rufe. Sie kann mich gar nicht holen, weil sie nicht weiß, daß ich im Busch hocke. Und Rufen nützt nichts, weil der Regen meine Stimme schluckt. Alles schon ausprobiert.

Also bringe ich das notwendige Übel hinter mich und renne zu dem Baum, der meinen Stamm zum Balkon trägt.

Ich werde fast weggeschwemmt.

Das ist ja ekelhaft.

In der Astgabel verschnaufe ich einen Augenblick unter dem Blätterdach, bevor ich die letzte, nasse Etappe in Angriff nehme und über den Stamm meinen Balkon erreiche.

Stinksauer und leicht irritiert, weil ich so total naß bin, betrete ich die Wohnung.

Und was muß ich feststellen?

Ein Fremder hat sich bei uns eingeschlichen.

Die durch den Platzregen verursachte, hektische Lage ausnutzend, ist er in mein Heim eingedrungen.

Nun wartet er vor der Badezimmertür, um meinen Großen anzufallen, wenn er herauskommt.

Ich habe sofort die Gefahr erkannt, und ich bin bereit, im Kampf zu sterben, um meinen Großen vor diesem Typen zu beschützen.

Bewegungslos sitzt er da mit seinen metallverstärkten Krallen.

Oder sind es Schlagringe?

Ich muß etwas tun, denn ich höre, wie mein Großer gerade aus der Wanne steigt und sich abtrocknet.

Viel Zeit habe ich also nicht mehr.

Wenn ich nur wüßte, wer das ist. Wenn ich wüßte, mit wem ich es zu tun habe, wäre mir zwar nicht wohler, aber ich könnte die Lage besser einschätzen und dementsprechend meinen Angriff aufbauen.

So aber bin ich gezwungen, mich mit äußerster Vorsicht und absoluter Lautlosigkeit anzupirschen und zu hoffen, daß ich unbemerkt bleibe.

Ich muß auf Verteidigung umstellen.

Ich bin jetzt auf gleicher Höhe, und eigentlich müßte er mich sehen oder spüren. Wenigstens meinen Geruch müßte er wahrnehmem.

Aber nein, er rührt sich nicht.

Das ist alles Taktik, denke ich und knalle ihm eins auf das Hinterteil. Überraschung ist die beste Verteidigung.

Daß es in diesem Fall nicht so ist, und ich der Überraschte bin, merke ich in dem Moment, als der braune Satan mit den Eisenkrallen sich teilt, und ich es nun mit zwei Gegnern zu tun habe.

Geschockt mache ich einen Riesensatz rückwärts und muß mich erst mal wieder sammeln.

So etwas habe ich noch nie gesehen.

Die beiden Braunen sitzen regungslos vor der Tür, und sie ignorieren mich.

Die Krallen haben sie angriffslustig ausgefahren.

Ich glaube, ich muß kapitulieren und meinen Großen seinem Schicksal überlassen.

Er ist ja auch viel größer als ich.

Er wird mit ihnen fertig werden.

Nein, ich muß ihm helfen, denn sie werden ihm in die Füße beißen.

Noch einmal pirsche ich mich mit gesträubtem Fell und dem Bauch am Boden gegen meine Feinde.

Den Geruch habe ich schon einmal vernommen.

Ich verharre einen halben Meter von den Biestern entfernt und versuche, den Geruch zu definieren.

Mein Hals wird lang und länger, damit ich wenigstens mit der

41

Nase an diese Viecher drankomme.

Plötzlich geht die Tür auf.

Ich habe gerade noch die Zeit, den Geruch als Leder zu erkennen und schreie: »Vorsicht, da sind zwei gefährliche Punker mit Metallkrallen«, als mein Großer aus dem Bad kommt und in seine neuen Sandalen schlüpft.

Da haben wir aber noch einmal Glück gehabt.

Er hätte mir aber wirklich auch sagen können, daß er sich neue Sandalen gekauft hat.

Als ich später auf den Balkon komme, erwartet mich der nächste Punker.

Ein schwarzgrauweiß Gestreifer.

Eine Punkerin.

Nickels regennasses Fell steht in alle vier Himmelsrichtungen, als hätte sie sich Haargel hineingeschmiert.

Die Pseudopunkerin kriegt jetzt den Frust meiner eigenen Lächerlichkeit ab. Das beschließe ich in diesem Moment.

Ich brauche das jetzt einfach, damit ich nach dieser peinlichen Aktion vor mir selbst wieder gut dastehe.

Außerdem provoziert das durchnäßte, triefende Weibsbild die Erinnerung an meine nichtsnutzige Panik, die wieder einmal durch meine ewige Schwarzseherei verursacht wurde.

Ich nehme Anlauf, und natürlich kommt mir wieder meine Kleine dazwischen, so daß ich mein Vorhaben verschieben muß.

»Na, Mädele, wo hast du denn deine Sicherheitsnadeln gelassen?«

Die Kleine hat scheinbar auch den Eindruck, als wäre Nickel unter die Punker gegangen.

Sie holt ein Handtuch und trocknet ihr Sicherheitsnädele, äh Sicherheitsmädele ab.

Mich hat sie nicht abgetrocknet, ich mußte mir wieder selbst helfen, wie immer.

Aber das Sicherheitsnickele ist ja auch krank.

Na warte! Aufgeschoben ist nicht aufgehoben.

Irgendwann werde ich sie zur Sicherheitsnadel biegen. Basta!

Ich trolle mich ins Schlafzimmer, nehme auf dem Bett Platz und schmolle.

Nach fünf geschmollten Minuten gehe ich auf meinen Balkon, und was sehe ich wieder?

Als Dank für den Rubbelservice meiner Kleinen muß die Dankbare auf den Tisch hüpfen.

Tische sind für uns tabu, darum ist das schon schlimm genug.

Jetzt quetscht sie sich auch noch zwischen den Stapel frisch ge-
waschener Badetücher und den Topf mit dem jungen Borretsch,
wodurch dieser saftig auf den Boden matscht, weil die Kleine ihn
gerade gegossen hat.

Jetzt kriegt sie doch ihre Abfuhr, denke ich genüßlich.

Aber nein, das kranke Ekzemnickelchen darf doch nicht geschimpft werden.

Brav kratzt die Kleine den Matsch vom Boden und bettet ihre
Zöglinge wieder in den Topf.

Natürlich gibt sie sich selbst die Schuld an dem Malheur.

Hätte sie den Topf nicht so knapp an die Tischkante gestellt, wäre
das nicht passiert.

Daß die Nickel nicht auf den Tisch soll, ignoriert sie im Moment.

Vermutlich plagt sie auch noch das schlechte Gewissen, weil die
Möglichkeit besteht, daß sich das arme Krankele erschrocken hat.

So, jetzt schmolle ich halt wieder!

Nickel darf sich alles erlauben, und ich darf sie nicht einmal ab-
schmieren.

Warte, bis die Kleine in der Küche ist, dann gibt es aber was auf
den Frack!

Es gibt nichts auf den Frack, weil Nickel meiner Kleinen in die
Küche folgt.

Logisch!

Sie muß ja noch immer in Dankbarkeit schmeicheln.

Die große Gier

Ich gehe zu Morle.

Diese Buhlerei geht mir auf den Keks.

Vorher fordere ich noch meine Schinkenkäsepastetchen, die ich
jeden Tag zu kriegen habe.

Meine Kleine gibt sie mir, doch natürlich will ich mehr, wie immer.

Ich kann mich doch nicht mit fünf lächerlich winzigen Pastetchen
zufriedengeben.

Also streiche ich verführerisch um sie herum, doch sie rückt nicht
mehr heraus, wie immer.

Sie ist heute wieder stur, wie immer.

Dann folge ich ihr halt auf den Balkon.

Ich leiste ihr noch eine Weile beim Rauchen Gesellschaft, und
als ich auf meinen Stamm hüpfe, entdecke ich im Augenwinkel

fünf leckere Pastetchen, die auf dem Tisch liegen.

Ich bleibe stehen, um mich zu vergewissern, daß ich nicht einer Täuschung unterliege, hervorgerufen durch meine Pastetchengier.

Tatsächlich!

Fünf winzig kleine Schinkenkäsepastetchen!!!

Hat sie vergessen, mir zu geben.

Nein, hat sie nicht!

Das sehe ich an ihrem Blick, als ich wieder auf dem Balkon ankomme, um die Dinger in Empfang zu nehmen.

Sie hat wieder ihren typisch allwissenden Gesichtsausdruck, und sie grinst so unverschämt.

Trotzdem sitze ich bereits auf dem Stuhl.

Ich wette, wenn ich am Tisch ankomme, sind die Pastetchen spurlos verschwunden.

Gewonnen!!!

Sie hat sie schon in der Kralle gehabt, als ich noch beim Wenden auf meinem Stamm war.

Nur der Geruch ist noch da.

Es sind Nickels Pastetchen.

Verdammt, sie kennt mich genau. Beleidigt steige ich ab.

Das war wieder ein Bilderbuchreinfall, und die Nickel ist schuld.

Irgendwann werde ich kleine, feine Pastetchen aus ihr machen, die man leider nicht genießen kann, weil sie vergiftet sind.

Ausflug in die Provinz

Dann gehe ich halt die Enten beobachten. Das wird meine Wut etwas dämpfen, bevor ich zu Morle gehe. Ich möchte vermeiden, daß er meine Stimmung zu spüren kriegt, weil er ab und zu recht mimosig auf meine Launen reagiert.

Seit ein paar Tagen kommt immer wieder eine Wildentenfamilie auf die Wiese unter meinem Balkon.

Mein Großer hat sie mit Brotwürfeln verwöhnt, und nun tauchen sie regelmäßig bei uns auf und fordern lautstark ihre Ration.

Fast pünktlich um die Mittagszeit lockt ihr Geschnatter uns zu einem abwechslungsreichen Anblick. Die Kleine steht noch immer oben und amüsiert sich über das Treiben auf der Wiese, doch ich ignoriere sie - knatschig bis eifersüchtig.

Es ist aber auch zu drollig, wie die Federviecher zwischen Butterblumen und Löwenzahn umherwatscheln, der Erpel voraus und in einigem Abstand die Entenmutter, gefolgt von ihrem Halbwüchsigen.

Meine Kleine mahnt mich, sie ja in Ruhe zu lassen, aber daran bräuchte sie gar keinen Gedanken zu verschwenden.

Seit ich einmal diese sehr schmerzhafte Erfahrung mit dem großen Obererpel vom Teich gemacht habe, bin ich von der Entenjagd kuriert. Ich weiß, wie brutal ein besorgter Entenvater sein kann, wenn er seine Brut vor einem eckzahntriefenden Kater beschützt.

Der Teicherpel hat mir damals die Rippen geknackt, und alles nur, weil ich an den frisch geschlüpften Gelben geschnuffelt habe. Seitdem bin ich Enten gegenüber sehr achtsam geworden.

Da gibt es kein Pardon, wenn die Familie bedrängt wird.

Darum halte ich gebührenden Abstand und betrachte die drei Wildenten als Gäste.

Das ist gesünder.

Die Ausflügler scheinen das zu wissen, denn sie fliehen nicht, wenn ich mich zu ihnen geselle.

Allerdings mit einer Tabuzone von mindestens drei Metern.

Sie achten darauf, daß ich ihnen nicht zu nahe komme, und ich respektiere das, weil sie wegfliegen, wenn ich mich nicht an diesen Abstand halte.

Es wäre schade.

Der Ameisenprofessor

Jetzt gehe ich aber endlich zu Morle.

Ich habe mich schon wieder zu lange ablenken lassen.

Ich möchte meinen Bruder mal mit etwas Interesse für seine Ameisen bestechen.

Wenn er mir ausführlichen Ameisenunterricht erteilen darf, ist er immer absolut umgänglich, und mir ist gerade nach einem umgänglichen Bruder.

Also lasse ich mich kurz vollrieseln mit den neuen Erkenntnissen seiner Ameisenkultur.

Doch ich habe Pech.

Morles Ameisenstaat ist in schlimmer Sorge.

Die Königin ist schwer erkrankt, und sie wird es wohl nicht überleben. Ein Pilz hat sie befallen und bedroht ihr Leben und das der gesamten Nachkommenschaft.

»Tja Morle, da kann man nichts machen. Das ist das Schicksal.«

»Da hast du recht, Fritz. Es geht zu Ende mit dem Staat. Ich beobachte das schon ein paar Tage. Sie verlieren ihr Oberhaupt, ohne das sie nicht in der Lage sind rationell zu handeln, geschweige denn zu leben. Sie verlieren ihre Brut, und sie können nicht einmal etwas dagegen tun«, erklärt Morle.

»Vielleicht sollte man die Königin zum Tierarzt bringen«, sage ich, und ich weiß genau, daß ich gerade wieder einmal mitten ins Fettnäpfchen gestolpert bin.

Entweder ist er beleidigt, weil mein lächerlicher Einfall mangelhafte Anteilnahme ausdrückt oder ...

Ja genau! Ich sehe es schon an seiner Miene. Wenn er die Pupillen nach oben schraubt, als würde er den Himmel fragen, warum ich so blöd bin, und den Mund zusammenpreßt, daß er Grübchen kriegt.

Ein allessagendes 'Hmmmm' unterstreicht seine Ameisenschlauheit.

»Fritz, du weißt genau, daß das nicht möglich ist. Schon aus rein technischen Gründen ist das absolut nicht machbar.«

Ich liebe es, wenn er sich so geschwollen ausdrückt.

»Was du aber nicht weißt, mein lieber Fritz, ist, daß sie es gar nicht wollen. Es ist nämlich so: Sie wehren sich nicht gegen ihr Schicksal, sie fügen sich ihm. Das ist ein Teil ihrer Ameisenphilosophie. Wenn es sein soll, dann wird sich der Staat auflösen, und sie werden das Beste daraus machen. Sie geben nicht auf, wenn ein Unheil sie schlägt, wie wir. Sie kämpfen weiter.«

»Aha«, kann ich da nur sagen.

Er spaziert am Rand von Ohrfeigen.

Ich muß ihn ablenken, sonst kann ich mich nicht mehr halten und knalle ihm eine auf die Nuß.

Dann hat er Grund, beleidigt zu sein.

»Morle, hast du schon den kleinen, schwarzen Kater gesehen? Er spaziert immer bei euch auf dem Dach herum.«

»Tequila?«

»Prost! Sag schon. Kennst du ihn?«

»Tequila!«

»Ach, Tequila!«

»Genau, Tequila!«

Jetzt habe ich es wieder.

Das ist die Strafe, weil ich vom Thema abgelenkt habe. Vom Ameisenthema.

»Tequila, also. Und?«

»Tequila ist der Nachfolger von Herkules. Was sonst.«

»Jetzt laß dir halt nicht die Würmer einzeln aus der Nase ziehen, Morle. Ich bin dumm, und du weißt mehr als ich. Also kläre mich bitte endlich auf.«

So, das dürfte ihn etwas versöhnen.

»Da gibt es nichts aufzuklären. Tequila ist der Nachfolger von Herkules. Das wars schon.«

»Und warum geht er nur auf dem Dach spazieren?«

»Sie werden triftige Gründe haben, ihn nicht nach unten zu lassen. Meinst du nicht auch?«

»Ja, natürlich.«

Ich hasse es, wenn Morle so kurz angebunden ist und mich in meiner Neugierde zappeln läßt. Er kostet es voll aus. Er genießt es, dieser kleine Ameisenbiologe mit seiner trotzigen, demonstrativen Gleichgültigkeit.

Ich habe jetzt keine Lust mehr, mich diesem Besserwisser auszuliefern. Seine Stimmung wird sich heute nicht mehr bessern, also trenne ich mich von ihm, bevor wir uns in irgend etwas hineinsteigern, was so unnötig ist wie ein Kropf.

Zumal wir gar nicht mehr wissen, warum wir uns auseinandersetzen.

»Wir reden morgen über Tequila. Ich gehe mal heim. Also, man sieht sich, Bruder.«

»Ach Fritz, du hast da nicht nur eine Zecke im Fell. Da ist auch noch eine Schnecke«, sagt er fast nebensächlich.

»Vielen Dank für dein scharfes Auge.«

»Ich hätte es dir ja nicht sagen müssen.«

»Ich weiß, darum danke ich dir.«

Ich muß jetzt aber wirklich schnellstens heim.

Mit der Zecke werde ich eventuell fertig, solange sie sich nicht bis zu meinem Nacken durchgewühlt hat, wo ich nicht an sie drankomme.

Bei der Schnecke muß mir die Kleine behilflich sein.

Beim ersten Versuch, sie aus dem Fell zu schmeißen, hat sich das kleine, schleimige Ding um die eigene Achse gedreht und in meine Haare gewickelt, wo sie nun klebt.

»Hilfe, Hilfe! Ich habe eine Schnecke im Fell«, rufe ich meiner Kleinen schon vom Stamm aus zu.

Sie sieht sofort das als Haarknäuel verkleidete Schleimchen und befreit mich von ihm.

Ich sollte sie der Nickel schenken, dann hat die Kleine zwei Schnecken im Haus.

Die Fellschnecke bekommt einen Freiflug von unserem Balkon bis zur Wiese geschenkt.

Dann kann die Kleine auch gleich die Zecke unschädlich machen, weil sie doch tatsächlich außer Kontrolle geraten ist und zielbewußt zu meiner Nackenhaut krabbelt.

Ich danke meiner Kleinen für die Schneckenbefreiung und schmuse mit ihr, mit dem Hintergedanken, daß sie die Zecke entdeckt.

Sie entdeckt die Zecke leider nicht, weil diese mich nämlich nur als Transportmittel benutzt und sich so in die Nähe meiner Kleinen geschmuggelt hat. Beim Schmusen ist sie übergelaufen.

Heimlich, denn meine Kleine hat sie nicht bemerkt.

Erst, als die Zecke ihre Kiefer zum Blutzapfen rüstet, spürt die Kleine ein Kribbeln am Hals, und als sie sich dort kratzt, wird klein Zecki vom Fingernagel verhaftet und auch zu einer Flugstunde eingeladen.

Jetzt fehlt nur noch eine von Morles Ameisen in meinem Pelz.

Das hatten wir auch schon einmal.

Ich gehe zum Schlafzimmerspiegel und inspiziere mich dort gründlich von allen Seiten.

Und tatsächlich entdecke ich doch einen einsamen Ameisenritter, wie er gerade in meiner Ohrmuschel Platz nehmen will.

Ich schüttle mich kurz heftig, und der Fremdgänger fliegt in hohem Bogen gegen den Spiegel.

Du solltest lieber bei deiner Königin bleiben, um ihr in dieser schweren Zeit Beistand zu leisten, denke ich ärgerlich, als der Eindringling unter dem Bett verschwindet.

Das habe ich doch wieder Morle zu verdanken.

Der hat einen seiner Untertanen abgerichtet, um mich zu ärgern.

Das merke ich mir.

Bin ich denn ein Tierpark? Oder vielleicht ein Zoo?

Jetzt habe ich aber genug von den lieben Tierchen.

Laßt mich bloß alle zufrieden!

Aber nein! Da ist noch ein liebes Tierchen.

Nickel, die Schlecke.

Halb schleimige Schnecke, halb falsche Schlange.

Die Nickelschlecke sitzt vor der Schlafzimmertür und reibt sich schadenfroh die Krallen.

Jetzt erinnere ich mich daran, daß sie heute nacht unser Trockenfutter bis auf den letzten Krümel leer gefuttert hat.

Das schreit geradezu nach Ohrfeigen.

Die Kleine bremst mich natürlich, was mich nicht davon abhält, den egoistischen Gierschlund wenigstens in die Halbbrückenlage zu zwingen.

»Mach die Flocke und geh mir aus den Augen«, schnauze ich, und Nickel faucht mich kräftig an.

So, das hätten wir.

Jetzt weiß sie mal wieder, wer hier der Chef ist.

Njamm Njamm und der blaue Drache

Heute ist ein Festtag.

Eigentlich ist es ein Tag wie jeder andere auch, sieht man davon ab, daß Sonntag ist.

Aber das, was meine Kleine heute vorhat, macht diesen ganz gewöhnlichen Sonntag zum Festtag.

Ich drücke mich nun schon seit den frühen Morgenstunden zu Hause herum und warte ungeduldig, bis sie endlich das große Fleischmesser packt, um Nickel damit in hauchdünne Streifen zu schneiden.

Nein, meine Gier und mein Futterneid haben meiner Phantasie wieder einmal einen köstlichen Wunschtraum beschert.

Also, ich warte. Aber worauf? Wie kann man sich nur so ablenken lassen?

Ach ja, ich warte, und ich werde so langsam unausstehlich ungeduldig, bis die Kleine endlich anfängt, dieses chinesische Gericht zuzubereiten, welches sie meinem Großen versprochen hat. Chinesisches Gericht, das heißt Rinderlende, Kalbssteak und Nußschnitzel in feinen, mundgerechten Happen.

Die erforderlichen Restzutaten wie Morcheln, Zwiebeln, Paprika, Sojasprossen und Glasnudeln kann ich ignorieren und den Reis sowieso. Aber diese zarten Fleischstreifen, nur vom Allerfeinsten, machen mich ganz schön an. Da komme ich ins Schwärmen und verpasse fast, daß sie schon längst mit dem Schnippseln begonnen hat.

Schon eine lange Weile muß sie das Messer schwingen, während ich im Bürokorb chinesischen Träumen hinterherhänge.

Ein ʼjetzt ist es aber genugʼ bestätigt mir, daß die Lotosnickel bereits kräftig am Abstauben ist.

Ich lasse meinen Fächer fallen, schnappe meine Stäbchen und rase zur Küche.

Aha!!! Da haben wir es wieder.

Nickel hockt aufdringlich fordernd neben den kleinen Füßen meiner Kleinen und kann es nicht fassen, daß sie nach fünf Pfund Fleischstreifen nichts mehr herausrücken will.

Dafür soll sie Schlitzaugen kriegen.

Die Nickel!

Sie weiß nicht, daß sie in akuter Lebensgefahr schwebt.

»Jetzt aber raus aus meiner Küche«, knurre ich, aber die Geisha läßt sich nicht beeindrucken.

Hartnäckig schielt sie hoch zur Anrichte, auf der die Berge von Geschnetzeltem ruhen und über den Rand ragen.

»Los, verschwinde oder ich muß die Kleine daran erinnern, daß in China auch Katzen zum Verzehr geeignet sind.«

Die Kleine hat ein Einsehen.

»So, jetzt laß mal den Fritzel rein. Du hast aber wirklich schon genug bekommen, Mädele.«

Sie kriegt noch ein letztes Filetstreifchen, und genau in dem Moment erkennt sie mich. Sie fängt an zu knurren, wobei sie aber munter weitermampft. So entsteht ein schmatzendes, schlingendes Njamm, Njamm, Njamm, Njamm, das sie die Tonleiter rauf und runter gurgelt.

'Mädele', wenn ich das schon höre!

Hoffentlich vergeht mir nicht der Appetit.

Njamm Njamm drückt sich fauchend und grunzend an mir vorbei, und ich nehme ihren Platz ein.

Die Kleine ist heute sehr großzügig.

Das meine ich jetzt nicht zynisch, wie sonst immer, wenn sie mir eine Hungerleiderportion schenkt.

Nein wirklich.

Auch ich erhalte meine fünf Pfund Streifenfleisch, und auch ich kann es kaum fassen, daß sie nicht noch mehr herausrückt.

Wahrscheinlich möchte sie verhindern, daß das Gericht später nur noch aus Gemüse besteht, während ihre Katzen platzen.

Das Verhältnis muß stimmen, das sehe ich ein, und ich erlaube ihr, das Geschnetzelte nun anzubraten.

Njamm Njamm läßt sich auf den Wellen des süßen Nichtstuns treiben und pflegt ihren gespannten Ranzen.

Natürlich tut sie das wieder auf meinem Balkonsessel.

Der blaue Drache soll sie holen.

Es muß nicht immer Dosenfutter sein

Nach dem gestrigen exotischen Diner ist mein Gaumen ziemlich verwöhnt, und ich kann mich eigentlich gar nicht so recht damit abfinden, daß es heute wieder nur Dosenfutter gibt.

Trotzdem muß ich mich damit zufriedengeben, weil meine Kleine gefährlich blaß aussieht, als sie nach Hause kommt.

Die plötzliche Hitze macht ihr zu schaffen, und außerdem ist ihr unwohl.

Das heißt, ich kann sie nicht nerven, bis sie mir etwas Gescheites gibt, weil das immer zeitaufwendig ist, bis ich sie überredet habe.

Und weil sie sich unbedingt hinlegen sollte, gebe ich klein bei und warte auf ordinäres Dosenfutter.

Sie geht in die Küche. Ich folge ihr.

Sie öffnet den Dosenschrank. Ich sitze hinter ihr.

Sie wundert sich über den gewölbten Deckel der Dose. Ich auch.

Sie zieht an dem Öffnungsring. Ich gehe in Deckung.

Mit einem lauten Knall explodiert das Fischtöpfchen, und der verweste Inhalt spritzt durch die Gegend.

Ich kriege nichts ab, denn ich sitze hinter ihr.

Die Kleine kriegt das Meiste ab. Eigentlich fast alles.

Sofort fängt sie an zu würgen, denn ein widerlicher, bestialischer Gestank breitet sich auf der Stelle aus, und er ist nicht zu ertragen.

Sie schüttelt sich, läßt die Dose fallen und dreht sich um.

Du lieber Himmel! Das sieht ja erschütternd aus!

Jetzt kriegt sie gleich einen Schreikrampf, denke ich.

Das ätzende Zeug hängt nicht nur an ihren Klamotten. Es klebt in ihren Haren, in ihrem Gesicht, am Mund, in der Nase, einfach überall.

Jetzt trifft sie der Schlag.

Mein Großer erscheint, von dem Knall angelockt, in der Küche und findet meine arme Kleine in einem der schrecklichsten Momente ihres Lebens.

Paniert mit verfaultem, stinkendem Fischfutter.

Zuerst schmunzelt er, wie sie da steht, als hätte sie der Blitz getroffen.

Aber dann erkennt er, daß sie gleich vor Ekel ausrasten wird, weil sie ihn gar nicht wahrnimmt und nur hilflos herumfuchtelt, würgt und spuckt.

»Bäää, ist das ekelhaft«, schreit sie. »Pfui Teufel ist das eklig! Ich halte das nicht aus!!!«

»Ääää, wie das stinkt! Das stinkt ja wie Jauche hoch drei«, stimmt mein Großer mit ein.

Ääää!!! Bäää!!! Es kräuselt mir die Zunge.

Pfui Spinne! Das ist ja gemeingefährlich, denke ich und verlasse diesen abscheulichen Ort.

Die Kleine reißt sich ihre Klamotten vom Leib und rennt ins Bad, wo sie den Kopf in die Wanne hängt und ihn abduscht.

Daß ihr dabei das Wasser in die Nase läuft, merkt sie gar nicht, weil sie andauernd mit Würgen beschäftigt ist.

Zum Glück hat sie noch nichts gegessen, sonst müßte sie sich mit Sicherheit übergeben.

Sie schreit und spuckt und würgt und flucht pausenlos.

Ja, so ist es recht. Du mußt das alles aus dir herauslassen.

Nur nichts in dich hineinfressen.

Ich kann sie sich selbst überlassen und meinen Großen moralisch unterstützen, den jetzt auch der absolute Ekel überfallen hat.

Er steht in der Küche, bewaffnet mit Gummihandschuhen und einer Grillzange, und er versucht gerade, die verseuchte Dose in einem Müllbeutel zu verstauen.

Ihm ist auch speiübel, denn dieses madige Zeugs, was noch nicht in der Küche verteilt ist oder an meiner Kleinen haftet, der Rest in der Dose, kocht blubbernd und gärend aus dem Gefäß heraus und macht sich selbständig.

»Das ist ja grauenhaft, wie das stinkt«, mault er immer wieder vor sich hin.

Ich bin sicher, er gibt wieder mir die Schuld an dieser Sauerei.

Natürlich, es ist ja auch Katzenfutter, und was muß ich auch Hunger haben.

Ich glaube, ich muß meine Nase lüften.

Ich kann das nicht mehr riechen.

Es würgt mich nun auch.

Ich gehe mal kurz auf den Balkon.

Als ich am Bad vorbei komme, schrubbt die Kleine noch immer ihren Kopf und spült andauernd den Mund aus.

Sie tut mir leid.

Nachher, wenn das alles vorbei und wieder in Ordnung ist, muß ich sie unbedingt trösten und wieder aufbauen.

Mein Großer hat es doch tatsächlich fertiggebracht, die Dose in die Mülltonne zu befördern.

Ich bewundere ihn.

Meine Kleine bewundere ich auch.

Nachdem sie sich provisorisch gereinigt hat, macht sie sich gleich mit schlimmstem Widerwillen daran, die Küche zu säubern.

Ein stundenlanges Bad wird sie danach abhalten.

Erst muß der Gestank raus, und das geschieht nicht eher, bis sie auch den letzten Winkel der Küche geprüft und gereinigt hat. Die Schränke, den Boden, das Fenster, die Tür, alles schrubbt sie in hektischer Eile, weil sie den penetranten Geruch so schnell wie möglich weghaben möchte.

Mein Großer sagt, wenn ihm das passiert wäre, hätte er die Küche mit dem Flammenwerfer abgefackelt, damit es wenigstens nach Feuer riecht.

Ach ja! Und dich gleich mit, was? Weil es aber der Kleinen passiert ist, hockst du seelenruhig auf dem Balkon und wartest, bis sie wieder alles gerichtet hat und der Gestank verzogen ist. Das ist wieder typisch, denke ich.

Anstatt ihr zu helfen, läßt er sie alleine wurschteln, obwohl es ihr nicht gut geht.

Und ich muß länger warten, bis ich endlich Futter kriege.

Mein Futter kriege ich trotzdem bald, weil ihre Abscheu die Kleine zaubern läßt.

Allerdings ist sie dieser frischen Dose gegenüber sehr voreingenommen.

Verständlich.

Sie betrachtet sie erst argwöhnisch von allen Seiten.

Dann stellt sie die Dose in das Spülbecken und deckt sie mit einem Geschirrtuch ab, bevor sie den Öffnungsring zieht.

Ob sie das jetzt immer so macht?

In nächster Zeit sicher, denn sie hat einen Schock.

Einen Dosenschock, und es braucht Zeit, bis sie dieses schreckliche Erlebnis verarbeitet hat.

»Man sollte sich beschweren«, meint mein Großer, der sich wieder in die Küche wagt.

»Was willst du dich beschweren? So etwas passiert. Das war ein Konstruktionsfehler. Da ist Luft beim Einfüllen reingekommen. Und die Hitze .... Paff!!!«

Sie möchte nicht darüber reden. Darum »Paff«.

Sie geht baden, und ich habe Verständnis, daß sie sich nun schon zum vierten Mal von Kopf bis Fuß abseift.

»Jetzt ist alles wieder gut«, sagt sie, nachdem sie sich runderneuert und desinfiziert zu uns gesellt.

Sie kann sogar schon wieder lachen.

»Das muß ja irre ausgesehen haben, wie ich reagierte, aber ich habe überhaupt nichts mehr mitgekriegt. Nur noch diesen ekelhaften Gestank und der Gedanke, daß ich das an mir habe. Es war wie in einem Horrorfilm«, kichert sie.

»Willst du nicht endlich mal etwas essen«, fragt mein Großer.

»Nein danke, ich bin satt. Mir ist noch immer schlecht. Ich gehe schlafen. Das war zuviel. Gute Nacht!«

Ich weiß nicht, ob das vernünftig ist, wenn sie nun schlafen geht. Sie sollte sich noch etwas ablenken. Nach solch einem Ereignis geht der Schlaf mit Sicherheit in Richtung Alptraum.

Ich möchte auf keinen Fall, daß ihr im Schlaf die Futterdosen um die Ohren fliegen, also begleite ich sie und versuche, sie ein wenig zu zerstreuen, bevor sie einschläft.

Ein Hauch von Schicksal

Das große Sterben

Die Dosenbombe hat keinen Alptraum im Schlaf meiner Kleinen hinterlassen.

Doch gleich am Morgen wird sie erneut an das Fischfutterdesaster erinnert, und sie schüttelt sich erst einmal, bevor sie zur Öffnung der Dose schreitet.

Der Schock sitzt noch, das sehe ich an der Umständlichkeit, mit der sie mein Frühstück bereitet.

Es dauert wieder mal eine Ewigkeit, bis mein Schälchen gefüllt vor mir steht.

Ich hoffe, das gibt sich bald. Nach dem Frühstück besuche ich Morle.

Ich habe etwas wiedergutzumachen, und weil ich gerade so gut drauf bin, fällt mir das nicht allzu schwer.

Daß er mir eine Ameise geschenkt hat, habe ich schon vergessen.

Außerdem kann ich ihm eine Neuigkeit servieren, das muß ihn umstimmen.

Elki hat sich eine Katze zugelegt.

Angesteckt von der Tierliebe meiner Kleinen, hat sie sich ein kleines Katzenmädel aus dem Tierheim geholt.

Zwar wird das Elkis Zuneigung zu mir einen leichten Dämpfer versetzen, weil das kleine Baby sämtliche Liebe aufsaugen wird, aber ich bin immer wieder entzückt, wenn ich solch einem kleinen Katzentupfer begegne.

»Hallo Morle! Ich wünsche Dir einen wunderschönen guten Morgen. Hast du schon gehört, es gibt noch einen Neuling in unserem Revier.

»Guten Morgen, lieber Bruder. Ich habe sie schon gesehen. Wer ist sie?«

»Dschina.«

»Gesundheit! Sag schon, Fritz, wer ist sie?«

»Dschina!«

»Ach, Dschina!«

»Ja, Dschina.«

»Dschina, also. Und?«

»Dschina wohnt bei Elki, was sonst.«

»Ja, ja, ich akzeptiere, daß du dich für neulich revanchierst. Aber hör jetzt mit der Haarspalterei auf, sonst platze ich vor Neugierde.«

»Das war eine Entschuldigung, Morle.«

»Ja, das war eine Entschuldigung, aber jetzt rede endlich.«

»Na ja, gestern Abend traf ich sie zum ersten Mal. Und was glaubst du, was die kleine Göre gemacht hat?«

»Sie hat dich verfolgt.«

»Genau! Daß die Kleinen immer verfolgen müssen. Das gibt wieder hektische Zeiten. Ich kann es schon nicht mehr erwarten, bis sie meinen Stamm entdeckt und so den Weg zu uns findet.«

Ich wage nicht, daran zu denken, was dann wieder bei uns los ist und lenke mich ab.

»Wie geht es deinem Ameisenstaat?«

»Tja, da ist nichts mehr zu machen. Es gibt ihn bereits so gut wie gar nicht mehr. Es geht zu Ende mit der Königin. Heute morgen hat sie die wenigen überlebenden Anwärterinnen auf die Reise geschickt. Es waren nicht einmal hundert Exemplare von diesen Auserwählten, die, mit Flügeln ausgestattet und dem Keimgut des Mutterstammes in Leib, irgendwo ein neues Volk gründen.

Wenn man bedenkt, daß die Wenigsten ihr Ziel erreichen, kann man davon ausgehen, daß nicht viel von meinem Hobby übrigbleibt. Ich werde mir wohl ein neues Steckenpferd suchen müssen.«

Ich wundere mich immer wieder, woher Morle das alles weiß. Es muß die Erfahrung aus jahrelanger Beobachtung sein.

»Das tut mir wirklich leid, Morle. Ehrlich.«

»Ich glaube dir das sogar, denn es wäre schlimm, wenn es nicht so wäre.«

»Ein neues Hobby wüßte ich. Warum versuchst du nicht, Tequila und Dschina zu verkuppeln?«

»Ja, das wäre eine Idee. Aber erstens sind die beiden noch viel zu jung für sowas, und zweitens darf Tequila noch immer nicht nach unten. Da werden wir wohl noch einige Zeit warten müssen.«

»Da hast du recht, Morle. Das hatte ich vollkommen vergessen.«

Ich könnte ihm schon wieder eine ballern, weil er trotz allem noch immer so unverschämt klugscheißelt. Ich bemühe mich, ihn wieder aufzubauen, und er macht alles mit seinen 'Abers, Erstens und Zweitens' nieder. Das ist wieder ganz typisch mein pessimistischer Bruder Morle.

Normalerweise hätte ich jetzt schon wieder genügend Grund, beleidigt zu sein, aber ich verzeihe ihm, weil er bestimmt seelisch angeschlagen ist.

»Wir werden sehen, was daraus wird«, sage ich zum Abschied.

Ich bin sicher, es hat wenig Sinn, ihn nun zu irgendwelchen Unternehmungen zu bewegen. Er wird wohl noch so lange die verbliebenen Arbeiter seines Ameisenstammes beobachten, bis das große Sterben vollendet ist. Das ist er ihnen schuldig. Danach wird er sich wieder anderem widmen können.

Ich möchte das große Sterben nicht unbedingt miterleben und schlendere statt dessen ein wenig durch die Natur.

Ja, ja! Das Leben macht ganz schöne Sachen mit uns.

Der Sommerwurm

Nach meinem erbaulichen Naturausflug treffe ich auf dem Heimweg die Dschina. »Hallo Fritz! Du wirst wohl einsehen, daß du dich nun nicht mehr so ohne weiteres bei uns herumdrücken kannst. Du darfst uns besuchen, ganz klar. Aber in der Wohnung möchte ich dich nicht mehr sehen.«

»Klar«, sage ich knapp.

Das kenne ich doch alles schon. Allerdings habe ich diese Bedingung stets vergebens gestellt. Bei mir war immer Bahnhof, und jeder ist hereinspaziert, wann immer er wollte.

Dann kann ich mir das wohl auch herausnehmen, denke ich.

Vorerst lasse ich Dschina mal im Glauben, daß ich ihr absolutes Revier akzeptiere, sonst kriegt sie wieder Verfolgungsabsichten, wenn ich ihr widerspreche.

Sie bekommt sie auch ohne Widerrede, und sie ist verblüfft, als ich am Ende meiner Flucht meinen Baum hoch hechte und lässig über meinen Stamm meinen Balkon betrete.

Neidisch glotzt sie mir nach.

Ich weiß genau, was sie nun denkt.

»Hallo Dschina. Du wirst wohl einsehen, daß du dich nicht so ohne weiteres bei uns herumdrücken kannst. Du darfst auf meiner Wiese sein, ganz klar. Aber auf meinem Baum möchte ich dich nicht sehen.«

»Klar«, höre ich sie meckern.

So, das hätten wir. Die Grenzen sind gesteckt.

Nur wird sich auf Dauer keiner von uns daran halten.

Das kenne ich von Nickel.

Es wird wohl Ärger geben.

Die Schwarzen sind halt eigensinnig.

Morle ist leicht eigensinnig.

Der schwarze Satan ist mehr als eigensinnig.

Dschina ist jetzt schon ganz schön eigensinnig. Tequila wird wohl auch eigensinnig sein.

Susi, die ein paar Häuser weiter wohnt, soll ebenfalls recht eigensinnig sein, und sie kommt auch ab und zu in unsere Gegend.

Und Benjamin, der auch im Haus bei Susi wohnt, ist der Eigensinn in Vollendung.

Da haben wir's.

Sechs schwarze, eigenwillige Kater und Katzen in einem Revier, und zwar in meinem, das wird wirklich Ärger geben.

Wo kommen bloß all die Schwarzen her?

Ich bin der einzige, der sich von ihnen abhebt, und das zeichnet mich natürlich aus.

Ich, als Roter und Revierältester, bin der Boss, und das wird auch so bleiben.

Nickel hebt sich auch ab, aber sie zählt nicht, weil sie ein Biest ist.

Außerdem hat das Biest gerade wieder einen netten Bandwurm.

Meine Kleine hat eindeutige Indizien dafür festgestellt.

Das heißt, ich muß auf der Hut sein, daß sie mir nicht auch so eine gräßliche Tablette mit verheerenden Auswirkungen auf mein Allgemeinbefinden verpaßt.

Dabei habe ich gar keinen Wurm. Aber wenn die Nickel einen hat, könnte es ja sein, daß ich auch einen habe.

So zieht die Kleine diese Entwurmung immer paarweise durch, obwohl wir kein Paar sind. Das Gegenteil sind wir.

Diesmal nicht mit mir.

Nein, nein und nochmals nein!!!

Ich werde auf das köstliche Tatar verzichten, in welchem sie die Tablette heimtückisch zu verstecken pflegt.

Ich denke das so belanglos, und schon läuft mir das Wasser im Mund zusammen, als ich mitkriege, wie die Kleine Nickel mit kleinen Tatarbällchen verführt.

Erst macht sie das wurmige Biest gierig, hält ihr das verlockende Häppchen vor die Nase und zieht es wieder weg, wenn Nickel den Mund zum Schnappen öffnet, um es zu verschlingen.

Drei, vier Mal deutet die Kleine an, und dann erwischt Nickel die Fleischkugel mit Inhalt und saugt sie, ohne zu kauen, in ihren Magen. Als Entschädigung kriegt sie dann noch ein paar Häppchen.

Na dann, viel Spaß bei der Wurmvertilgung.

Bei mir hat es die Kleine nicht so einfach.

Sie macht mich gierig, da hat sie es noch leicht, weil ich bereits gierig bin und das Spielchen mitspiele.

Doch sofort, als das Tatarbällchen meine Zunge berührt, beginne ich, die Pille auszusortieren und spucke sie auf den Boden.

Das Gehackte schlucke ich.

Ich kann es einfach nicht ignorieren.

Ich habe hin und her überlegt, doch ich bringe es nicht fertig, darauf zu verzichten.

Ich habe mir fest vorgenommen, die kleine Pillendreherin auszutricksen, die immer wieder geduldig diese Wurmtablette in Fleisch einwickelt, um mich damit zu verlocken.

Bitte, wenn es sein soll, nehme ich auch diese Kugel.

Ich quäle das Bittere erneut aus dem Leckeren und spucke.

Und weiter geht's.

Es gelingt mir nach wie vor, das weiße Ding aus dem Fleisch zu sieben.

Irgendwann ist es dann nicht mehr dabei.

Jedenfalls kann ich es nicht mehr finden.

Das heißt, ich werde es wohl mitverdrückt haben.

Na ja, das ist jetzt auch egal.

Ich wollte sie austricksen und habe mich wieder mal selbst ausgetrickst.

Mir hätte einfallen sollen, daß die Kleine immer ihren Kopf durchsetzt. Immer, sage ich!!!

Ich genieße den Rest und denke mir, daß ich noch nie so lange gebraucht habe, um eine Handvoll Tatar zu verdrücken.

Normalerweise ist das eine Sache von ein paar Augenblicken.

Die Zeitverschwendung, die ich zum Aufspüren des Fremdkörpers benötigt habe, hat meinen Zungengenuß verlängert.

Ich lege mich auf die Couch und beginne zu leiden.

Ich bereite mich auf die bevorstehende, schmerzhafte Verabschiedungszeremonie mit meinem Wurm vor.

Kleine Geschenke erhalten die Feindschaft

Den Wurm bin ich diesmal ziemlich schnell losgeworden.

Oder sagen wir mal, ich bin ihn überhaupt nicht losgeworden, weil ich nämlich keinen hatte.

So ist die Wurmentsorgung für mich harmlos abgelaufen.

Wo nichts ist, kann auch nichts entsorgt werden.

Ich habe das köstliche Tatar bei mir behalten dürfen.

Wenn das so ist, kann ich mit dem Leiden aufhören und mich wieder angenehmeren Dingen zuwenden.

Zum Beispiel meiner Schadenfreude, der ich gerade das Mäntelchen der Anteilnahme anziehe.

Nickel hat sichtlich Schlimmeres durchgemacht.

Völlig entkräftet schleppt sie sich eben meinen Baum hoch und läßt sich sofort auf den erstbesten Sessel fallen, um sich auszuruhen und zu genesen.

Wie mir scheint, ist ein Bandwurm der einzige, der mit dem Biest fertig wird.

»Na Wurmi, hast du deinem Untermieter fristlos gekündigt und ihn hinausgeschmissen«, will ich wissen.

»Ach, laß mich doch in Ruhe, du roter Hirni. Weißt du nicht, daß die Kleine mir gerade wieder das Leben gerettet hat?«

Natürlich weiß ich das.

Ich weiß auch, daß Nickels Dankbarkeit wieder keine Grenzen kennt. Sie wird mit meiner Kleinen verschmelzen, um noch näher bei ihr zu sein.

Von mir aus.

Da erkundigt man sich höflich nach dem Befinden einer Wurmkranken und wird als roter Hirni betitelt.

Das merke ich mir wieder. Dafür gibt es eins auf die Tüte.

Morle erscheint unten auf der Wiese.

Ist schon wieder Zeit für eine Scheibe Kochschinken.

Für eine Scheibe Kochschinken ist eigentlich immer Zeit, und wenn Morle uns besucht, sowieso. Die Kleine holt die Scheibe und wir gehen in Bettelstellung.

Nickel natürlich auch, was sonst.

Die Kleine zupft den Schinken in drei gleiche Teile und wirft einen Teil zu Morle auf die Wiese, einen kriegt Nickel und einen kriege ich.

Morles Teil ist nicht angekommen. Ich weiß auch nicht, wie sie das geschafft hat, aber Morles Schinken hängt im Baum.

Die Kleine holt Nachschub, und wir bekommen noch etwas davon geschenkt, weil Morle eine ganze Scheibe sicher zuviel ist.

Fünf Scheiben Kochschinken wären Morle noch immer nicht zuviel, mir übrigens auch nicht, aber ich lasse sie in dem Glauben, weil für mich noch was abfällt.

Jetzt hängt dort noch der Schinken im Baum, und ich ärgere mich, weil ich nicht drankomme.

Morle auch nicht. Wir sind zu schwer.

Nickel könnte sich auf diesen dünnen Ast wagen, mit ihrem Leichtgewicht, aber sie weiß nicht, was da hängt.

Sie hat es nicht gesehen.

Ich steige zu Morle ab und Nickel folgt mir.

Jetzt sitzen wir alle drei auf der Wiese und lauern, ob meine Kleine nicht doch noch etwas fallen läßt.

Wir warten vergebens, doch das ist nicht tragisch.

Im Gegenteil, denn das Warten bietet uns ein Schauspiel erster Güte. Nickel hat den Duft des am Baum hängenden Schinkens aufgenommen.

Sie schnuppert und riecht, wiegt den Kopf hin und her und rauf und runter.

Ich remple meinen Bruder an, um ihn auf die lechzende Nickel aufmerksam zu machen.

Ich lache mich kringelig, denn das sieht zu bescheuert aus, wie sie mit dem Kopf wackelt und nickt und dabei die Nase nach oben reckt, um die Quelle des Dufts aufzuspüren.

Der Schinken hängt genau über ihr.

Sie geht ein paar Schritte vorwärts, schnuppert und läuft wieder zu ihrem Ausgangspunkt.

Sie geht in die andere Richtung und kommt wieder zurück.

Sie testet die Reichweite von dem Geruch, um ihn einzugrenzen.

Im Umkreis von zwei Metern ist er da, und in der Mitte, dort wo sie jetzt steht, ist er am stärksten.

Sie ist total verblüfft, weil sie riecht, aber nichts sehen kann. Das fuchst sie, und ich halte mir mittlerweile meinen Bauch vor Lachen. Morle schüttelt sich mit mir, und jetzt faucht Nickel uns an, weil sie inzwischen recht wütend ist über den Schinken, der sich nicht zeigen will.

»Schau halt mal nach oben, gibt Morle kichernd nach.

Sie tut's und fetzt sofort auf den Baum.

Morle und ich stellen uns darunter, denn wir wissen, was nun kommt.

Obergierig turnt sie auf dem Ast herum, der durch diese Bewegung den Schinken freigibt.

Wir brauchen eigentlich nur den Mund aufzumachen.

Nickeis Fund fällt uns genau vor die Pfoten. Das heißt, sie schenkt uns den Leckerbissen.

Morle und ich teilen, bedanken uns und ziehen davon.

So, das war für den roten Hirni.

Nickel hockt auf ihrem Ast, und ich bin sicher, sie wünscht sich gerade, sie wäre ein Adler mit einem riesigen Hackschnabel.

Arthur

Morle und ich schlendern zum Forellensee.

»Warum hast du es ihr gesagt? Du hättest sie noch eine Weile zappeln lassen sollen.«

»Ich denke, sie hat genug durchgemacht mit ihrem Wurm. Ich hatte die Befürchtung, daß sie sich demnächst in einen Korkenzieher verwandelt, so, wie sie ihren Hals gedreht und gewunden hat. Außerdem wollte ich nicht mehr länger warten, bis sie uns den Schinken vom Ast pflückt.«

»Purer Egoismus, also?«

»Purer Egoismus, genau.«

»Ja, ja, wenn es ums Futter geht, ist uns alles recht. Sei ehrlich, es war nicht die Sorge um Nickels Wurm, dein Mund war überflutet. Darum hast du ihr den Tip gegeben.«

»Ich sagte doch, ich wollte nicht mehr länger warten.«

»Da fällt mir etwas ein, Morle. Weißt du, was mein Großer neulich zu mir gesagt hat?«

»Woher sollte ich das wissen?«

Es geht schon wieder los. Aber ich lasse mich nicht provozieren, sonst kann ich meine Geschichte nicht mehr loswerden, weil Morle sofort bereit wäre, Wortgefechte durchzuziehen.

»Habe ich dir das noch nicht erzählt?«

»Nein«, haucht er kaum hörbar.

»Also! Da kommt doch immer diese Werbung im Fernseher, die mit dem Katzenfutter für Schleckermäulchen.«

»Ja und?«

»Du bist ja heute so gesprächig, Morle.«

»Na ja, ich quatsche eben gern.«

Ich halte das kaum noch aus. Was ist nur los mit Morle? Er scheint mich gar nicht ernst zu nehmen. Trotzdem fahre ich fort.

»Wo war ich stehengeblieben? Ach ja, bei dem Schleckermäulchen. Mein Großer sagte nach der Werbung: 'Schleckermäulchen? Wenn ich dabei an unser Schleckermaul denke, wie er immer unter dem Wohnzimmertisch die Mäuse knackt.' 'Schleckermäulchen', hat meine Kleine korrigierend betont. Darauf meint er: 'Ich sage Schleckermaul. Der Fritz ist kein Mäulchen, der ist schon ein ausgewachsenes Maul. Ein Schlappmaul.' Was sagst du dazu. So kann er nicht über mich reden oder?«

»Na, wo er recht hat, hat er recht«, sagt Morle.

»Sag mal, Morle, was ist eigentlich los mit dir. Du bist so aggressiv geworden. Du nörgelst, und ich habe das Gefühl, daß du ewig Auseinandersetzungen suchst. Ist es so schlimm mit Arthur?«

»Ja, Fritz. Ich kann es kaum noch ertragen. Meine Mia weiß bereits, daß unser Arthur sterben wird. Sie redet oft mit mir über ihn. Das heißt, sie redet mit mir, und ich höre ihr zu. Das ist das einzige, was ich für meine beiden tun kann. Ich bin so hilflos.«

»Morle, ich kann mir denken, wie du dich fühlst. Weißt du noch, als Diva gestorben ist. Du hast diese schlimme Erfahrung noch nicht gemacht, und ich wünschte, ich könnte es von dir abwenden. Es ist grausam, einen, den man liebt, zu verlieren. Mein Großer erlebt das gerade bei seinem Vater, und meine Kleine ist völlig hilflos, weil sie aus derselben Erfahrung weiß, daß es kein Entrinnen aus dieser Verzweiflung gibt. Du weißt, daß Hoffnung sinnlos ist, und trotzdem hoffst du, daß alles nicht wahr ist.«

»Ich könnte verrückt werden, wenn ich darüber nachdenke. Diese Krankheit, diese verfluchte Krankheit, die nicht zu besiegen ist, kommt und zerstört einen gewaltigen Teil meiner Existenz, und ich kann nichts dagegen tun, Fritz. Aber damit gibt sie sich nicht zufrieden. Nein, Arthur muß auch noch unendlich leiden, und wir, die ihn lieben, leiden mit ihm. Ist das gerecht?«

»Ich kann verstehen, daß du so verbittert bist, Morle. Ich weiß, was du durchmachst. Wenn es dir ein wenig hilft, dann rede mit mir darüber, wenn dir danach ist. Ich werde dir immer zuhören.«

»Ja, ich danke dir, Fritz. Darüber zu reden, lindert im Augenblick den Schmerz etwas. Weißt du, Arthur hat sein Leben lang geackert, und jetzt, da er sich zur Ruhe gesetzt hat, kann er seinen Lebensabend nicht mehr erleben. Und das, was ihm bleibt, wird von dieser grausamen Krankheit vernichtet. Ich glaube, er weiß genau, daß er nicht mehr viel Zeit hat, und dieses Wissen von seinem Tod raubt ihm seinen Lebenswillen.«

»Morle, wenn Arthur es weiß, dann wird er damit umgehen können. Er wird so lange kämpfen, bis er seine Leiden nicht mehr ertragen kann, und wenn er entscheidet, zu sterben, dann tut er es, weil es die Erlösung für ihn bedeutet.«

»Ich werde heimgehen und mich ein bißchen zu ihm legen.«

»Tu das, Morle. Und wie gesagt, du kannst immer zu mir kommen. Ich bin für dich da.«

»Ja Fritz, danke.«

Ich sehe ihm nach, wie er nach Hause geht. Er ist wirklich sehr verzweifelt. Ich kann es an seinem Gang erkennen. Er schlürft dahin, als hätte er eine Verabredung am Ende der Welt. Es scheint, als ließe er sich Zeit, um die Konfrontation mit der schrecklichen Wahrheit etwas zu verzögern.

Arthur befindet sich bereits in dem Stadium seiner Krankheit, wo man von einer weiteren intensiven Behandlung absieht, um ihn nicht unnötig zu quälen. Man weiß nicht, wie lange es noch dauert, bis er sich ergibt, und diese Zeit soll ihm und seinen Lieben gehören. Ich weiß das von meiner Kleinen, die von Mia erfahren hat, wie schlimm es um ihn steht.

Ich laufe noch ein wenig durch die Gegend und betäube mein trauriges Gemüt mit den Erscheinungen der Natur.

Ich werde wieder einmal einen guten Freund verlieren, und der Freund, der zurückbleibt, wird in das tiefe Loch der Trauer stürzen.

Ein ungutes Gefühl nistet sich wie ein Schimmelpilz bei mir ein. Es beginnt zu wuchern, und es verdirbt meine innere Harmonie bis zur Ungenießbarkeit.

Am Ende der Zeit

Wenn die Dauer der Zeit kürzer wird

Meine Kleine hat Urlaub.

Das heißt, ich habe sie vier Wochen lang für mich alleine.

Nicht ganz, denn sie wird, wie immer in den Ferien, die Wohnung etwas auf den Kopf stellen. Alles, was sie aufgrund mangelnder Freizeit nicht hat bewältigen können, wird sie nun nachholen.

Und dann muß ich sie ja auch noch mit dem Nickelmädele teilen.

Nun ja, das Mädele hat gerade die Schweißnähte mit meiner Kleinen wieder verstärkt, aber das kann mich nicht davon abhalten, die Notbremse zu ziehen, wenn die Kleine die Arbeitswut packt.

Ich setze alles daran, ihren Eifer zu sabotieren. Im nachhinein kann sie mir dankbar sein, wenn ich sie behindere und mit meinen Kabinettstückchen zum Faulenzen nötige, denn Urlaub ist zum Ausruhen da. Basta!

Nickel sieht das auch so, und darum wechseln wir uns bei der Zuneigungseintreibung ausgeglichen ab.

Da habe ich nun nichts gegen das Biest einzuwenden.

Ich, das heißt, Nickel und ich, das muß ich zugeben, haben unsere Kleine im Laufe der Zeit so weit gebracht, daß sie die Sache mit ihrem Ordnungs- und Putzfimmel nicht mehr so verbissen sieht.

Es gab Zeiten, da hätte sie am liebsten noch die Schatten in der Wohnung glattgezogen, und ein Fussel auf dem Teppich fing an zu glühen, wenn sie ihn nicht sofort entfernt hat.

Dank meiner, und später auch Nickels Existenz, hat sie diese lächerlichen Nichtigkeiten abgelegt. Sie hätte keinen Stromverbrauch mehr gehabt, weil unsere Haare die Wohnung in gleißendes Licht getaucht hätten.

Sie ist etwas schlampiger geworden, etwas oberflächlicher, und das gefällt mir außerordentlich.

Nicht, daß es bei uns drunter und drüber geht, aber sie macht sich halt nicht mehr zum Sklaven ihres Haushalts, und das ist mein Werk, das mich stolz macht.

Sie widmet sich mehr ihren Hobbys, wie zum Beispiel der Balkonbegrünung. Seit Anfang des Jahres ist sie hauptsächlich damit beschäftigt, Blumen und Pflanzen für meinen Balkon zu ziehen, zu hegen und zu pflegen. Und wie immer, hat diese Leidenschaft das Ausmaß des Zeitvertreibs überschritten, und es artet in Arbeit aus. Sie kann's nicht lassen, würde ich sagen.

Das Ergebnis ist für mich recht zufriedenstellend. Ich genieße diese Frische und die Farben, die Gerüche und das bunte Treiben der Schmetterlinge.

Mein Balkon ist auch in diesem Jahr wieder eine dschungelartige Oase geworden, und ich halte mich gerne dort auf.

Schließlich hat sie das alles für mich geschaffen.

Ich genehmige mir ein Nickerchen in meiner Dschungeloase, und als ich ausgeschlafen habe, stelle ich fest, wir haben Besuch.

Aha! Ein Neffe meiner Kleinen wird drei Wochen lang bei uns wohnen.

Das ist nicht weiter tragisch.

Trotzdem hat meine Kleine ein komisches Gefühl, wenn alle unserer derzeitigen Familienmitglieder anwesend sind.

Dieser Neffe ist nämlich genauso ein Lulatsch wie mein Großer, also einen halben Meter größer als die Kleine, und sie kommt sich ziemlich mickrig vor. Die Wohnung scheint ihr zu klein, aber auch daran wird sie sich gewöhnen.

Ich mag diesen Neffen sehr. Er verschafft mir eine neue Schlafgelegenheit. Ein Bett im Wohnzimmer, schön hinter der großen Couch versteckt. Das gefällt mir. Das gefällt mir sogar sehr. Ich kann im Bett sein und kriege doch alles mit.

Auch nachts läßt er mich bei sich schlafen. Das ist eine willkommene Abwechslung für mich.

Es ist mir wurscht, daß ich ihm zu warm bin. Die Nächte kühlen sich zur Zeit nicht ab. Trotzdem muß er es dulden, wenn ich mich an ihn schmiege. Schließlich ist er Gast, und er fügt sich brav.

Dafür schnurre ich ihn in den Schlaf.

Morgens kriegt er immer ein Riesenpaket Proviant mit zur Arbeit. Mein lieber Scholli, wo will er das alles hinessen?

Na ja, er ist halt noch im Wachstum. Wo soll das bloß hinführen, wenn er jetzt schon so groß ist?

Die Kleine kümmert sich mit Hingabe um ihren geliehenen Sohn.

Da sie selber keine Kinder hat, kostet sie dieses Scheinmutterverhältnis natürlich voll aus. Sie hat Verantwortung übernommen, und diese Gefühl, jemanden bemuttern zu können, bekommt ihr. Dabei tut sie das bei meinem Großen, seit ich denken kann. Sie weiß es nur nicht, weil sie es mit anderen Augen sieht.

Schließlich ist mein Großer ja erwachsen. Oder? Ich könnte glatt eifersüchtig werden, weil sich alles um den Neffen dreht. Es fehlt nur noch, daß sie ihm die Ohren putzt oder die Fingernägel schneidet.

Ich habe die ungute Ahnung, daß meine Kleine sich gerade

wieder von irgend etwas ablenkt.

Sie steigert sich voll in ihre Aufgabe, und das ist für mich ein Zeichen, daß Kummer an ihr nagt.

Auch diese Musikveranstaltungen, die meine beiden mit anderen gelegentlich durchziehen, fesseln die Kleine magisch in ihren Bann. Ich weiß, daß sie anfangs nichts davon wissen wollte, weil es wieder mehr Hektik und Streß für sie bedeutet. Doch seit dem ersten Live-Rockkonzert ist sie völlig durchgeknallt und ganz verbissen mit Organisation und Durchführung beschäftigt.

Sie hat mir einmal versprochen, nicht mehr durch ihr Leben zu rennen, und nun tut sie es doch wieder. Ich glaube, sie macht das, damit sie keine Zeit zum Nachdenken hat.

Mein Großer wird es wohl sein, der sie in diese Weglaufphase gebracht hat. Obwohl er es sich nicht anmerken läßt, spürt die Kleine, wie sehr er darunter leidet, daß er seinen Vater verlieren wird. Und gerade, daß er sich ihr nicht mitteilt, ist ihre Bestätigung, wie schlimm es für ihn sein muß.

Sie weiß, daß sie ihm nicht helfen kann. Darum gibt es für sie zur Zeit nur zwei Verpflichtungen: Beistand für meinen Großen und Verdrängen durch Überlastung bis zur Erschöpfung.

Daß dies eine gefährlich einseitige Mischung ist, die ihre Substanz bis in die Wurzeln schädigen wird, weiß sie nicht.

»Das einzige, was mich noch erschüttern kann, ist der Tod eines mir Nahestehenden. Alles andere ist zu regeln. Der Tod ist nicht zu regeln.« Ich kann ihre Worte noch hören.

Nun ist es soweit, und sie weiß, daß danach alles aus den Fugen geraten wird.

Sie sollte vorsichtiger mit sich umgehen.

Sie sollte mehr auf sich achten.

Die Nähe zum Tod ist uns allen angeboren, und daran wird sie durch ihre Flucht auch nichts ändern.

Im Gegenteil.

Sie ist dadurch dem Schicksal sogar noch behilflich, und sie spielt wieder fahrlässig mit ihrer Gesundheit.

Wann begreift sie das endlich?

Wehleidiger Sommer

Unser Besuch hat uns wieder verlassen.

Genau einen Tag später bekommt die Kleine den Anruf, und

ich weiß genau, was es bedeutet, als sie nur kurz sagt: »Wir kommen sofort.«

Sie haben in den letzten Wochen sehr offen über alles geredet.

Die Kleine hat versucht, meinem Großen zu erklären, daß sein Vater bereit zum Sterben ist. Er hat es ihr gesagt, als sie ihn vor ein paar Tagen besucht haben. Er hat lange mit ihr geredet, über Dinge, die kein anderer weiß. Er sagte unter anderem, daß er abgeschlossen habe und daß es nun Zeit werde, die Familie zu verlassen. Meine Kleine solle auf ihren Großen achten, damit er keine Dummheiten macht. Sie haben jedes Familienmitglied auf seine Selbstsicherheit und innere Zufriedenheit geprüft. Sie kamen zu dem Schluß, daß man einige sich selbst überlassen, also allein zurücklassen könne, für die Anderen wäre es schade, aber man könne nichts mehr tun. Er erklärte meiner Kleinen, er habe nun alles getan, auch diesen anderen den rechten Weg zu zeigen, doch er habe festgestellt, daß es hoffnungslos ist, und er wolle jetzt endlich gehen.

Er hat meiner Kleinen eine schwere Bürde aufgeladen. Sie war die einzige, die gewußt hat, daß er sich nicht von dieser Krankheit erholen würde, wie alle anderen hofften. Sie wußte, daß es nur noch eine Sache von ein paar Tagen ist, und sie rechnet seitdem jeden Augenblick damit, daß es vorbei ist.

Sie hat meinem Großen alles erzählt.

So etwas kann man nicht für sich behalten, weil es einen zerfrißt.

Auch hoffte sie, daß er sich auf das Begreifen vorbereitet.

»Er hat lange genug gelitten, es wird Zeit, daß er gehen darf, und ihr dürft ihn nicht mehr daran hindern«, hat sie zu meinem Großen gesagt. »Du mußt dich damit abfinden, daß er gehen will.«

Gestern waren sie noch einmal in der Klinik, und mein Großer hat sich von seinem Vater für immer verabschiedet.

Nun muß meine Kleine ihrem Großen die schlimme Nachricht beibringen, dabei ist sie selbst erschüttert.

Obwohl sie es wußte, kann sie es nicht begreifen. Sie denkt nur, daß sie nun meinen Großen beschützen muß. Sie muß alle Kraft aufbringen und ihn mit ihrer Stärke stützen. Er muß sich auf sie verlassen können, und alles, was nun passiert, liegt in ihren Händen.

Als mein Großer nach Hause kommt, spürt er sofort, was geschehen ist.

»Wir müssen fahren«, sagt die Kleine, und er erkennt an ihrer Niedergeschlagenheit, daß er gerade der einsamste Mensch auf dieser Welt geworden ist.

Ich mag bald gar nicht mehr an diese Welt denken.

Sie ist schon lange wieder so grausam zu mir, und ich verliere sicher bald die Hoffnung, daß sich doch noch alles zum Guten wenden wird. Zuviel Schreckliches ist in diesem Jahr geschehen.

Ich glaube, ich werde dieses Jahr aus meinem Gedächtnis verbannen, noch ehe es vollendet ist.

Ich hasse es, wenn meine beiden leiden, weil ich mit ihnen leide.

Und ich hasse es, wenn Morle leidet, weil ich mit ihm leide.

Er hat dieses schreckliche Chaos, welches der Tod hinterläßt, noch nicht bewältigen müssen, und er wartet demütig auf die Erlösung seines lieben Arthurs. Er wird in ein tiefes, dunkles Nichts stürzen, genau wie mein Großer.

Eine bleierne Müdigkeit holt mich ein, aber ich weiß genau, daß dagegen kein Schlaf hilft.

Es gibt keine Rettung aus dieser aussichtslosen Situation.

Wenn mir nur ein Wunsch erfüllt werden sollte, dann wünschte ich mir Hoffnung.

Hoffnung, daß wir alle wieder den Himmel erkennen können.

Daß der düstere Nebel sich endlich wieder auflöst.

Der Weihnachtsgruß

Der Sommer verabschiedet sich langsam.

Es war ein betrübter Sommer, und der Herbst, der ihm nun folgt, wird unsere Aufmerksamkeit nicht für seine bittersüße Schönheit gewinnen können. Wir haben alle ein schweres, dumpfes Gefühl zu bewältigen. Da ist kein Platz für Herbstschwärmereien.

Mein Großer flüchtet sich in seine Arbeit.

Meine Kleine schuftet gezwungenermaßen auch mehr, weil es wieder auf Weihnachten zugeht, und weil noch immer kein Ersatz für die Kollegin gekommen ist.

Und ich habe, zusammen mit Nickel, die Verpflichtung übernommen, meine beiden zu trösten und wiederaufzubauen, wann immer es von Nöten ist.

Nickel und ich haben ausnahmsweise Waffenstillstand geschlossen.

Wir müssen alle zusammenhalten.

Wir rücken aneinander, wie man so schön sagt.

Morle habe ich seit Tagen nicht mehr gesehen.

Seit sein Arthur auch gestorben ist, zieht er sich zurück und möchte mit Mia und dem Kummer alleine sein.

Ich muß das akzeptieren, denn ich weiß, daß er nach einer gewissen Zeit der Trauer wieder an unserem Leben teilnehmen wird. Er wird es mich wissen lassen.

Wir sind alle irgendwie gelähmt und blockiert.

Die einzige, die unten durch die Gegend wuselt, ist Dschina.

Ihre Unbeschwertheit tut mir fast weh.

Sie wundert sich schon, daß alle Kater und Katzen plötzlich verschwunden sind, kann es sich aber nicht erklären.

Wie sollte sie auch. Ihre Welt ist schließlich bestens in Ordnung.

Mitte Dezember findet das vorerst letzte Rockkonzert statt.

Danach ist der private Trubel erst einmal vorbei. Sie haben sich wirklich total hineingesteigert in diese Veranstaltungen, und auch etwas verausgabt. Meine Kleine ist froh, daß nun etwas Ruhe einkehrt, und sie sich intensiv auf das Weihnachtsfest konzentrieren kann.

Einen Tag vor Heiligabend kommt mein Großer völlig aufgelöst von seiner Weihnachtstour zurück.

Er hat es sich zur Gewohnheit gemacht, vor dem Fest noch ein paar Gläschen mit Freunden zu trinken, bevor er zum familiären Teil übergeht.

Während die Kleine Geschenke einpackt und den Baum schmückt, läßt er sie in Ruhe und schaltet auswärts ab.

»Stell dir vor, was mir passiert ist«, sagt er, und ich spüre ein leichtes Zittern in seiner Stimme.

Die Kleine merkt auch, daß er außer sich ist, und sie versucht, ihn zu beruhigen.

»Ich habe ihm die Hand gereicht, und er hat sie abgehackt. Er hat mich hingestellt, als wäre ich der letzte Dreck«, sprudelt es empört aus meinem Großen heraus.

Obwohl kein Name gefallen ist, weiß die Kleine genau, um wen es sich handelt.

»Der Beppi«, sagt sie.

»Ja, der Beppi. Ich habe ihn getroffen. Er war wieder im Vollrausch. Trotzdem wollte ich ihm ein frohes Fest wünschen. Schließlich ist Weihnachten, es ist eine Menge Zeit vergangen, seitdem. Ich war bereit, das, was damals war, zu vergessen.

Ich ging auf ihn zu, habe meine Hand auf seine Schulter gelegt und gesagt: 'Wie geht's, mein Freund?'. Er hat sich umgedreht, mich angestarrt wie einen Geist und gefaucht: 'Laß mich in Ruhe'. Der Tonfall war verachtend.«

»Der Tonfall war hilflos wie diese ganze Aktion«, meint die

Kleine. »Er kann es nicht mehr rückgängig machen, und so vertauscht er die Rollen. Sicher glaubt er fest daran, daß wir ihm etwas angetan haben, weil er es sich lange genug eingeredet hat. Er hat sich hineingelebt, und natürlich fühlt er sich im Recht. Ich bin sicher, daß er seine unsinnige Reaktion bereits bereute, als er dich erkannt hat. Und morgen wird er sich in den Hintern beißen, für das, was er angestellt hat. Er hat die Chance, auf die er mit absoluter Sicherheit sehnlichst gewartet hat, fahrlässig zerstört, weil sein falscher Stolz ihn dazu genötigt hat.«

»Ich bin maßlos enttäuscht. Es hätte alles wieder so wie früher werden können, aber er will es nicht.«

Meinem Großen raubt der Schock über das Erlebte fast die Sprache.

»Ich kenne jemanden, der noch mehr enttäuscht ist, und zwar über sich selbst. Ich würde meinen Kopf verwetten, daß er schon längst auf dich zugegangen wäre, wenn seine Feigheit ihn nicht daran hindern würde. Nun hat er das Sprungtuch weggezogen, und er wird eines Tages hart unten aufschlagen. Ich bilde mir noch immer ein, daß wir seinen Fall verhindern können, aber ich bettle nicht darum. Er stellt sein Leben wie eine Kerze in den Regen und macht den Wind dafür verantwortlich, wenn das Licht erlöscht.«

Die Kleine ist eiskalt. Wir haben zur Zeit genug mit uns selbst zu tun, da können wir uns nicht auch noch um andere kümmern, die nicht in der Lage sind, den Wert von Kameradschaft zu erkennen. Obwohl es ihr unendlich leid tut, daß der Beppi solch ein sturer Knallkopf ist.

Sie versucht immer, das Verhalten anderer zu entschuldigen, indem sie Ursachenforschung betreibt, aber im Moment ist sie dazu nicht in der Lage.

Erst muß unser Leben wieder in geordnete Bahnen gebracht werden, danach widmet sie sich wieder den anderen.

Trotzdem läßt sie es sich nicht nehmen, dem Beppi und seinen Kindern einen Weihnachtsgruß zukommen zu lassen.

Sie schreibt eine Karte, und mein Großer soll sie in den Briefkasten werfen. Das ist ihre Therapie gegen seine Enttäuschung.

Eine phantastische Geschichte

Heiligabend haben wir den gestrigen Vorfall fast vergessen.

Wir machen es uns gemütlich, essen etwas Feines und sind

feierlich.

Kurz bevor meine beiden zu ihrer Familie gehen, erzählt mir die Kleine eine Geschichte.

»Es war einmal eine Maus«, beginnt sie.

Lecker, und weiter?

»Die Maus lebte bei einem alten Mann, der Lieder komponierte. Er hatte seiner Enkelin versprochen, ihr zu Weihnachten eine Melodie zu erschaffen. Draußen tobte ein wilder Schneesturm, und so gelang es dem alten Mann nicht, sich auf die Noten zu konzentrieren. Es saß am Klavier und klimperte, aber die Töne wollten einfach nicht zusammen klingen. Irgendwann ist er dann erschöpft eingeschlafen. Die Maus, die ihn die ganze lange Zeit beobachtet hatte, nutzte die Gelegenheit, sich ein paar Krümel zu stehlen, die vom Weihnachtsgebäck übriggeblieben waren. Als sie über den Tisch rannte, stieß sie das Tintenfaß um und stand mit ihren Pfoten inmitten rabenschwarzer Tinte. Erschrocken hüpfte sie auf dem Notenblatt hin und her und hinterließ darauf die feinen Abdrücke ihrer Tintenpfötchen. Dann rannte sie wieder zu ihrem Versteck und traute sich nicht wieder hervor.

Als der alte Mann gegen Mitternacht erwachte, traute er seinen Augen nicht. Was er auf dem Notenpapier sah, erkannte er sofort als eine süße, liebliche Melodie. Die Engel müssen dagewesen sein, dachte er, als er gleich darauf das Klavierspiel dieser Mäusenoten vernahm. Nein, das waren keine Engel. Das war meine Hausmaus. Er hatte die Pfotenspuren auf dem Tisch verfolgt, die genau im Mauseloch verschwanden. Seine Hausmaus hatte, ohne es zu wollen, für ihn ein Lied komponiert. Als Dank legte der alte Mann ein süßes Weihnachtsplätzchen vor das Mauseloch.

So entstand 'Stille Nacht, heilige Nacht'. Man singt es noch heute.«

Na, na, na! Ob ich das glauben soll. Eine Maus als Komponist von Weihnachtsliedern. Lächerlich! Das wäre, als würde ein Holzwurm Gitarre spielen. Also wirklich, jetzt nimmt sie mich aber auf den Arm. Wer weiß, woher sie das wieder hat. Das ist bestimmt nicht auf ihrem Mist gewachsen. Also, eine Schwindlerin ist sie normalerweise nicht, das weiß ich.

Ausgerechnet eine Maus. Ich könnte ihr eine andere Geschichte erzählen. In meiner Geschichte hätte ich die Maus erwischt, noch ehe sie das Tintenfaß umgestoßen hatte. Der alte Mann würde heute noch auf seine Noten warten, und das Lied 'Stille Nacht, heilige Nacht' würde nicht existieren.

Etwas Wahres ist allerdings dran, an der Geschichte mit der

Maus. Das Schneegestöber hat sich bis zu uns ausgebreitet. Ich sehe es, als meine beiden das Haus verlassen. Es schneit sicher schon eine ganze Weile, denn die Schneedecke hat bereits die Landschaft in ein weichfließendes Zuckergußgebilde verwandelt.

Dann werde ich mir mal ein gemütliches Plätzchen zum Einrollen aussuchen und auf meine kleine Schwindlerin warten.

Ich liege auf der Couch, und noch immer geht mir die Geschichte mit der Maus durch den Kopf.

Soll ich beleidigt sein, weil mir die Kleine Blödheit unterstellt, oder soll ich mich freuen, daß sie extra für mich geschwindelt hat? Ich werde Nickel fragen, was sie davon hält.

Sie liegt schon seit Stunden auf der kleinen Couch und hat die ganze Sache verpennt.

»Sag mal Nickel, kannst du dir eine Maus vorstellen, die Lieder komponiert?«

»Was willst du von mir? Bist du jetzt übergeschnappt? Willst du mich nerven? Du hältst mich wohl für vollidiotisch.«

»Nein, ich wollte nur...«

»Dann ist es ja gut. Also, laß mich in Ruhe.«

Jetzt hab ich's wieder. Warum bin ich nur immer so bescheuert und spreche dieses Weib überhaupt an? Es geht sie doch absolut nichts an, was die Kleine mir erzählt hat. Schließlich ist das meine Geschichte. Ich beschließe, mich zu freuen, weil die Kleine für mich geschwindelt hat und verkneife mir den Kommentar, der unseren Krallenstillstand aufheben würde.

»Ich verzeihe dir deine Unverschämtheiten und Frechheiten, weil Weihnachten ist«, sage ich zu Nickel und hoffe, daß ich sie mit meiner Gnade vor den Kopf stoße.

»Ach so«, haucht sie und knallt mir ihre Gleichgültigkeit gegen die Stirn.

Liebe oder hasse mich, aber verschone mich mit deiner boshaften Oberflächlichkeit, denke ich wütend.

Ich könnte sie mit den Ohren an die Wand nageln.

Eigentlich wollte ich den Frieden ja noch eine Woche lang durchziehen, weil Nickel meine Silvesterpanik verhindern soll.

Wenn sie so weitermacht, kann ich für nichts garantieren.

Dann gibt es noch vor Ende des Jahres eins auf die Lästerschnute.

Es wird Zeit, daß meine beiden heimkommen, damit ich wieder von Warmblütern umgeben bin.

Betthupferl

Silvester verbringen wir bei uns. Es ist mir recht, weil ich so nicht allein meiner Konfusion ausgeliefert bin.

Wir haben Besuch, und sie kümmern sich rührend um mich.

Besonders meine Kleine läßt keine Gelegenheit aus, mich in die Arme zu nehmen und mir zu versichern: »Es ist ja alles gut, Burli. Es kann dir nichts passieren.«

Ich weiß, daß mir nichts passieren wird, solange ich in der Wohnung bin. Trotzdem verbarrikadiere ich mich lieber unter dem Bett.

Ich weiß nicht, wie viele Silvester ich schon erlebt habe, doch jedesmal ist es für mich, als hörte ich zum ersten Mal diese schrecklichen Knaller, Raketen und Heuler.

Ich hetze kopflos durch die Wohnung, mit gestelltem Fell und einem Gesichtsausdruck, als hätte man mir zwei Lupen vor meine Augen gesetzt.

Ich bin ja dermaßen vor mir selbst erschrocken, als ich mich im Schlafzimmerspiegel mit diesen Glupschaugen angestarrt habe.

Glücklicherweise habe ich einen Eingang unter die Bettdecke gefunden, und dort werde ich mich nicht wegrühren, bis die Kleine ins Bett kommt.

Nickel ist mir auch wurscht.

Normalerweise knalle ich immer mindestens zwei Mal mit ihr zusammen an diesem schrecklichen Abend. Sie rennt genauso blindpanisch herum wie ich, und meistens treffen unsere Schädeldecken sich unter dem Wohnzimmertisch.

Meinetwegen kann sie mit einer Rakete in den Himmel zischen. Sie braucht mich nicht zu trösten, ich tröste mich selbst.

Wo ist sie eigentlich?

Ich habe sie den ganzen Abend noch nicht gesehen.

Egal, ich bin beschäftigt, denke ich und rolle mich zusammen.

Entspannt wäre gelogen.

Bei jedem Knall zucke ich und schwebe einen kleinen Augenblick, so daß sich die Bettdecke hebt.

Plötzlich fängt das Bett an zu wackeln.

Was ist denn nun los? Ein Erdbeben?

Das hätte mir jetzt noch gefehlt. Das würde mir den Rest geben. Ich lausche.

Ja, das Bett zittert ganz eindeutig.

Das haben wir alles schon gehabt.

Ich will gerade fluchtartig mein Bett verlassen, um endgültig überzuschnappen, da höre ich neben dem Zittern ein Rascheln und ein Krabbeln im Bett meines Großen.

Aha, ein Erdbeben namens Nickel.

Wahrscheinlich liegt sie schon seit heute Mittag seelenruhig unter der Decke, während ich in wilder Panik versucht habe, der Geräuschbelästigung zu entgehen.

Sicher hat sie sich gerade ausgiebig gedehnt, etwas gekratzt und sich wieder zurechtgelegt.

Was soll ich dazu sagen?

Am besten nichts.

»Kannst du nicht mal aufhören, im Bett herumzuhüpfen? Du hast mich geweckt«, höre ich Nickel genervt fragen.

»Tut mir leid, ich hüpfe nicht herum. Ich erschrecke«, sage ich bewußt belanglos.

Wenn ich nicht solch eine Memme wäre, gäbe es jetzt eine Kissenschlacht, und was für eine.

»Das ist wieder typisch«, lästert das Betthupferl. »Den großen Macker heraushängen, aber sich unter der Bettdecke verstecken, wenn es draußen knallt. Typisch, sage ich.«

»Du wiederholst dich, bist du vielleicht ein Echo«, sage ich beherrscht. Nein, ich lasse mich nicht provozieren. Morgen wieder, aber auf keinen Fall im Moment.

»Und überhaupt, was hast du im Bett meines Großen verloren? Du weißt, daß ich das nicht dulden kann.«

»Was willst du dagegen unternehmen?«

»Ich verbiete es dir!«

»Kannst du machen. Dagegen habe ich nichts. Also gib jetzt endlich Ruhe, ich möchte schlafen.«

»Noch eine Frage, Nickel. Warum hast du dich unter der Decke versteckt? Hast du etwa Angst?«

»Angst? Was ist das? Heiße ich vielleicht Fritz? Ich habe mich nicht versteckt, ich liege im Bett, weil es so schön gemütlich und warm ist.«

»Ach so.«

»Frihitz!«

»Ja?«

»Kannst du mir einen Gefallen tun?«

»Vielleicht.«

»Kannst du dich endlich in Luft auflösen?«

Nein, ich lasse mich nicht provozieren. Ich muß sie ignorieren. Ich werde sie morgen früh aus dem Fenster schütteln, diese alte Bettwanze.

Ich hasse sie. Es ist wieder soweit.

Punkt Mitternacht ruft Elki an. Sie verbringen Silvester in Frankreich, aber sie bereuen es. Sie wären lieber bei uns und bei Dschina.

Dschina ist bei einer Pflegestelle, bis Elki wiederkommt.

Meine Kleine hätte sie auch solange genommen, aber sie hatte Bedenken, daß der kleine Wirbelwind bei uns einen Orkan verursacht, der Nickel und mich an den Rand des Wahnsinns treibt.

Ich bin froh, als Elki anruft, denn das bedeutet, daß die Knallerei bald vorbei ist.

Wir haben es hinter uns gebracht, und ich kann mich endlich wieder ordentlich mit Nickel in die Haare kriegen.

Warte nur bis morgen früh. Da gibt es gleich im neuen Jahr was auf die Backe.

Eine Ohrfeige, weil sie sich ins Schlafzimmer geschlichen hat.

Eine Ohrfeige, weil sie sich ins Bett gewagt hat.

Eine Ohrfeige, weil sie wieder so unverschämt gestichelt hat, und eine, weil sie, meine Angst ausnutzend, so unverschämt gestichelt hat.

Sie kennt mich genau, und darum weiß sie, daß ich mich nie unter der Decke hervorgewagt hätte, um sie herumzuknallen.

Dafür kriegt sie gleich ein ganzes Rudel Ohrfeigen.

Krieg ohne Blutvergießen

Am Neujahrsmorgen döse ich neben meiner Kleinen im Bett. Ich bin außerdem damit beschäftigt, mir für Nickel eine angemessene Strafe einfallen zu lassen, die dem Ausmaß ihres Vergehens gerecht wird.

Ich werde ihr ein Grübchen ins Kinn schlagen.

Nickel sitzt vor dem Schlafzimmer und wartet darauf, daß die Kleine endlich aufsteht, damit sie ihr Frühstück bekommt.

Aber die Kleine denkt ja gar nicht daran aufzustehen. Sie ist nämlich erst ziemlich spät ins Bett gekommen, und heute wird kräftig ausgeschlafen.

Das kommt mir gelegen.

Ich liebe es, am Morgen bei meiner Kleinen im Bett zu liegen. Noch mehr liebe ich es, am Morgen bei meiner Kleinen im Bett zu liegen, während Nickel niedergefüllt vor der Tür schmachtet und vergebens auf Futter wartet.

Genüßlich räkele ich mich in den Kissen, strecke und dehne mich und schmiege mich voller Hingabe an meine Kleine.

Nickel beobachtet das mit wachsendem Zorn.

Nein, sie würde sich nie herein trauen, jetzt, da das Feuerwerk vorbei ist. Sie weiß genau, daß sie dann von mir was auf die Pelle kriegt. Ich bin bereit, unseren Kleinkrieg wieder aufflammen zu lassen. Es ist schließlich ein sauberer Krieg. Einer ohne Blutvergießen.

Lässig hüpfe ich aus dem Bett.

Nickel wird aufmerksam.

Locker schlendere ich in ihre Richtung.

Nickel ist total verkrampft.

Absolut gelassen setze ich mich vor sie hin und starre ihr in die Augen.

Nickel zieht ihren Kopf ein und duckt sich.

Brav, so mag ich das.

»Brauchst du Ohrfeigen?«, frage ich.

Sie faucht mich wieder einmal völlig grundlos an. Dabei habe ich sie doch bloß gefragt, ob sie Ohrfeigen nötig hat. Dann eben nicht.

Da haben wir es wieder. Ich frage ganz höflich, und sie mault mich an.

Na ja, aber die Halbbrückenlage, in der sie sich gerade befindet, gefällt mir. Das sollte sie öfters tun.

Das war der erste Teil meiner Strafe.

Ich gehe in die Küche, knabbere ein paar Bröckchen Trockenfutter und setze mein Vorhaben fort.

Wieder gehe ich auf sie zu, setze mich vor sie hin und schaue ihr mit hoch erhobenem Haupt tief in die Augen.

Diesmal geht sie nicht in die Verteidigungsstellung. Sie hebt ebenfalls den Kopf und hält meinem Blick stand.

Oha!

Will sie mich etwa um Verzeihung bitten, weil sie mich gestern abend beleidigt hat?

Ich wäre sogar geneigt, es anzunehmen. Schließlich bin ich ja nicht nachtragend.

»Weißt du, was ich an dir so gut leiden kann?«, fragt sie süßsauer.

»Was denn?!!«

Mein Kopf erhebt sich noch mehr in Erwartung eines Kompliments.

Meine Brust ist stolz herausgedrückt.

»Gar nichts!!!«

Mein stolz erhobener Kopf verschwindet schamhaft zwischen meinen Schulterblättern, und meine Wut durchzuckt mich wie ein Peitschenknall.

»Paß auf, daß du nicht deinen Geburtstag verschläfst«, höre ich mich sagen.

Meine Fleischmesserstimmung gerät fast außer Kontrolle.

So, das war's mal wieder. Ich werde mir jetzt endgültig und unabänderlich andere Zuneigungs-Sponsoren suchen, bevor ich Nickel in Stücke reiße.

Ich werde sie vergessen und mich meiner Kleinen widmen.

Vorher muß ich allerdings noch eine Empfehlung loswerden.

»Geh zum Teufel«, zische ich gefährlich knapp.

»Dort war ich schon. Er will mich nicht«, zischt sie zurück.

»Das glaube ich dir sogar. Trotzdem hat er dir einiges an Fiesheiten beigebracht. Nicht einmal der Teufel will dich haben. Das würde mir aber zu denken geben, meine Liebe.«

»Ich bin nicht deine Liebe!«

»Da hast du auch wieder recht.«

Ich lasse des Teufels Handlanger stehen und ziehe mich ins Bett zurück. So, das hat sie nun davon.

Ich glaube, die Sache mit der Strafe kann ich vergessen.

Nickel ist mit ihrer teuflischen Boshaftigkeit bereits bestens bestraft.

Es ist gut, daß es meine Kleine gibt.

Auch für Nickel ist das gut. Ich möchte gar nicht daran denken, was ich mit ihr angestellt hätte, wenn ich nicht Rücksicht auf meine schlafende Kleine nehmen müßte.

Ich versuche, mich zu beruhigen und genehmige mir noch eine Mütze voll Schlaf.

Ich werde mir einen kleinen, netten Traum einfangen.

Das Gift der Belastungen

Die letzte Warnung

Ich möchte hoffen, daß das neue Jahr uns mit Unheil und Tragödien verschont.

Wir haben alle genug durchgemacht, und es wird Zeit, daß sich unser Leben wieder von seiner besten Seite zeigt.

Es ist so kalt geworden, und ich möchte wissen, ob ich jemals wieder die Sonne sehen werde.

Das Gute an einem Tief ist, daß man weiß, es geht nicht mehr tiefer. Es kann nur wieder aufwärts gehen.

Aber nein, die Serie der Mißgeschehen ist noch nicht perfekt.

Irgend etwas schwebt unheilvoll über unserem Schicksal, und ich habe die schlimme Ahnung, daß dieses Unheilvolle meine Kleine treffen wird.

Ich spüre, daß etwas mit ihr nicht stimmt.

Das Schlimme dran ist, ich kann es nicht erklären.

Sie ist wie immer, doch sie hat eine merkwürdige Ausstrahlung, die nur ich bemerke.

Eine Aura umgibt sie, die mich in arge Panik versetzt.

Eines Morgens, als ich sie wecke, will sie nicht zu sich kommen.

Ich wecke sie jeden Morgen, und gewöhnlich wacht sie sofort auf, wenn ich rufe.

Was ist nur los? Warum macht sie die Augen nicht auf und sagt: »Guten Morgen, Burli?«

Ich rufe lauter, und mein Großer wird wach.

»Was ist los Fritzi? Mußt du jeden Morgen solch einen Zirkus veranstalten?«

Nein, muß ich nicht, und du weißt das ganz genau. Es ist ein Notfall. Sieh sie doch an. Sie will nicht aufwachen. Da stimmt etwas nicht.

Meinem Großen fällt zwar auf, daß sie normalerweise bereits im Bad sein sollte, denkt sich aber, sie habe verschlafen.

Die Kleine verschläft nie. Dafür sorge ich. Das müßte ihm zu denken geben.

Wieder versuche ich, meine Kleine aus dem Schlaf zu rufen.

»Fritzi, gib jetzt endlich Ruhe oder du fliegst raus«, mault der Große.

Das ist wieder typisch. Aber woher soll er auch wissen, daß da was faul ist.

Ich tupfe mit meiner Pfote gegen ihre Wangen.

Zwei, drei Mal.

Endlich macht sie die Augen auf.

»Ja, was ist«, fragt sie schlaftrunken.

»Guten Morgen, Burli«, sagt sie wie jeden Morgen.

Mann, bin ich froh, daß sie aufgewacht ist. Ich dachte schon wer weiß was.

Sie steht auf.

»Was ist denn das? Ich höre ja gar nichts mehr. Was ist denn jetzt passiert«, wundert sie sich.

Ich werde stutzig.

Aha, sie hört nichts. Da kann ich sie rufen, bis ich madig werde. Wenn sie nichts hört, ist sie taub. Aber warum? Was soll das?

Der Große wird jetzt auch stutzig.

Er richtet sich auf und beobachtet meine Kleine, wie sie ins Bad torkelt.

»Was ist mit dir«, will er wissen.

»Weiß ich nicht. Mein linkes Ohr ist zugefahren. Ich höre da absolut gar nichts«, erklärt sie.

»Was hat das zu bedeuten«, sorgt sich der Große.

»Keine Ahnung«, schwindelt sie.

Sie hat eine Ahnung, aber sie will ihre Ahnung nicht wahrhaben, und sie verdrängt diese Ahnung leichtfertig.

Hörsturz, heißt die Ahnung.

Diese Ahnung wächst zum Wahrscheinlichen, und das Wahrscheinliche entpuppt sich als Wahrheit.

Ich kann es in ihren Gedanken lesen, und ich spüre die Panik, die sie befällt.

Jetzt nur nicht schlappmachen, denkt sie. Und mit dem Schwindelgefühl werde ich auch umgehen können.

Nein, das ist bestimmt kein Hörsturz. »Vielleicht ist mir gestern beim Baden Wasser ins Ohr gespritzt«, versucht sie, sich und den Großen zu beruhigen.

»Du solltest zum Arzt gehen«, meint er.

»Ja, ich gehe zum Arzt«, verspricht sie.

Sie wird zum Arzt gehen. Ich weiß das genau. Nicht gleich, aber später.

Sie kann sich denken, daß der Arzt sie sofort in die Klinik schickt.

Sie will sich erst noch ein bißchen beobachten.

Nach der Arbeit wird sie zum Arzt gehen.

Sie hat einen Knall, das steht fest.

In solch einem Zustand durch die Gegend zu taumeln, ist einfach grob fahrlässig, geradezu zynisch leichtsinnig.

Ich habe geahnt, daß sie getroffen werden würde.

Sie hat viel zuviel einstecken müssen im letzten Jahr.

Die Quittung dafür kriegt sie nun.

Ich hatte sie so schön umerzogen. Sie war schon fast eine Katze. Gefühlsmäßig, meine ich. Es hat lange gedauert, bis ich sie soweit hatte, daß sie viele Dinge mit meinen Augen sieht, und es ist ihr bekommen.

Gegen die tragischen Einflüsse der vergangenen Monate konnte ich allerdings nicht ankommen.

Und bei ihrer Arbeit hat sie sich auch wieder verausgabt.

Obwohl sie nicht mehr soviel arbeiten wollte, war sie gezwungen, doppelte Leistung zu bringen, weil die Kollegin immer noch nicht ersetzt wurde. Momentan ist ihr Job zwar ein Spaziergang, weil kaum noch was zu tun ist, aber bis Weihnachten war sie überfordert.

Na ja, und diese Rockkonzerte haben auch einen Teil dazu beigetragen, daß sie durch ihr Leben gehetzt ist.

Ich habe es kommen sehen.

Aber sie hört ja nicht auf mich.

Als sie von der Arbeit nach Hause kommt, will mein Großer sofort wissen, was der Arzt gesagt hat.

»Es geht mir besser. Ich höre schon wieder etwas. Das war bestimmt nur ein Unterdruck in meinem Ohr«, zwitschert sie. Sie weiß, daß nun ein Donnerwetter folgt, weil sie sich und uns belügt und diese ernste Sache leichtfertig behandelt.

»Wenn du nicht auf der Stelle zum Arzt gehst, ist der Teufel los. Ich glaube, du bist nicht ganz gescheit. Rennst mit einem Hörsturz herum und machst Witze.«

Mein Großer ist geschockt über den Leichtsinn meiner Kleinen.

Diese entschließt sich jetzt doch, den Arzt aufzusuchen. Schon alleine, damit sie ihre Ruhe hat.

Als die Kleine die Wohnung verlassen hat, redet der Große mit sich selber. Oder redet er etwa mit mir?

»Meinst du, sie ist noch ganz normal? Wie kann man nur so leichtsinnig sein? Wir werden ihr beistehen, wir werden sie unterstützen, entlasten und zur Ruhe zwingen. Daß irgend etwas mit ihr nicht in Ordnung ist, habe ich gespürt, aber ich konnte es mir nicht erklären. Ich werde künftig hellhöriger sein.«

Was denn, du auch?

Nach einer Weile ruft die Kleine an und sagt Bescheid, daß der Hausarzt sie zum Spezialisten überwiesen hat.

»Also doch! Sie war ziemlich kurz angebunden, Fritzi. Wir werden auf sie warten, um sie zu bedauern und zu verwöhnen.«

Ja, denke ich. Wir werden auf sie warten.

Ich verschiebe meinen Abendspaziergang und warte.

Ich könnte auch noch einmal kurz nach unten gehen. Sicher wird sie so schnell nicht wiederkommen, aber dieses Warten ist eher symbolisch. Es bedeutet, daß ich in Gedanken bei ihr bin.

Mein Großer ist auch in Gedanken bei ihr, und er läßt schon mal ein warmes Bad für sie ein.

Ja, wenn sie heimkommt, muß sie spüren, daß sich jemand um sie sorgt.

Der große Frust

Spät kommt sie heim.

Sie hat sich verändert.

Ihr Gang ist schleppend, ihr Mienenspiel ist hilflos, und der Gesamteindruck ist niederschmetternd.

Noch dazu ist sie ziemlich wortkarg und läßt sich jedes Wort aus der Nase ziehen.

»Bist du einem Gespenst über den Weg gelaufen?«

Mein Großer versucht, sie abzulenken und aufzuheitern.

»Ach, weißt du, ich hätte besser nicht auf dich gehört. Vor ein paar Stunden hatte ich nur ein Summen und ein Pfeifen im Ohr. Ich habe mich sogar amüsiert, daß ich mich zweistimmig hören kann, wenn ich eine Melodie pfeife. Jetzt bin ich krank, und ich fühle mich wirklich krank, obwohl es mir eigentlich gut geht. Ich hätte das auch ohne Arzt geschafft, aber nun bin ich angeschlagen, wie ein Vogel mit einem gebrochenem Flügel. Ich fühle mich plötzlich so schwach und so matt.«

Meine Kleine, meine sonst so starke Kleine, die stets versucht, aus allem nur das Beste herauszufiltern, ist verletzlich und wehleidig geworden. So kenne ich sie nicht.

Mein Großer auch nicht.

»Vielleicht möchtest du ein Bad nehmen«, sagt er, und er ist entsetzt über den plötzlichen Pessimismus seiner Kleinen.

Er bringt sie ins Bad und leistet ihr beim Entspannen Gesellschaft.

»Er wollte mich sofort in der Klinik sehen, aber ich habe ihm das ausgeredet. Ich mußte versprechen, mich zu schonen, viel zu schlafen und gute Sachen zu essen. Ruhe und Frieden bräuchte ich. Als ob ich das nicht selbst wüßte.«

Die Kleine sprudelt ihren Frust aus sich heraus, und mein Großer hört zu. Sie war für ihn da, und nun ist er für sie da.

»Hörsturz, das kommt vom Streß. Ich habe zur Zeit keinen Streß, ich hatte Urlaub, und seit ich wieder arbeite, habe ich mich als Goldschmiedin versucht. Meine Ringe, ich hätte sie nie schaffen können, wenn ich Streß gehabt hätte. Ich hab's ihm gesagt. Kein Streß im Moment.«

Er hört ihr geduldig zu. Er weiß, daß sie das nun braucht.

»Der Moment ist nicht wichtig. Es muß vorher etwas von Dauer gewesen sein, und dieses Vorher vermißt das Nachher. Um es deutlich zu sagen, der Körper ist den Streß gewöhnt, und nun, da er ruhiggestellt ist, verlangt er seine Hektik. Entzugserscheinungen. Streß verdickt das Blut, und die Gefäße ziehen sich zusammen. Sie werden träge, weil sie den dickflüssigen Brei von Blut transportieren müssen. Die Organe werden unterversorgt und streiken. Ein Infarkt im Ohr, hat er gesagt. Nicht auf die leichte Schulter zu nehmen.«

»Ich mache dir etwas zu essen«, sagt mein Großer hilflos und flüchtet in die Küche,

Er weiß, daß die Kleine immer alles getan hat, um auch für sein Wohl zu sorgen, und nun hat er ein leicht schlechtes Gewissen. Es vermischt sich mit arger Sorge.

»Weißt du, ich werde gleich morgen meine Mitarbeiter um etwas Rücksicht bitten. Ich muß mich ausruhen und wiederaufbauen.«

»Soll das heißen, daß du morgen arbeiten gehst? Ich hoffe, ich habe mich verhört«, sagt der Große ungläubig.

»Nein, du hast schon richtig gehört. Was soll ich zu Hause? Krank sein? Wenn ich zu Hause herumhänge, werde ich tatsächlich krank. Ich muß mich ablenken. Es ist ja nicht viel zu tun. Ich werde mich bestimmt schonen«, verspricht sie.

»Also, jetzt bin ich aber platt. Aber wenn du meinst.«

Mein Großer ist nicht damit einverstanden, aber er kennt ihren Willen. Dagegen kommt er nicht an. Vielleicht ist es ja wirklich besser, wenn sie zur Zeit nicht alleine ist.

Kleines Herz in Not

Die Kleine geht also trotz ihres Hörsturzes arbeiten, und sie ruht sich aus. Und wie es bis jetzt immer gewesen ist, zieht der Streß für sie wieder an. Ganz langsam, aber ständig rutscht sie wieder in den Trott, der ihr, unter anderem, so sehr geschadet hat.

Es geht immer eine Weile gut, und ehe sie sich versieht, steht sie unter Strom wie eh und je.

Dieses Mal aber schlägt sie Alarm.

Schließlich hat sie von ihrem Körper die letzte Abmahnung gekriegt, und sie muß jetzt endgültig an sich denken.

Sie ist verzweifelt.

Ihr Arzt hat ihr dringend geraten, kürzer zu treten, und sie weiß, daß das unbedingt notwendig ist. Sie ist schon längst wieder am Rennen, und sie hat keine Aussichten, daß sich das jemals ändern wird.

Hinzu kommt die Angst, und das wiederum ergibt diese höchst explosive Mischung, die ihr so zugesetzt hat.

Sie wird regelrecht depressiv.

»Ich werde kündigen müssen«, sagt sie eines Abends, nachdem sie wieder völlig ausgelaugt nach Hause gekommen ist.

Sie ist zur Nachuntersuchung beim Arzt gewesen, und der hat sie gewaltig zur Schnecke gemacht.

»Er fragte mich, ob ich eigentlich lebensmüde wäre. Er gibt mir Mittel, die den Blutdruck senken sollen, und wenn er mich untersucht, hat er den Eindruck, als hätte ich gerade fünf Kannen Kaffee getrunken. Wenn es mir nicht gelingt, ruhiger zu werden, kann ich mit fast hundertprozentiger Sicherheit mit einem Herzinfarkt oder Hirnschlag rechnen«, jammert meine arme Kleine.

»Dann hörst du eben auf zu arbeiten«, meint mein Großer.

Tja, sowas sagt sich so leicht. Es wäre auch machbar, wenn da nicht diese große Liebe zu ihrem Beruf wäre. Auf keinen Fall möchte sie missen, was ihr täglich so viel Freude bereitet.

»Ich werde noch einmal bitten, daß ich etwas entlastet werde. Es ist mein letzter Hilferuf. Wenn es nicht möglich ist, muß ich tatsächlich aufhören, so leid mir das täte. Ich muß wirklich an mich denken. Ich bin zwar nicht mehr die Jüngste, aber ich bin zu jung für einen Herzinfarkt. Ich muß das durchziehen, ohne Rücksicht auf Verluste.«

Die Kleine ist plötzlich recht energisch, und mein Großer weiß, daß sie es schaffen wird. Irgendwie wird sie dieses Problem lösen, so daß es für alle Seiten zufriedenstellend ist. Es wird eine Weile dauern, aber sie wird ihr Leben wieder zum Spaziergang machen.

Gleich am nächsten Tag fängt sie damit an.

Sie bittet Ihren Chef um eine Unterredung und erklärt ihm den Sachverhalt. Sie hofft auf Verständnis, daß sie sich etwas von dem Arbeitsstreß zurückziehen wird, daß sie nicht mehr nur rennen will, und daß sie auch mal nein sagt, wenn ein Termin nicht zu bewältigen ist. Irgendwie muß es zu machen sein, daß sie entlastet werden kann.

Sie findet Zustimmung, und als sie dem Großen von dem Gespräch erzählt, ist sie sichtlich erleichtert.

»Wir werden es versuchen. Jetzt wird doch wieder alles gut«, sagt sie noch, bevor sie ihren Hörsturz zu den Akten legt.

Na bitte, denke ich. Der Grundstein für einen neuen Seelenfrieden ist gelegt.

Ich werde sie unterstützen, damit sie wieder zu ihrer verlorengegangenen Gelassenheit zurückfindet.

SPIEGEL DER VERGANGENHEIT

Liebesgeflüster

Meine Kleine zieht ihr Ruheprogramm erfolgreich und dauerhaft durch, und der milde Winter, der ab und zu den Frühling spüren läßt, hilft ihr dabei.

Anfang Februar werden wir zum ersten Mal mit Vogelgesang geweckt.

Meine geliebte Riesenweide trägt schon ihre langen Weidenkätzchen, die mich an Würmer im Pelz erinnern.

Fritierte Würmer im Bierteig.

Der Februar ist normalerweise der eisige Monat, die tote Zeit des Jahres. Die Tiefschlafphase allen Lebens vor dem großen Erwachen.

Schneegestöber lauern am Himmel, doch sie haben keine Chance, sich ordentlich auszutoben, weil es sehr freundlich ist.

Die unerbittliche Februarkälte ist bisher ausgeblieben.

Dafür kriegt Nickel ihren Rappel.

Es ist die Zeit, wo sie wieder einmal ausrastet, was ihren Hormonhaushalt betrifft.

Sie ist, wie jedes Jahr vor Beginn des Frühlings, scheinrollig. Die Kleine erkennt es an ihrem nervösen Verhalten.

»Na Mädele, ist es wieder soweit? Ich hoffe, du kennst diesmal deine Grenzen. Wage es nicht, hier irgendwo in der Wohnung dein Parfüm zu verschwenden. Ich drehe dir den Hals um.«

Natürlich würde sie das nie tun, aber sie denkt, daß Nickel sie versteht und sie ernst nimmt.

Daß das nicht der Fall ist, bestätigt ihr der so bekannte Geruch, als sie am nächsten Tag von der Arbeit heimkommt.

»Du Schweineweib«, ruft die Kleine entrüstet.

»Wo bist du? Ich will deinen Hals!«

Das arme Sünderlein!!!

Die Kleine kann sich denken, daß dieses Parfüm und seine Ausstrahlung für Nickel eine Notwendigkeit ist, aber sie weigert sich, die Konsequenzen dieser Notwendigkeit noch einmal zu ertragen.

Es war wirklich zu chaotisch, was wir, dank Nickels Verehrer, durchlitten haben. Die Kleine kriegt die Krise, weil sie sich denken kann, daß uns das alles wieder bevorsteht.

»Vielleicht sehe ich das alles zu eng. Nur nicht aufregen«, denkt sie sich.

Ich werde mir die Nickel vorknöpfen.

»Sag mal, schämst du dich nicht. Die Kleine hat sich gerade

erholt, und dann knallst du ihr solch einen Bolzen in ihre heile Welt«, tadle ich die Parfümverschwenderin.

»Du weißt genau, daß ich nicht anders kann. Oder weißt du das etwa nicht? Na ja, es würde mich nicht wundern, wenn du es nicht wüßtest. Woher solltest du es auch wissen?«

Genausogut hätte sie sagen können »Rutsch mir doch den Buckel runter«.

Ich hatte auf Einsicht zu Gunsten meiner Kleinen gehofft, aber das kann man von Nickel wohl wirklich nicht verlangen.

Auf ihr Gewissen hört sie sowieso nicht. Von Fremden nimmt sie keinen Rat an.

»Ich sage dir bloß eins: Sollte sich jemals einer deiner Macker hier oben blicken lassen, dann gibt es ein Blutbad. Und du kannst schon mal die Startlöcher für deine Flucht graben. Du bist hier nicht mehr erwünscht. Du bist ein Unruhefaktor, auf den wir verzichten können.«

»Meinst du wirklich, die Kleine könnte auf mich verzichten«, stichelt Nickel. »Ich glaube, du unterschätzt meine Stellung. Aber ich lasse dich in dem Glauben. Das macht die Sache für mich einfacher.«

»Also, wann gehst du endlich«, frage ich unbeeindruckt.

»Gestern!«

»Gestern? Aber das war ja schon gestern. Das ist doch vorbei.«

»Eben!!!«

Wie hat sie das jetzt gemeint?

Ich weiß, daß sie die rechte Hand meiner Kleinen ist. Oder sagen wir mal der rechte Fuß. Nickel hat in meiner Kleinen Wurzeln geschlagen, und es wäre ihr am liebsten, wenn die Kleine sich ihren Namen auf den Arm tätowieren ließe.

Aber daß ich überhaupt nichts mehr zu bestimmen habe, das kann nicht der Fall sein.

Doch ich lasse Nickel in diesem Glauben, das macht die Sache für mich einfacher.

Wie auch immer, Nickel hat ihr Ziel erreicht.

Hat sie es doch wieder geschafft.

Eigentlich müßte ich von ihrem Parfüm betört sein, aber ich weiß genau, daß es für jeden anderen ist, nur nicht für mich, und das versetzt mich in überdimensionale Rage.

Und wie wir es alle befürchtet haben: Er kommt.

Nickels Romeo dringt, angelockt von ihrem Duft, in mein Revier ein. Das ist eine ungeheure Unverschämtheit.

Natürlich nutzt er den Schutz der Nacht, wenn wir alle vom Schlaf betäubt sind.

Ich warne knurrend.

Die Kleine wacht kurz auf, denkt aber, daß sie träumt und schläft wieder ein.

Dann muß ich das halt alleine erledigen.

In null Komma nichts stehe ich dem Fremden gegenüber und frage ihn, ob er schon mal seine Zähne verschluckt hat.

Er antwortet nicht. So ein Flegel.

Er starrt in meine Augen, und ich erkenne an seiner Körperhaltung, daß jetzt gleich ein linker Angriff folgen wird.

Ich bin auf alles gefaßt.

Er holt aus, schleudert seine Pfote in meine Richtung und zieht durch. Seine Krallen bohren sich tief in das Polster der Couch, nachdem sie um Haaresbreite an meinem Auge vorbeigezischt sind.

Schon der berührungslose Hauch war fast schmerzhaft für mich.

»Bist du des Wahnsinns fette Beute? Ich hoffe, du hast das vorher geübt«, sage ich erschrocken.

Er verweigert mir abermals eine Unterhaltung. Jetzt habe ich aber die Faxen dick. Ich bemerke, daß mein Mut gerade zur Neige geht und trotze der Gefahr, obwohl mir die Knie schlottern.

Ich muß handeln, bevor mir einfällt, daß ich bisher in solchen Situationen immer meine Kleine als Verstärkung hatte, und ich mich lächerlich mache.

Es gelingt mir, ohne Hilfe der Kleinen, den Eindringling in die Flucht zu schlagen, nachdem er uns einen Denkzettel an der kleinen Couch hinterlassen hat.

Das konnte ich nicht verhindern.

Mein Großer mit seiner empfindlich gewordenen Nase riecht es zuerst. Unaufhaltsam ziehen die Duftschwaden durch die Wohnung, ins Schlafzimmer, zu seinem Riechorgan.

Das süße Flair eines liebestollen Katers.

Er weckt die Kleine.

»Oh, verdammt, da riecht es verdächtig nach Kater«, motzt er.

Meine Kleine ist sofort hellwach und macht sich auf die Suche nach der markierten Stelle.

Gegen sechs Uhr wird sie fündig.

»Wenn das nun wieder losgeht, kriege ich die Krätze«, ist ihr ärgerliche Kommentar, während sie die Couch schrubbt.

In ihrer Wut kommt sie mir dreimal so groß vor.

Im feuchten Zustand ist der Duft noch intensiver.
Mein Großer steht auf und befördert die Couch auf den Balkon.
Danach schlafen wir alle noch mal ein. Mit dem Hintergedanken, daß das Theater wieder losgeht.
Nachtwache, Prügel, Aufwiegeleien und Streß pur.
Kein Wunder, daß die Kleine nicht gerade von süßen Träumen begleitet wird. Nervös und unruhig zappelt sie im Schlaf herum.
Das gibt wieder eine schlimme Zeit.
Dafür verfluche ich das Biest.
Wo ist sie eigentlich?
Ich kann sie nirgendwo finden.
Vermutlich tänzelt sie schon die ganze Nacht aufreizend auf dem Balkongeländer herum. Sie führt sich auf wie ein frisch bestäubtes Gänseblümchen, und ich stehe kurz vor einem blutrauschmäßigen Tobsuchtsanfall.
Der Schlag soll sie treffen.

Tür auf, Tür zu

Es gibt auch für Nickel und mich eine schlimme Zeit, denn die Balkontür, die sonst immer einen Spalt geöffnet bleibt, ist ab heute zu.

Wenn die Kleine arbeiten geht, schmeißt sie uns hinaus, und das bei minus fünfzehn Grad.

Der Februar erinnert sich an seine Pflicht und schickt uns von einem Tag auf den anderen bittere Kälte und Frost.

Ich kann ja zu Morle gehen, aber Nickel muß ganz schön bibbern.

Das hat sie nun davon.

Was muß sie auch immer wieder fremde Mallert anlocken.

Nachts ist die Tür natürlich auch geschlossen.

Das wiederum scheint Nickel überhaupt nicht zu stören, aber mich fuchst das ganz gewaltig.

Während sie gemütlich auf dem Bürosessel döst, habe ich schlimmste Panik, ich könnte etwas verpassen, weil ich nicht nach draußen kann.

Nickel ist zufrieden, weil sie einen neuen Verehrer hat, und ich plage mich im Arrest.

Doch ich lasse die Kleine schlafen. Ich nötige sie nicht, aufzustehen und mich hinauszulassen. Noch nicht.

Eine Nacht kann ich das verkraften.

Am Rosenmontag ist es so kalt, daß die Kleine es nicht übers

Herz bringt, uns morgens auszusperren.

Wir dürfen in der Wohnung bleiben und nehmen das Geschenk dankbar an. Sehr großzügig.

Weil ich nun schon zweieinhalb Tage nicht mehr unten war, werde ich so langsam kribbelig. Auch, weil einiges dafür spricht, daß meine beiden heute abend ausgehen. Das bedeutet, daß die Tür wieder zu ist und keiner da ist, der sie öffnet, wenn ich mal raushuschen möchte.

Trotzdem ziehe ich es vor, in der Wohnung zu bleiben, weil es draußen bittereisig ist.

Lange nach Mitternacht kommen meine Narren heim, und natürlich hat die Kleine wieder einen sitzen.

»Ihr habt eine halbe Stunde Zeit, draußen frische Luft zu schnappen. So lange, bis ich fertig bin«, dudelt sie angeheitert.

Das heißt, ich kann eine halbe Stunde lang nachsehen, was unten abgeht. Soll ich?

Eine halbe Stunde. Danach wird sie gnadenlos die Tür schließen, ob wir da sind oder nicht.

Ich bleibe da. Es ist mir zu gefährlich.

Vermutlich treibt ihre Müdigkeit sie zur Eile bei der Körperpflege, und sie macht die Tür doch eher dicht.

Nickel bleibt auch hier.

Die Kleine macht die Tür zu und purzelt ins Bett.

Ja, und jetzt will ich doch raus.

Umständlich turne ich auf meinem schlafenden Großen herum, weil die Kleine mich mit unerbittlichen »Neins« bombardiert.

Auch merke ich, wie sie langsam sauer wird, weil ich absolut kein Einsehen habe. Was kann ich dafür, wenn sie jetzt unbedingt schlafen will. Habe ich vielleicht die Tür zugemacht?

Ich nerve ganz bewußt meinen Großen, weil der in solchen Fällen meistens die Autorität meiner Kleinen untergräbt und mir nachgibt, damit er seine Ruhe hat.

»Kommst du jetzt die Tür öffnen oder brauchst du etwa erst eine schriftliche Einladung«, mahne ich.

Heute habe ich Pech.

Er ist vom Alkohol gedopt und nicht mehr wachzukriegen.

Nach einer Dreiviertelstunde Nervensägen habe ich dann die Kleine endlich soweit, daß sie mich rausläßt.

»Du brauchst aber nicht zu denken, daß die Tür offen bleibt. Wenn du jetzt runtergehst, bleibst du draußen, bis ich ausgeschlafen habe«, zischt sie leicht säuerlich.

Kein Problem, denke ich. Und wenn ich nachher zurückkomme und jammere, wird dein schlechtes Gewissen mir schon Einlaß verschaffen. Oder willst du mich etwa vor der Tür erfrieren lassen?

Sie will mich vor der Tür erfrieren lassen, denn als ich nach zehn Minuten zurückkomme, kann ich rufen wie ich will.

Es kommt niemand, der mir aufmacht.

Was soll das?

Es ist schweinekalt, und ich will ins Bett.

Das merke ich mir!

Ich friere. Ich muß mich bewegen, also unternehme ich eine kleine Nachtwanderung. Danach lade ich mich bei Morle zum Frühstück ein.

Gegen Mittag habe meine Faschingsnasen ausgeschlafen, und ich nehme Morle als Verstärkung mit heim. Jetzt kann sie aber was erleben.

Mich einfach zu überhören, wenn ich rufe.

Als ich sehe, wie es der kleinen Rausschmeißerin geht, weiß ich, daß sie genug gestraft ist.

Der Wein, den sie gestern abend in sich hineingesüffelt hat, ist mein Rachekomplize, und er macht ihr sehr zu schaffen.

Das hat sie nun davon.

Basta!!!

Ich habe mir den Magen verdorben.

In der Nacht würgt es mich zum ersten Mal.

Meine Kleine leidet natürlich mit mir, und sie beseitigt die Spuren.

Dreimal muß ich sie bemühen, und sie erduldet brav meine Ausbrüche.

Kurz vor dem Aufstehen darf ich dann draußen weiterwürgen.

Diese eine Stunde Schlaf muß ich noch haben, denkt sie.

Es ist nicht allzu tragisch, wenn der Fritzel so lange draußen ist, bis ich aufstehe. Er wird sich nicht gerade etwas abfrieren.

So langsam muß ich mir Gedanken machen, warum sie mich immer aussperrt.

Also gut, ich akzeptiere das. Sie braucht halt ihren Schlaf.

Aber pünktlich zum Aufstehen hocke ich auf der Matte.

Sie läßt mich hinein, und so kriege ich gerade noch mit, wie Nickel meiner Kleinen vor die Füße spuckt.

»Oh, jetzt kriege ich aber bald die Krise«, meint die Kleine etwas mürrisch.

Etwas mürrisch, denn sie kann sich denken, daß wir nichts dafür können, wenn wir würgen müssen. Daß wir das nicht mit Absicht tun, weiß sie mit Sicherheit.

Aber sie hat schon wieder ein leichtes Nervenleiden, wegen ihrer Lieben.

Ersten, weil wieder einer bei uns markiert hat.

Zweitens, weil sie nachts keinen Tiefschlaf findet, da sie stets lauert, ob wir rein oder raus wollen.

Drittens, weil sie ein schlechtes Gewissen hat, uns tagsüber trotz der Kälte rauszuschmeißen.

Und nun haben wir auch noch massenhaft den Teppich versaut, den sie heute abend, wenn sie geschafft ist, auch noch schrubben darf. Wir machen es ihr nicht gerade leicht, dabei wollten wir sie doch entlasten.

Ich werde mich mit Nickel zusammensetzen. So kann das nicht weitergehen.

Die Kleine dankt uns für unsere Schweinerei, indem sie uns auf halbe Ration setzt.

»Wenn ihr nur die Hälfte eßt, kotzt ihr auch bloß die Hälfte«, sagt sie, als ich vergeblich Nachschlag verlange.

Vielen Dank für die Fürsorge.

Ich könnte jetzt einen Purzelbaum rückwärts machen, das würde sie absolut nicht beeindrucken. Sie hat halt ihren Willen.

Ich habe auch meinen Willen, darum verstehe ich das.

Seit wir tagsüber nach draußen verbannt sind, hat die Kleine Nickels Korb, der einmal meiner war, auf dem Balkon deponiert und mit Kissen und Tüchern gegen die Kälte gepolstert.

Der Fritzi kann ja bei Morle unterkommen, wie sonst auch.

Nickel müßte den ganzen Tag frierend auf dem Balkon ausharren.

Darum der Korb.

Woher sie das wohl alles weiß?

Jedenfalls hatten wir heute wieder eine turbulente Nacht.

Der fremde Schweiger hat uns erneut aufgesucht, und er markierte Nickels Iglukorb, der einmal meiner war.

Ich hörte ihn kommen und habe gleich meine Großen geweckt.

Er hat sofort die Tür geöffnet, und nachdem ich festgestellt habe, daß der Fremde sein Geschäft schon erledigt hat und wieder verschwunden ist, wollte ich gleich wieder hinein.

Alles ok.

Nachdem wir alle wieder unseren Schlaf gefunden haben, fällt

101

es Nickel ein, daß sie ihren Verehrer noch etwas fragen wollte und schabt an der Tür.

Mein Großer muß wieder laufen, und er wird so langsam stinkig.

Die Kleine brauchen wir gar nicht erst zu bemühen. Sie reagiert nicht mehr auf unsere nächtlichen Unverschämtheiten. Sie hat uns durchschaut und überhört unsere Forderungen.

Die Zeit vergeht, und Nickel will sich nicht damit abfinden, daß sie ihren Galan verpaßt hat, und daß er auch nicht mehr auftaucht.

Aufdringlich drangsaliert sie die Schiene unter der Tür, und nun steht die Kleine doch auf.

Sie hat ja den ganzen Tumult im Halbschlaf mitgekriegt.

»So geht das nicht weiter. Entweder ihr laßt mir meine Nachtruhe oder ich muß mich von euch trennen. Ich bin nicht bereit, diesen Zirkus weiter mitzumachen«, raunt sie entkräftet.

»Ich brauche Ruhe und Frieden, verdammt noch mal!!!«

Sie hat recht, aber daß auch ich wieder beteiligt sein soll, stimmt mich eher beleidigt, und ich verbitte mir das.

Ich werde mir morgen die Nickel vorknöpfen, sollte ich sie erwischen. So kann es wirklich nicht weitergehen.

Auch wenn ich ihr nicht abnehme, daß sie sich von uns trennen will, sie ist gerade dabei, sich wieder seelisch zu verausgaben. Das müssen wir unter allen Umständen verhindern. Schließlich wollen wir unsere Kleine doch behalten.

Der Rest der Nacht, es geht gegen sechs Uhr, ist relativ ruhig.

Es ist schon fast Zeit zum Aufstehen, und ich überlege, ob ich sie wecken soll, bevor der Wecker klingelt.

Besser nicht.

Wenn sie durch den Wecker aufwacht, denkt sie vielleicht, sie hat das alles nur geträumt.

Nach dem Aufstehen stellt die Kleine die Beweise sicher.

Die Tücher und Kissen aus dem Korb wirft sie in die Waschmaschine, den Korb läßt sie unbehandelt.

»Ich lasse es so, wie es ist. Wenn ich es abwasche, hat er Grund, es aufzufrischen. Wenn ich es lasse, kann er sich das sparen.«

Ja, sie hat Recht. Obwohl mir das eigentlich gar nicht paßt, daß ein fremdes Parfüm in meinem Revier vorhanden ist. Vielleicht sollte ich den Duft durch meinen unschädlich machen.

Nein, besser nicht. Die Kleine würde mir glatt Hausverbot erteilen.

Sie nimmt die ganze Angelegenheit diesmal ziemlich locker.

»Es geht noch ein paar Tage, dann ist es vorbei«, meint sie zu sich selbst. »Zwei, vielleicht drei Tage noch, und wir können wieder aufatmen. Alles wird wieder normal. Keine Nachtwachen, keine Sorge, daß die Lieblinge tagsüber erfrieren, kein Parfüm mehr.«

Sie weiß aus Erfahrung, daß es vorübergehen wird.

Dschina, die uns ab und zu besucht, darf auch nicht mehr ohne weiteres bei uns herein. Und wenn, dann nur kurz zur Begrüßung und gleichzeitigen Verabschiedung.

Sie ist in derselben Stimmung wie Nickel, und bei zwei scheinrolligen Weibern hat der fremde Macker doppelten Grund, bei uns einzudringen.

Mein Großer hat mächtiges Glück, daß ihn zur Zeit eine Grippe befallen hat und eine Rotznase seinen Geruchssinn lahmlegt.

Und die Lage spitzt sich zu.

Obwohl es draußen sehr ungemütlich geworden ist - es hat nachhaltig zu Schneien begonnen - treibt der Fremde seine Spielchen und ist vorwiegend nachts unterwegs.

Er sollte gescheiter in einem gemütlichen Bett schlummern und seinen Hintern wärmen, wie ich, anstatt unsere Ruhe zu belästigen.

Aber nein, schon den ganzen Abend pirscht er durch die Gegend und nötigt uns zur Vorsicht, die in absolute Unruhe ausartet.

Der kalte Vollmond tut sein Übriges.

Logisch.

In dem Moment, als wir uns alle beruhigt haben und uns auf den wohlverdienten Schlaf einstellen, legt der Liebestolle los und schmettert ein Liedchen durch die Nacht, so süß wie der Stimmbruch einer Ratte.

»Kleiner, kostbarer Diamant, jeder Herzschlag ruft deinen Namen. Komm aus meinen Träumen in mein Leben. Mein brennendes Herz hungert nach dir!!!«

Herz reimt sich auf Schmerz.

Das muß ich diesem Dampfplauderer unbedingt klarmachen.

Dann ist seine Uhr abgelaufen.

Der hat doch was am Radiergummi.

Meine Kleine und ich sind sofort hellwach.

Mein Großer, der wegen seiner Grippe nicht schlafen kann, reagiert wütend und bombardiert den Sänger mit Wallnüssen, die von Weihnachten übriggeblieben sind. Natürlich ist es mit dem Frieden und der Ruhe schon wieder Essig.

Nickel möchte ausgehen und sich dem Liebeswerber zeigen.

Die Kleine erlaubt das nicht.

Sie hat genug von dieser Vorstellung, und sie kann sich gerade

103

noch beherrschen.

»Komm her, Mädele, oder ich mache dich alle«, sagt sie mit einer gefährlich eisigen Liebenswürdigkeit, die sogar meiner sonst so skrupellosen Nickel eine saftige Gänsehaut verursacht.

Die Kleine verfrachtet sie ins Büro, in ihren Korb, der auch einmal meiner gewesen ist und zischt: »Da bleibst du jetzt. Und wage nicht, dich zu rühren oder gar in die Nähe der Balkontür zu kommen. Ich drehe dir den Kopf ab. Ich schwöre es.«

Basta.

Das sind harte Worte.

So kenne ich die Kleine gar nicht. Mimt dir Brutale, dabei weiß ich, daß sie niemals fähig wäre, uns etwas anzutun.

Ich kann es aber verstehen, wenn sie so drastisch reagiert.

Sie hat uns prophezeit, daß sie in erster Linie an sich denkt, und das tut sie nun.

Der Fremde geht fremd

Nickels Fremder hat nun auch das Domizil von Dschina entdeckt.

Dort treibt er sich seit ein paar Tagen herum und markiert die Fensterbänke und die Haustür von Elkis Wohnung.

Das alles unter zynischer Mißachtung meines Reviers.

Nickel war ihm wahrscheinlich zu hartnäckig oder zu biestig.

Meine Kleine fühlt zwar mit Elki, aber im Grunde ist es ihr recht, daß er nicht mehr zu uns kommt. »Jetzt ist er von uns abgelenkt, und ich begrüße das«, meint sie offen und ehrlich zu Elki, die die ganze Sache noch ziemlich harmlos betrachtet.

Das wird sich auch noch ändern. Spätestens nach einer Woche Dauerbelagerung wird sich Elki eine Knarre zulegen.

Die Kleine atmet auf.

Wenn er es auf Dschina abgesehen hat, dann hat er bei Nickel sein Ziel erreicht oder er hat sie fallenlassen.

Wie auch immer, die Chancen stehen gut, daß unsere Ruhe wieder einkehren kann.

Mein Großer ist sowieso stinkesauer.

Er hat aufgerüstet.

Mit unserer kleinsten Pistole der Welt schießt er dem Pippimallert eine Leuchtkugel hinterher.

Nein, nein! Treffen will er ihn nicht. Könnte er auch gar nicht, weil der Teufel viel zu schnell ist.

Er feuert die Kugeln genau so ab, daß sie entweder über ihn drüber oder neben ihm herzischen.

Er will ihn nur erschrecken, aber kräftig.

Er meint, daß wir ihn so ein für alle Male loswerden.

Der Eindringling schießt über der Rasen, die Leuchtkugel kann ihn nicht einholen. Er rennt auf gleicher Höhe mit ihr, wobei er sie auch noch gut im Auge behalten kann.

Ist das noch zu fassen?

Am späten Abend treibt der Kerl sich fordernd und warnend in Morles Garten herum.

Wir bleiben in der Wohnung, weil wir nicht das Opfer seiner Angriffslust werden wollen.

Nickel hat auch die Schnauze voll.

Nachts lassen wir die Kleine schlafen.

Als aber am frühen Morgen das Geschrei eines Bedrängten in meine Ohren dringt, bin ich sofort an der Tür und warte ungeduldig, bis die Kleine öffnet.

Jetzt hat er doch noch ein Opfer gefunden.

Nickel folgt mir. Allerdings bleibt sie auf dem Balkon, während ich dem Genötigten zu Hilfe eile.

Jetzt gibt es aber was auf die Rübe.

Es ist die Dschina, der er nachstellt.

Es ist nicht zu fassen. Jetzt vergreift sich der Strolch auch noch an unserem Teenie.

Was hat sie überhaupt zu dieser Zeit draußen zu suchen?

Ohne Gegenwehr läßt sich der Wüstling von mir in die Flucht schlagen. Da habe ich aber wieder Glück gehabt.

»Du solltest eigentlich seelig in deinem Kuschelkorb schlummern, Dschina. Bist du schon oder bist du noch unterwegs?«

»Noch, Fritz. Und danke dir, daß du mir den Kerl vom Leib gehalten hast.«

»Keine Ursache. Aber du weißt doch, daß er hier herumlungert. Ich verstehe nicht, wie du so leichtsinnig sein kannst, die ganze Nacht ohne Schutz im Freien zu verbringen. Was glaubst du, was passiert wäre, wenn ich nicht hätte kommen können?«

»Ja, ja. Du hast ja recht. Ich habe mich gestern abend verbummelt, und als ich heimkam, war schon alles dicht.«

»Da mußt du dich aber ganz schön verbummelt haben. Ich habe Elki noch lange nach Mitternacht nach dir rufen hören. So etwas solltest du nicht wieder tun. Du hast ja gesehen, was dabei herauskommen kann.«

»Ja, ich weiß. Ich tue es nie wieder, Fritz.«

Die fehlende Vergangenheit und Erfahrung macht kleine Katzen draufgängerisch.

Die arme Dschina ist total durchgefroren. Es wird Zeit, daß sie ins Warme kommt.

Zusammen setzen wir uns vor Elkis Schlafzimmerfenster und kratzen am Rolladen, bis sie Dschina hineinläßt.

Elki ist glücklich, daß ihre Ausreißerin gesund zurückgekommen ist. Sicher hatte sie keinen ruhigen Schlaf.

Nachdem sie mich begrüßt hat, verabschiede ich mich von Dschina und Elki und mache eine kurze Revierkontrolle.

Alles ruhig, dann kann ich ja wieder hochgehen.

»Hast du das jetzt mitgekriegt, wie dein Lover sich an die Minderjährige herangemacht hat. Den kannst du doch vergessen«, stichle ich, als ich mich an Nickel vorbeidrücke. »Der schreckt doch vor nichts zurück. Na ja, wenn ich dich so betrachte.«

»Wie meinst du das?«

»Ich wollte sagen: Das sieht man schon an dir.«

»Ich verstehe nicht was du meinst.«

»Na, wenn er sich mit dir abgibt, schreckt er doch vor nichts zurück.«

»Ich kann den Sinn nicht erkennen. Erkläre es mir bitte genauer.«

Ist sie blöd oder stellt sie sich blöd?

Wie kann man nur so begriffsstutzig sein?

»Also, paß auf«, beginne ich und bemerke in dem Moment, wie das mühsam unterdrückte Grinsen aus ihren Augen springt.

Oh verdammt, sie hat mich reingelegt.

Der Schuß ist voll nach hinten losgegangen.

Nur nichts anmerken lassen.

»Ja, ja. Er schreckt wirklich vor nichts zurück, das muß man ihm lassen«, sage ich, so cool es meine aufsteigende Wut erlaubt.

»Weißt du Fritz, dafür, daß du keine Ahnung hast, redest du ganz schön viel. Zuviel!«

Sie läßt mich stehen und betreibt in meinem Baum Morgengymnastik.

Sie hat Glück, daß die Kleine gerade aufgestanden ist.

Ich war schon im Begriff, sie als Trampolin zu benutzen.

Augenblicke

Dschina bedankt sich für ihre Ehrenrettung mit einem Besuch bei uns.

Die Kleine läßt sie ein paar Momente in der Wohnung herumturnen, und das scheint der Freibrief für Dschina zu sein, sich regelmäßig bei uns einzuladen.

Meistens lümmelt sie sich auf dem Sessel herum und döst, bis Elki sie ruft.

Manchmal holt sie die kleine Ausreißerin auch bei uns ab.

Es ist richtig zur Gewohnheit geworden, daß Dschina auftaucht, nachdem meine Kleine nach Hause gekommen ist.

Scheinbar sieht sie mich als ihren Beschützer und will sich in meiner Nähe aufhalten.

Das könnte mir schmeicheln, wenn Dschina nicht so nervig wäre.

Außer dösen hat sie hier noch eine Aufgabe zu erledigen.

Sie muß ihren Beschützer verfolgen, und das tut sie mit Vorliebe.

Gerade eben bin ich ihr durch einen Sprung auf meine Couch entkommen. Es ist mein Platz, und sie akzeptiert das.

Jeder hat seinen Platz.

Nickel hat die kleine Couch, ich habe die große Couch, und Dschina hat den Sessel als momentanen Lieblingsplatz.

Aber sie schielt immer zu mir herüber, und ich glaube, in ihren Gedanken lesen zu können, daß sie die große Couch auch gerne einmal ausprobieren möchte.

Wage dich nicht, denke ich. Dann gibt es aber was aufs Kinn.

Es ist schon frech, daß sie überhaupt so selbstverständlich bei uns herumlümmelt. Sie läßt mich ja auch nicht bei Elki herumlümmeln.

Irgendwann werde ich ihr das mal unter das Näschen reiben.

Natürlich hat sie es auch auf mein Futter abgesehen.

Sie nervt durch ihre bloße Anwesenheit.

Ich mag es nicht, wenn sie mir beim Essen so dicht auf der Pelle hockt. Sie kennt absolut keine Scham, meine persönliche Tabuzone zu durchbrechen und sie bis an die Schmerzgrenze einzuengen. Als wäre sie ein Teil von mir, dringt sie in meine Sicherheitssphäre ein, und das macht mich angriffsfreudig.

Wir sitzen uns gegenüber.

Es trennen uns kaum fünf Zentimeter. Die Nasen sind noch dichter zusammen.

Ich schaue Dschina mit meinem typischen »Wer-ist-der-Chef-Blick«

in die Augen.

Sie wagt nicht, mich anzusehen.

Wann immer sie verschämt die Pupillen in Richtung meiner Augen drehen will, schaue ich noch erhabener auf sie herab, und es bleibt ihr nur noch der Blick auf die Seite oder an mir vorbei.

Sie ist ganz verlegen, und das gefällt mir sehr gut.

Ich mache es zum Spiel und nehme mir vor, es nicht zu dulden, daß sie mir in die Augen schaut. Dann knallt es!

Nervös wiegt sie den Kopf hin und her, wobei ihr Blick immer wieder sein Ziel verfehlt und in allen Richtungen an mir vorbeirutscht.

Es geht eine lange Weile so, und ich denke, wenn sie pfeifen könnte, würde sie das nun tun.

Sie schaut auf meine Pfoten, auf meine Ohren, auf die äußersten Enden meiner Sinneshaare.

Es wird mir zu kindisch, und ich bestehe jetzt darauf, daß unsere Blicke sich treffen.

Ich schiebe meine Nase noch weiter vor, so daß Dschina gar nichts anderes übrigbleibt, als direkt in das Schwarze meiner Augen zu schauen.

Aha!!!

Jetzt kriegt sie eine geleiert.

Nicht fest, nur andeutungsweise.

Ich würde sie nie schlagen, aber es macht Spaß, so zu tun als ob, und schon hockt sie brav in der Ecke.

Dann jage ich sie durch die Wohnung, und sie trollt sich nach unten.

Das hätten wir wieder erledigt.

Verhängnisvolle Herausforderungen

Schlaf weiter, Dschina

Dschina hat es erwischt.

Sie ist in ein Auto gelaufen, und natürlich hat ihr Mörder sie liegenlassen.

Ich bin fast über sie gestolpert, als ich Morle besuchen wollte.

Das Herz blieb mir eine kleine Weile stehen.

Ich habe sie immer vor der Straße gewarnt.

Nun ist es vorbei.

Ich habe als Beschützer versagt.

Bedrückt und tief erschüttert gehe ich, nachdem ich mich von der kleinen Leiche verabschiedet habe, zu meiner Kleinen.

Sie telefoniert gerade mit Elki, die wissen will, ob Dschina bei uns ist. Sie ist schon lange überfällig, und Elki macht sich Sorgen.

Und wieder habe ich eines dieser grausamen Geheimnisse.

Eigentlich müßte ich es loswerden und mich irgendwie mitteilen, meiner Kleinen deutlich machen, daß Dschina nicht mehr lebt.

Doch ich werde mich hüten, ihr diesen schlimmen Schock zu vermitteln.

Wo sie doch gerade heute erfahren hat, daß ihre Nichte Zwillinge erwartet. Sie ist in einem solchen Freudentaumel, daß diese böse Botschaft, die ich beherberge, ihr glatt fürchterlichen Schaden zufügen könnte.

Diese Gegensätze sind zu scharf.

Sie wird es schon früh genug erfahren.

Heute sollen das Glück und die Freude ihr Gast sein.

Alles, was ich brauche, ist ein Wunder. Ist das zuviel verlangt?

Am nächsten Tag kommt Elki zu uns und berichtet meiner Kleinen, daß Dschina noch immer nicht wieder heimgekehrt ist.

Jetzt macht sie sich aber schon Sorgen.

Die beiden ziehen jede Möglichkeit in Betracht, wo sie wohl sein könnte, und die Kleine besticht die sorgengeplagte Elki damit, daß Dschina schon wieder auftauchen wird. «Das hatten wir alle schon einmal. Damals, als Nickel so lange verschwunden war», meint die Kleine tröstend.

»Es wird alles wieder gut.«

Sie weiß, daß das nicht viel nützt. Sie weiß es aus Erfahrung, und wenn sie sich alles durchdenkt, bleiben nur zwei Möglichkeiten. Dschina ist irgendwo eingesperrt oder...

Elki sucht das gesamte Viertel ab und kommt danach deprimiert wieder zu uns.

Plötzlich fällt meiner Kleinen die Garage ein, in welcher die Nickel damals gefangen war.

»Darin war bis jetzt jede Katze, die ich kenne, mindestens einmal eingesperrt. Vielleicht ist sie drinnen. Geh doch mal hin«, empfiehlt die Kleine.

In Elkis Augen spiegelt sich eine schwache Hoffnung, und sie macht sich gleich auf den Weg.

Ab jetzt ist Alarm.

Die Garage gehört der Frau, die Dschina gefunden hat.

Ich warte, daß es jeden Augenblick klingelt.

Es hätte nicht sein müssen, daß meiner Kleinen das mit der Garage einfällt. Dschina wäre verschwunden geblieben, und mit der Zeit wäre Gras über die Sache gewachsen.

Nun kommt alles ans Licht, und ein unerträglicher Schmerz wird sich erneut bei uns einnisten.

Es dauert keine fünf Minuten, bis Elki mit tränenüberströmtem Gesicht zurückkommt und uns die schlimme Nachricht über Dschinas Tod überbringt.

»Sie ist überfahren worden«, schluchzt sie, und meine Kleine weiß im Augenblick gar nicht, was sie machen soll.

Auch ihre Augen füllen sich mit Tränen, doch sie versucht, Elki zu trösten.

»Sie haben sie einfach in die Mülltonne gestopft«, weint Elki.

»Wir holen sie«, höre ich die Kleine entschlossen sagen.

Das entspricht nun gar nicht ihrem zarten Gemüt, das plötzlich in den Keller gerutscht ist.

Eine tote Katze aus der Mülltonne holen?

Eigentlich möchte sie das unter keinen Umständen tun, weil es ihr selbst so schrecklich weh tut.

Doch sie weiß, das ist nun der einzige Trost für Elki, wenn sie Dschina aus ihrem unehrenhaften Grab holt.

»Wir holen sie, und du begräbst sie im Garten«, sagt sie noch einmal bestimmt.

Sie verlassen die Wohnung, und ich folge ihnen über meinen Stamm.

Die Kleine handelt wie eine Maschine.

Es ist nicht meine Kleine, die das tut, was sein muß.

Es ist einzig und allein ihr Verstand.

Ihr Gefühl hat sie zu Hause gelassen, und sie verdrängt alle Gedanken.

Ich muß es tun, ich muß. Elki kann ich das jetzt auf gar keinen

Fall zumuten.

Sie reden nicht.

Als sie an der Mülltonne ankommen, fängt Elki zu zittern an.

Sie hofft, daß alles, was passiert, Einbildung ist.

Die Kleine öffnet ohne Zögern die Tonne, räumt ein paar Tüten beiseite und zieht einen schwarzen Plastiksack heraus.

»Das muß sie sein«, sagt sie mit trockener Stimme, während sie den Inhalt abtastet.

»Und wenn sie es nicht ist«, zweifelt Elki plötzlich unter dem letzten, schwachen Hauch einer sinnlosen Hoffnung.

Wer sollte es denn sonst sein, denkt die Kleine bitter.

»Wir schauen bei Licht nach«, beschließt die Kleine, und Elkis Hoffnungsfunke ist nun doch auf sie übergesprungen.

Auch kommt ihr der Leichenkörper auf einmal ziemlich groß und schwer vor. Dschina war doch noch so klein.

Die Hoffnung kann jede Gewißheit in Ungewißheit wandeln.

Elki und meine Kleine laufen zurück zum Haus.

Es ist eher ein verkrampftes, steifes Schreiten. Wie bei einer Beerdigung. So ruhig, irgendwo zwischen Lähmung und Amok.

Ich schließe mich den beiden und Dschina an.

Wir bringen Dschina nach Hause.

Vor der Haustür macht Elki das Licht an, und das Zittern ihres Körpers wird stärker.

Behutsam streiche ich ihr um die Beine, aber sie merkt es gar nicht.

Die Kleine öffnet den Plastiksack, und noch immer hofft sie, darin ein Fell zu erblicken, welches ihr nicht bekannt ist. Nein, das Schwarz der kleinen, toten Dschina verschmilzt mit dem der Tüte.

Es gibt tausend schwarze Katzen ...

Aber keine, deren Schwarz in einem verschwindend feinen Braunton schimmert. Sogar das fahle Treppenhauslicht verwandelt dieses schwarze Fell in ein schwarzbraunes. So, als würde die Sonne darauf scheinen. Es ist so lebendig, und wäre dieses Körperchen nicht steif und kalt, könnte man meinen, Dschina döst, wie sie es immer bei uns getan hat.

Die Kleine erkennt sofort, daß keine äußeren Verletzungen zu sehen sind, und sie atmet fast auf, als sie das nach hinten verdrehte Köpfchen bemerkt. Das war ihre große Sorge.

Wenn es schon sein soll, dann muß es schnell gehen. Das Schlimmste für meine Kleine ist eine verletzte Katze, die unsäglich leiden muß.

»Elki, sie hat nicht gelitten«, sagt sie. »Sie muß sofort tot gewesen sein.«

Nun weiß Elki endgültig, daß sie Dschina verloren hat.

Sie wendet sich ab. Sie kann es nicht ertragen. Sie ist verzweifelt, und sie wünscht sich, daß sie endlich aus diesem Traum erwacht.

Doch dies ist ein Alptraum ohne Erwachen. Kein Licht am Ende des Tunnels. Nur hoffnungslose Finsternis.

Meine Kleine streicht sachte über Dschinas Stirn und flüstert kaum hörbar: »Schlaf weiter, Kleines. Es ist alles gut.«

Dann schließt sie die Tüte und bringt sie noch in Elkis Garten.

»Harald soll sie begraben. Ich gehe jetzt hoch. Mach's gut, Elki.«

Ihre abgeschalteten Gefühle ergreifen in diesem Moment wieder Besitz von meiner Kleinen und erschüttern sie schwer.

Elki bedankt sich noch mit schluchzender Stimme, und als die Kleine mit mir hochgeht, kommt der ganze Jammer mit einem Schlag über sie.

Sie weint bittere Tränen, und sie will das alles nicht wahrhaben.

»Du hast es gewußt, nicht wahr, Fritzel?«

Als sie später im Bad ist, fällt ihr ein, daß sie gestern abend, genau zu der Zeit, als das mit Dschina passiert sein muß, ein Auto bremsen und auf dem nassen Asphalt rutschen hörte.

Sie hatte es registriert, sich aber nichts dabei gedacht.

Es wäre sowieso zu spät gewesen.

Elki kommt noch einmal zu uns.

Sie muß reden, das weiß die Kleine.

Auch ich tröste Elki, so gut ich kann.

Ich weiß nicht, wie meine Kleine das alles fertiggebracht hat.

Ein paarmal hatte ich den Eindruck, sie wäre total gefühlskalt.

Es muß der Schock gewesen sein.

Der Schock, der unser aller Empfindungen blockiert.

Der Schock, der nun abermals großen Kummer zu uns bringt.

Ich frage mich, soll das so weitergehen? Soll es wirklich ewig so weitergehen, daß der Tod unser ständiger Begleiter sein muß?

Im Hinterkopf tauchen die Worte meine klugen Freundin Diva auf.

»Der Tod wird dein ständiger Begleiter sein, mein kleiner Fritz.«

Ich konnte das damals, nachdem ich sie verloren hatte, nicht verstehen. Heute verstehe ich es. Ich verstehe es mehr, als mir lieb ist und ich verkraften kann.

Bin ich es vielleicht, der den Tod anzieht oder ist der Tod bei einigen vorprogrammiert?

Sind wir geboren, um zu leiden?

Ob es weh tut, wenn man stirbt?

Ich wünschte, Dschina würde zu uns in die Wohnung kommen und mich barbarisch nerven. Sie soll mir auf den Wecker gehen wie noch nie. Sie soll mein Futter mopsen, mich verfolgen und meinen Lieblingsplatz besetzen.

Ich wünschte, ich hätte ihr das gesagt, als sie noch lebte.

Ich vermisse sie.

Timmi

Elki hat eine neue Katze.

Einen Kater.

Nicht, daß sie Dschina so schnell vergessen hat, das wird nie der Fall sein, aber sie kann nicht ohne sein. Sehnsüchtig vermißt sie die Zärtlichkeiten einer anhänglichen Schmusekatze.

Meine Chancen bei ihr stünden wieder bestens, wenn sie sich nicht diesen Timmi geholt hätte.

Ein armer Typ, wie die Kleine meint.

Er ist ziemlich angeschlagen und recht dürr.

Wahrscheinlich hatte er bis heute nicht gerade ein rosarotes Dasein.

Dankbar nimmt er sein neues Heim an und schmust hingebungsvoll mit jedem, der es möchte.

Darum hat Elki ihn auch adoptiert, obwohl er recht krank ist.

Außer Katzenschnupfen plagen ihn noch die Ohrmilben, ein verwahrlostes Gebiß und ein unbändiger Heißhunger.

Aber sein Schmusen macht diese Makel wieder wett und Timmi unwiderstehlich.

Elki hat ihn sofort mit nach Hause genommen.

Also, ich weiß nicht.

Ich habe mir diesen Timmi angesehen, durch das Fenster, um ihn nicht zu erschrecken.

Es ist wirklich ein armer Typ, die Kleine hat recht.

Allerdings meine ich das wirklich so.

Er hat tatsächlich einen armen Gesichtsausdruck, und irgendwie habe ich das Gefühl, daß er sich verstellt.

Seine Augen starren stets, auch wenn er schmust. Er ist nie entspannt, sondern dauerverkrampft.

Das ist nicht normal.

Elki sollte vorsichtig sein.

Korbbesetzung

Nickels Exfreund hat uns gestern Nacht wieder einmal besucht.

Kurz vor Morgengrauen hat er reingelinst und ist danach seelenruhig wieder runterspaziert.

Vermutlich wollte er seine alte Flamme erneut entfachen, und er hat auch gleich den Zündstoff dagelassen.

Nickelflämmchen pennt nämlich zur Zeit auf dem Balkon.

In der Wohnung war er nicht.

Das hätte ich ihm auch übelgenommen. Ich hätte ihn gewarnt. Mehr nicht.

Seit ich mich erinnert habe, wie gemein und brutal ein liebeswerbender Kater zu seinem Rivalen sein kann, habe ich meine Verteidigung aufs Warnen reduziert.

Außerdem ist die Tür immer zu, und er hat keine Gelegenheit, die Wohnung zu verunstalten.

Es stinkt mir zwar, daß er scharf auf Nickel ist, und diese auch noch Wasser auf seine Mühlen gießt, aber ich werde es halt dulden müssen. Der Traum, mit ihr alt zu werden, ist schon lange ausgeträumt.

Außerdem wird der Zirkus bald vorbei sein.

Ja, ich gebe ihm sogar gelegentlich Tips, wie er bei dem widerspenstigen Biest vielleicht doch noch landen kann.

Doch heute nacht treibt er es wieder besonders dreist.

Stundenlang rennt er durch die Botanik und trällert seine Liebeslieder. »Deine Liebe ist der süße Hauch aus der Luft des Garten Edens. Höre die Stimme, die tief aus meinem Innern ruft!!!«

Wie kommt er nur auf so was?

Das akzeptiere ich nicht einmal als Witz.

Dreckmaul!

Dreimal wagt er den Aufstieg und stolziert auf dem Geländer wie ein Gockel auf dem Wetterhäuschen. Weil er dabei gurrt wie eine wildgewordene Taube, erwischt ihn die Kleine sofort und macht ihm Beine.

Lange nach Mitternacht kommt er noch einmal.

Ich bin noch draußen, und jetzt muß ich handeln.

»Hör zu, Kamerad. Ich weiß ja, was du mitmachst. Das heißt, eigentlich weiß ich das nicht, aber ich kann es mir denken.

Deine Angebetete ist ein harter Brocken, und vielleicht erntet dein Eifer auch mal Erfolg. Wie gesagt, ich verstehe dich gut. Aber mußt du deswegen eigentlich so unverschämt durch die Gegend plärren? Das nervt, und du ziehst dir den Ärger meiner Kleinen zu. Kannst du nicht etwas leiser verliebt sein? Es wäre für uns alle ein Segen, und für dich wäre es gesünder. Also, mach keinen Fehler, wenn du in Zukunft noch welche machen willst.«

Natürlich antwortet er mir nicht.

Ob er vielleicht stumm ist?

Auf keinen Fall. Wer so chaotisch jault, kann nicht stumm sein.

Jedenfalls reißt er sich für den Rest der Nacht zusammen.

Pünktlich, als am Morgen Leben ins Viertel kommt, setzt er seinen Minnesang fort.

Es ist der erste warme Tag in diesem Jahr, und darum sind wir alle gut gelaunt.

Die Kleine kommt etwas früher nach Hause und genießt das schöne Wetter.

Und nicke die Neckel, äh, ich necke die Nickel.

Zuerst blockiere ich die Balkontür und lasse sie auf der Fensterbank schmoren.

Sonst tut sie das immer.

Als ich gnädig nachgebe und sie reinlasse, geht sie futtern.

Jetzt belege ich ihren Korb auf dem Balkon.

Normalerweise würde ich nie freiwillig in den Korb gehen, schon allein, weil er für mich viel zu eng ist.

Außerdem ist das der Weißkitteltransportkorb.

Aber weil er zur Zeit auch noch Nickels Präsentkorb ist, und sie darin auf ihren Freier wartet, zwänge ich mich hinein und döse eine Runde.

Es geht nichts über ein Schläfchen in Ehren, besonders, wenn man eigentlich etwas anderes vorhatte. Natürlich kommt sie mit entrüstet geweiteten Glotzkugeln angetrabt.

Sie merkt, daß sie keine Chance hat und schmachtet weiter auf der Fensterbank.

Die Kleine lacht sich krumm, als sie mich mit meiner zweiten Haut sieht.

»Fritzel, du bist ein Aas. Das tust du doch nur, weil du das Mädele ärgern willst.«

Das tust du doch nur, weil du das Mädele ärgern willst, äffe ich sie nach.

Wir sind gerade dabei, uns über meine Eskapaden zu amüsieren, als unten auf der Wiese Romeo erscheint und seelenruhig sein Lied schmetternd über den Rasen stolziert.

Er macht keine Anstalten, zu verduften, obwohl er die Kleine deutlich sehen kann.

Wir sehen ihn zum ersten Mal live.

Das schwarzweißgefleckte Gesicht des Liebeskaspers sieht aus wie eine Kriegsbemalung. Wie eine Maske.

Weiße Augen, schwarze Nase und schwarze Streifen quer durch die Fratze. Die Hartnäckigkeit grinst ihm aus dem Gesicht.

Oha, denke ich. So, wie der aussieht, gibt er sich so schnell nicht geschlagen.

Nachdem er sich vorgestellt hat, verschwindet er wieder in die Büsche.

Ich döse und schlafe dabei ein.

Mein Körper quillt aus dem Korb heraus.

Jetzt wird es mir doch zu eng und zu unbequem. Ich kann mich ja nicht einmal strecken oder dehnen.

Ich beende die Korbbesetzung.

»Du kannst den Korb wieder haben, ich schenke ihn dir«, sage ich im Vorbeigehen zu Nickel, die noch immer auf der Fensterbank schmachtet.

»Hast du ihn gehört, deinen Lover? Da lacht ja sogar der Wald.«

»Phff!«

Die Maske

Der Kleinen geht es nicht gut.

Nickel und ich sind damit beschäftigt, als Bettflasche auf ihrem Bauch zu liegen, um ihn zu wärmen.

Wir wechseln uns ab.

Am Nachmittag strolcht der Maskierte wieder durch mein Revier.

Wütend knurrend begebe ich mich nach draußen.

Nickel folgt mir.

Vom Balkon aus beobachte ich, wie der Eindringling Susi belästigt, die sich zu uns verlaufen hat.

Aufdringlich macht er sie an, und Susi ruft um Hilfe.

Nickel kann ihre Eifersucht gerade so verbergen.

Moment, das haben wir gleich.

Schnurstracks bin ich unten und schlüpfe unter einen Tannenwedel. Das lenkt ihn von Susi ab. Er konzentriert sich auf mich, und Susi kann unbemerkt fliehen.

Ich bleibe in meiner Deckung und warte, was passiert.

Die Maske kommt in einem riesengroßen Bogen auf mich zu und lauert.

Als er die Kleine auf dem Balkon entdeckt, macht er sich, nicht gerade eilig, aus dem Staub.

Dann können wir uns ja wieder beruhigen.

»Nickel, es ist vorbei. So ist das halt mal. Da kommt die nächste Flamme, und du bist abgehakt«, bemerke ich fast nebensächlich, als ich wieder oben ankomme.

»Das hatten wir doch alles schon einmal. Der Schwarze hat sich ja auch plötzlich in Luft aufgelöst, nachdem er dich wochenlang angebaggert hatte. Irgend etwas muß deine Liebhaber vertreiben. Ist dir schon einmal die Idee gekommen, daß es an dir liegen könnte?«

Ich gieße meine Schadenfreude über der Abgehakten aus, die sich vor Wut bald die Zunge abbeißt.

»Kannst du mir nicht einfach aus den Augen gehen«, zischt sie, statt mir auf meine sehr wichtige Frage zu antworten.

Dann wendet sie sich um, stolziert durch das Wohnzimmer und nimmt auf dem Bauch meiner Kleinen Platz.

Das heißt, daß ich jetzt nicht sein kann, wo ich eigentlich sein möchte.

Jetzt hat sie es mir aber wieder gegeben!

Dann gehe ich halt in meinen Korb.

Ich habe seit ein paar Tagen auch einen Korb auf dem Balkon stehen.

Meine Kleine ist es nämlich leid, nachts immer auf mich zu warten, wenn ich kurz vor dem Zubettgehen noch einmal raus will, und mich natürlich vertrödle.

Die Nächte sind trotz des bevorstehenden Frühlingsanfangs noch recht frostig.

Sie kann nicht mit ruhigem Gewissen schlafengehen, wenn ich noch unterwegs bin.

Also hat sie, damit ich nicht vor verschlossener Tür erfrieren muß, während sie bereits schläft, einen zweiten Korb auf den Balkon gestellt.

Den hat sie natürlich auch mit dicken Tüchern gepolstert und mit Kissen gefüllt. Gemütlich ist das, wie eine kleine Höhle.

Dort mache ich es mir nachts bequem.

Übrigens hat Nickel diesen Korb in Besitz genommen, nachdem er kaum fünf Minuten eingerichtet war.

Das verbitte ich mir!

Es ist mein Korb.

Meiner, meiner, meiner!!!

Die Kleine könnte zehn Körbe rausstellen, Nickel würde jeden einzelnen als ihr Eigentum betrachten.

Das wollen wir doch mal sehen.

Wenn ich sie in meinem Korb erwische, kriegt sie Flügel.

Heute wird sie nicht auf dem Balkon schlafen wollen.

Sie schmollt.

Wegen Susi.

Scheinbar hat sie die Lust verloren, auf ihren maskierten Freier zu warten.

So habe ich zwei Körbe für mich, und wenn mir jemand zeigen könnte, wie es klappt, würde ich in beiden liegen.

Am Morgen bin ich ziemlich ungeduldig.

Ich weiß genau, daß die Nickel in meinem Bett geschlafen hat.

Als Wärmflasche verkleidet.

Ich muß das sofort kontrollieren und energisch verbieten. Nach fünf endlos langen Minuten steige ich ab.

In dem Augenblick, als ich gerade vom Baum abspringe, geht oben die Tür auf.

Na also!

Und schwupp, bin ich wieder oben.

So schnell kann man seine Meinung ändern.

Nickel treffe ich im Flur.

»Hast du in meinem Bettchen geschlafen«, frage ich scharf.

»Natürlich!«

»Hast du von meinem Futter gegessen?«

»Klar!«

»Hast du dich bei meiner Kleinen eingeschleimt?«

»Sowieso!«

»Dann ist es ja gut. Du mußt Schneewittchen sein.«

»Ist dir heute nacht dein Verstand eingefroren, oder bist du einer der sieben Zwerge«, flötet Schneewittchen zuckersüß.

»Wieso?«

»Hör dir doch mal den Blödsinn an, den du von dir gibst.«

»Ja und? Sag bloß, du kennst keine Märchen. Es würde mich wundern. Dein ganzes Leben ist doch zum Märchen geworden, seit du dich bei uns eingeschmuggelt hast.«

»Ich kenne nur ein Märchen, und das heißt Fritz.«

»Weißt du, wie das damals mit Schneewittchen ausgegangen ist?«

»Interessiert mich nicht!«

»Ich erzähle es dir trotzdem. Schneewittchen wurde ausgeschaltet. Die böse Königin hat sie vergiftet. Das hat sie bei dir auch bereits getan. Nur sprudelt das Gift wieder aus dir heraus.«

»Ach so! Und die Zwerge sollen damals recht naiv und plump gewesen sein. Gibt es eigentlich auch rote Zwerge?«

»Nein, aber vor dir steht die böse, rote Königin. Darauf kannst du Gift nehmen, Schneenickelchen«

»Nein, danke. Ich habe schon dein Futter niedergemacht.«

»Jetzt aber raus hier«, herrsche ich sie an. »Geh in die Sonne, damit du etwas Farbe abkriegst. Du bist ja fast durchsichtig. Außerdem solltest du dich mal lüften, daß dein Geist wieder frei wird.«

»Mach ich, Fritz. Also, bis dann.«

Ich stelle ihr noch bis zur Tür nach, dann verlange ich eine zweite Portion Futter.

So ist sie immer, wenn sie ein paar Stunden mit meiner Kleinen alleine in der Wohnung verbracht hat.

Sie meint, sie ist jetzt die First Lady.

Denkste!

»Und wehe, du gehst in meinen Korb!«

Ich weiß genau, daß sie es tut.

Sie ist es ihrem fiesen Charakter schuldig, immer das zu tun, was ich nicht will, oder das nicht zu tun, was ich will.

»Fritzi, du sollst das Mädele nicht immer jagen. Ich habe es genau gesehen«, mahnt die Kleine.

Ich könnte ihr mindestens zwanzig nennen, die es nicht gesehen haben: Morle, Mia, Elki, Timmi, der Große...

»Fritzi, du sollst das Mädele nicht immer jagen.«

Das Problem der Lösung

Elkis Timmi entpuppt sich als Wahnsinnskater.

Er muß psychisch gestört sein.

»Ein armer Typ«, sagte die Kleine doch, als sie ihn zum ersten Mal sah.

Sie wollte es nicht so deutlich sagen, aber sie scheint ihn schon damals durchschaut zu haben. Auch ich hatte gleich den Eindruck, daß er seelisch nicht ganz auf dem Damm ist.

Daß das stark untertrieben war, beweist Timmi jeden Tag, den er bei Elki verbringt. Er zeigt seinen wahren Charakter, und der ist unter aller Sau.

Aus dem anfänglichen Schmusen ist ein aufdringliches Fordern geworden. Wenn Elki seinen Forderungen nicht nachgibt, beißt oder kratzt er sie. Es ist schon so weit gekommen, daß Elki sich gar nicht mehr traut aufzustehen, wenn Timmi in der Nähe ist. Sobald sie sich rührt, teilt er Krallenhiebe aus.

Er terrorisiert die ganze Familie. Nicht einmal Harald, Elkis Freund, wird mit Timmi fertig.

Und der kleine Manuel wagt sich kaum noch aus seinem Zimmer heraus.

Timmi hat Elkis Wohnung zum Schlachtfeld erklärt.

Es geht drunter und drüber.

Das heißt, Timmi geht drunter und drüber. Überall!

Er ist von Teufel geritten.

Er fegt über die Möbel, Tische und Schränke, und wenn Elki ihm Einhalt gebieten will, wird er furchtbar aggressiv.

Sie werden nicht mit ihm fertig.

Es gab Zeiten, da habe ich das auch getan. Aber das war ganz am Anfang, als ich noch nicht wußte, daß ich so manches nicht darf. Ich hab's mir abgewöhnt.

Bei Timmi sieht es fast so aus, als wisse er, was er nicht soll, und genau das tut er.

Er besitzt eine raffinierte Schlauheit, die sich mit dem Gewitter in seinem Hirn ergänzt.

»Er ist nicht auszuhalten«, sagt Elki zu meiner Kleinen. »Er macht alles kaputt.«

Elki ist schon nach ein paar Tagen ziemlich entnervt, und sie weint oft.

Wenn die Kleine die ganz Zeit noch einlenken konnte, so verliert sie doch immer mehr die Hoffnung, daß dieser Timmi jemals ein ganz normaler Kater sein kann.

»Das gibt sich mit der Zeit. Er ist halt noch so fremd und unsicher, ja mißtrauisch. Er kennt euch noch nicht.

Sicher hatte er bisher nichts zu lachen. Man muß Geduld mit ihm haben«, hat sie ihn immer wieder in Schutz genommen.

Ja, normalerweise ist das auch tatsächlich so.

Doch nicht bei Timmi.

Je länger er bei Elki ist, um so aggressiver und heimtückischer wird er. Er lauert sogar auf Elki und springt sie an.

Er beherrscht sie, und macht sie zum Sklaven.

Oft ist meine Kleine unten, weil Elki mal wieder völlig aufgelöst angerufen und um Hilfe gebeten hat.

122

Nach ungefähr einer Woche gibt Elki auf.

Wenn auch meine Kleine meint, daß Timmi eher noch schlimmer werden wird, als daß er sich irgendwann beruhigt, kann sie nichts mehr tun.

Sie würde ihn liebend gerne behalten, aber unter diesen Umständen ist das nicht zu machen.

Schweren Herzens und mit Tränen in den Augen bringt Elki den gestörten Chaotenkater zurück ins Heim.

»Vielleicht ist er dort wirklich besser aufgehoben. Er ist nicht alleine, und er kann sich austoben«, tröstet meine Kleine die Elki, die ein furchtbar schlechtes Gewissen plagt.

Ich bin eher erleichtert, daß Timmi nicht mehr in meinem Revier vorhanden ist.

Was ich so alles vom Hörensagen weiß, hätte mit Sicherheit nicht zu einer guten Kameradschaft geführt. Bestimmt hätte er das gesamte Viertel aufgemischt.

Darauf kann ich locker verzichten.

Abends kommt Elki dann mit ihrer neuen Eroberung zu uns.

Dschina zwei, stellt sie das kleine, schwarze Wuschelchen vor.

Ja, sie sieht genau so aus. Allerdings ist sie total schwarz.

Dschina eins hatte ja diesen braunen Hauch im Fell.

Natürlich muß ich Nummer Zwei gleich abschnuffeln.

Wann werde ich endlich lernen, daß ich damit den Grundstein für spätere Verfolgungen lege.

Die Kleine erkennt meinen Geruch und identifiziert mich als Freund. Freunde darf man jagen. Das ist bei den Kleinen so.

Aber ich kann auf das Näseln bei ihr nicht verzichten, weil ich diesen Geruch so sehr mag.

So sind wir alle wieder zufrieden.

Nicht ganz. Oder doch?

Vielleicht ist Timmi auch wieder zufrieden.

Wenn nicht, hat er es sich selber zuzuschreiben.

Er hatte eine Chance, und was für eine.

Obwohl er eindeutig krank und vergammelt war, hat Elki ihn mitgenommen, um ihn gesund zu pflegen, und ihn trotz seines Äußeren zu mögen.

Er hat es ihr unmöglich gemacht.

Dieses Chaos war nicht berechenbar.

Er hat sich aufgeführt wie ein tollwütiger Fuchs auf der Flucht.

Es war ein gewaltiges Mißverständnis, und behutsames Vorgehen war sinnlos.

Unüberwindbare Schwierigkeiten

Mein Großer ist zur Zeit geschäftlich in München.

Das bedeutet traute Zweisamkeit am Abend.

Na ja, Dreisamkeit, aber Nickel könnte ich glatt ignorieren.

Seit dem Hörsturz meiner Kleinen suche ich Gelegenheit, sie bei ihrer Wiedergenesung zu unterstützen, und nun habe ich sie.

Es gibt kein nervenaufreibendes Ärgern, wenn es dem Großen langweilig ist, und es ist keiner da, der mich aus dem Bett schmeißt.

Ich nötige meine Kleine am laufenden Band, sich mit mir abzugeben, wobei sie sich irgendwo hinsetzen muß und sich ausruhen kann.

Einen Haken hat die Sache allerdings.

Die Kleine ist zeitig müde und geht dementsprechend früh schlafen. Das ist auch gut so, und ich habe auch gar nichts einzuwenden.

Wenn ich aber meinen Mitternachtsausgang haben möchte, befindet sie sich gewöhnlich schon in der ersten Tiefschlafphase. Ich muß mir einiges einfallen lassen, um sie zu wecken, damit sie mir die Tür öffnet.

So wie heute.

Seit zehn Minuten plage ich mich nun schon.

Ich bin wahnsinnig ungeduldig.

Ich bearbeite sie von allen Seiten und mit sämtlichen erprobten Bettelgesten und Fordervarianten.

Sie reagiert kaum.

Zwar wird sie etwas wach, aber sie registriert meine Bemühungen kaum. Ich glaube, sie ignoriert mich und denkt, daß ich mich schon wieder beruhige.

Daß das ein Denkfehler ist, und daß sie meinen Willen unterschätzt, merkt sie, als ich wild tobend im leeren Bett meines Großen herumschleudere.

Ich glaube sogar, unter meinen Krallen das Laken zerreißen zu spüren.

Ich tue immer das, was ich will und nicht das, was man von mir erwartet.

Der Schalk geht mit mir durch.

»Fritzi, laß das. Laß mich schlafen.«

»Mä!!!« Das heißt nein.

Ich bin Fritz, der Riesenhamster im Tretrad und gerate außer Kontrolle.

Hilfe, ich brauche eine Zwangsjacke!

Ich jage meinen Schwanz, und das Geräusch, das meine Krallen auf dem Stoff des frisch bezogenen Bettes fabrizieren, deutet auf Löcher und Risse in demselben. Und jetzt wird meine Kleine wütend.

Ich weiß gar nicht, was sie hat.

Schon seit Jahren jage ich meinen Schwanz. Ich konnte ihn nie erwischen, diesen Lump, und sie weiß ganz genau, daß ich das tun muß. Das bin ich mir schuldig.

Die Kleine jagt auch, und zwar mich aus dem Bett.

Unsanft schiebt sie mich von der Matratze und steht auf, um mir die Balkontür zu öffnen.

»Du brauchst nicht zu denken, daß ich nun wach liege und warte, bis du zurückkommst, du Knallkopf«, zischt sie mir hinterher.

Nö, denke ich nicht.

Ich glaube, ich habe den Bogen überspannt.

Ein schlechtes Gewissen kann ich im Moment nicht gebrauchen, weil einer meiner besten Freunde gerade in arge Bedrängnis geraten ist.

Der Igel, der jeden Frühling immer wieder bei uns auftaucht, ruft mich verzweifelt.

Ich entschuldige mich bei meiner Kleinen und begebe mich auf die Suche nach meinem Stachelkamerad.

Ich muß das ganze Haus abchecken, denn seine Stimme kommt von irgendwo unter der Erde her.

An unserer Eingangstür werde ich fündig.

Mein Igel ist im Schacht des Kellerfensters gefangen.

Zuerst hat ihn das recht wenig gejuckt.

Nachdem er alle Insekten, die sich darin befanden, verzehrt hat, kriegt der Dauerfresser die Panik des Hungers und will sein kulinarisch ausgebeutetes Gefängnis verlassen.

Das ist nicht so einfach.

Der Ausgang befindet sich einen halben Meter über seinem Kopf.

Keine Chance.

Selbst im Traum wäre das unmöglich.

Jetzt bin ich gefragt.

Ich turne und wippe so lange auf unserer Papiersammeltonne herum, bis sie kippt.

Dann schleppe ich die Knäuel zum Schacht und werfe sie hinein.

Es dauert eine Ewigkeit, bis der Igel sich die Papierbälle zurechtgerückt hat, um auf ihnen hochzuklettern.

Ich bin begeistert über meinen genialen Einfallsreichtum, und der Igel sicher auch.

Er bedankt sich mit einem Grunzen und zieht sich zurück.

Vermutlich wird er sich ausruhen.

Ich werde mich auch ausruhen.

In meinen zwei Körben auf dem Balkon.

Es bleibt mir nur einer.

Nickel schläft in meinem. Dann schlafe ich halt in ihrem.

Dem Sommer entgegen

Schneidender Eindruck

Ich habe es mir gerade in Nickels engem Korb gemütlich gemacht, als ich nach dem Surren unseres Dosenöffners ein »Autsch« meiner Kleinen vernehme.

Normalerweise bin ich beim Dosenöffner-Surren sofort bei Fuß. Es ist eines meiner Lieblingsgeräusche.

Weil ich schon Futter hatte und ich weiß, daß der Inhalt dieser Dose mit Sicherheit nicht für mich bestimmt ist, wollte ich das Geräusch eigentlich großzügig überhören.

Doch dieses »Autsch« weckt meine Neugierde, und ich muß wissen, was da los ist.

Ich eile in die Küche.

Ich finde meine Kleine mit einer Konservendose, deren scharfer, aufgeschnittener Deckel nach oben zeigt, in der rechten Hand.

Die Linsen befinden sich bereits im Topf.

Die linke Hand hält sie verkrampft nach oben, wobei der Daumen verräterisch gestreckt über den restlichen Fingern thront.

Ungläubig wandert der Blick meiner Kleinen von dem Deckel der Dose zu ihrem Daumen, der wohl etwas abgekriegt hat.

Ich kann kein Blut sehen. Weder am Daumen, noch in ihrem Teint, und schon gar nicht an ihrer Nasenspitze, die sich im Augenblick weißer als weiß bleicht.

»Oh, Fritzi. Ich glaube, eben wird mir übel«, stöhnt sie.

Mach' keine Sachen, denke ich. Wir sind alleine, und ich habe keine Ahnung, wie man den Notarzt ruft. Warte damit, bis der Große wieder da ist. Er kommt ja schon heute abend.

Ich rekonstruiere: Die volle, schwere Dose muß ihr aus der Hand geglitten sein.

Als Mini-Axt verkleidet, hat das scharfe Deckelblech in ihren Daumen gehackt, der, auf dem Topfrand ruhend, seiner Hinrichtung nicht entgehen konnte.

Ja, so muß es gewesen sein, denn jetzt wiederholt sie die Tat mit faden Bewegungen. Wahrscheinlich will sie wissen, wir ihr so etwas passieren konnte.

Jetzt rutscht ihr die Dose abermals aus der Hand.

Allerdings diesmal mit der Begründung, daß sie sich irgendwo festhalten muß, um nicht umzukippen.

Außerdem beginnt der Daumen an seiner Treffstelle erbarmungslos fürchterlich an zu bluten.

Mach' bloß keine Zicken, denke ich. Sie läßt kaltes Wasser über die Hand laufen und überprüft den Schnitt, ob nicht etwa eine Ader getroffen wurde. Nein, es sieht nicht danach aus, aber die bevorstehende Ohnmacht ist bereits fast nicht mehr zu verhindern.

Darum hockt sie sich auf den Boden, um dem Sturz zu entgehen.

»Fritzel, ich habe das Metall auf meinem Knochen aufkommen gespürt«, sagt sie mit schwerer Zunge.

Aha!

Nun weiß ich auch, warum sie das so mitnimmt.

So zimperlich kenne ich sie gar nicht.

Sie hatte schon schlimmere Verletzungen und hat sich nicht so angestellt.

Schnitte ignoriert sie normalerweise, wenn nicht gerade das Blut in Fontänen durch die Gegend spritzt.

Dieser Schnitt an ihrem Daumen allerdings, ist nicht einmal zwei Zentimeter groß. Dafür aber unverschämt tief. Und Metall auf dem Knochen, das ist für sie wie heiße Nadeln durch das Ohrläppchen gestochen.

Dieses Metall-Knochen-Kontaktgefühl wurde ihr bestätigt, als sie in der klaffenden Wunde nach etwas Weißem gesucht hat und es auch fand.

Die Ohnmacht hat sich schon bis in ihre Schulter hochgearbeitet. Wenn die Kleine diesen Metall-Knochen-Gedanken nicht bald abschütteln kann, schließt das Klingeln ihre Ohren und schaltet das Gehirn ab.

Jammernd renne ich um sie herum und versuche, sie auf andere Gedanken zu bringen.

Sie reagiert nicht, als ich sie anstoße.

Ihre Augen stieren merkwürdig glasig auf die Waschmaschine.

Die verletzte Hand ruht, in einem Geschirrtuch verpackt, auf ihrem Schoß.

Ich kann überhaupt nichts für sie tun, außer darauf zu warten, daß es ihr besser geht.

Nach einer langen Weile kommt sie wieder einigermaßen zu sich.

»Ich muß etwas trinken«, säuselt sie, und ich befürchte, daß ihre Zunge sich nicht mehr vom Gaumen lösen will.

Sie trinkt ein Glas Wasser und schaukelt dann ins Bad, um Verbandszeug zu holen.

Das Geschirrtuch ist nicht mehr aufnahmefähig.

Ich bleibe so dicht bei ihr, daß sie einmal fast über mich stolpert.

Entschuldigung!

Wieder in der Küche, umgarne ich sie bedauernd.

Sie wirkt genervt und hektisch, weil sie vor lauter Blut ihren Daumen nicht finden kann, den sie doch einwickeln möchte.

»Fritz, laß mich doch mal in Ruhe. Oder willst du, daß ich verblute«, zischt die Kleine übernervös.

Sie hat Fritz gesagt. Das bedeutet Alarm.

Na so was? Da ist man mitfühlend, spendet Anteil, und dann kriegt man solch eine barsche Abfuhr.

Dann eben nicht.

Ich verziehe mich auf meine Couch und protze.

Da ist aber nachher eine saftige Entschuldigung fällig, meine Liebe. Im Moment halte dir noch zugute, daß du nicht ganz zurechnungsfähig bist, aber nachher will ich Rechtfertigungen für dein Verhalten wissen.

Sie tut es tatsächlich.

Nachdem sie die Blutung zum Stillstand gebracht hat, schleicht sie um mich herum. »Fritzi, Burli, es tut mir leid, daß ich dich vorhin so angepflaumt habe. Komm, laß dich knutschen.«

Und wie wäre es mit einer materiellen Wiedergutmachung?

Dropse oder Pastetchen wären mir jetzt gerade recht.

Also gut.

Ich bin ja auch froh, daß sie wieder in Ordnung ist.

Umwege

Nickel und ich bekommen eine neue Außenverbindung.

Mein alter Stamm, den auch Nickel benutzt, ist im Lauf der Zeit morsch und an manchen Stellen recht mager geworden, weil Nickel dort immer ihre Krallen schaben muß.

So hat die alte Schabe Sollbruchstellen fabriziert.

Außerdem hat sich der Baum, auf welchem der Stamm liegt, etwas geneigt, wodurch mein Eingang bis an das äußerste Ende vom Balkongeländer gerutscht ist. Genau vor die Nase von Leika, die nun erfolgreich nach uns schnappen könnte.

Erst gestern mußte ich dreimal unverrichteter Dinge bleiben, weil ich den Hund auf dem Nachbarbalkon erkannte.

Der Abstand zu Leikas Zähnen ist mir zu gering geworden, und ich verschiebe lieber meinen Aufstieg um Stunden, als daß ich meinen Ranzen löchern lasse.

Die Kleine hat das beobachtet und zu dem Großen gesagt: »Es wird Zeit, daß du den Stamm erneuerst. Der Fritzel traut sich nicht mehr heim.«

Es ist ja auch kein Wunder.

Nickel ist da nicht so vorsichtig.

Mit drei Sätzen fegt sie über meinen Stamm, und noch ehe Leika bemerkt hat, daß sie kommt, ist sie auch schon oben.

Außerdem hat Leika Respekt vor ihr, weil sie ihr mal eine blutige Nase geschlagen hat.

Darum ist sie ja so wütend, und ich kann es wieder ausbaden, weil ich nicht so schnell bin.

Alles in einem, Nickel ist wieder einmal schuld, und ich muß sie irgendwie dafür bestrafen. Bei Gelegenheit.

Heute ist es soweit.

Unter größter Anstrengung haben mein Großer und Harald einen sieben Meter langen Baumstamm angeschleppt und gegen den alten, baufälligen ausgetauscht.

Mehr noch, sie haben ihn in der Mitte vom Balkon befestigt, so daß Leika uns absolut nichts mehr anhaben kann.

Sauber!

Das finde ich jetzt echt gut, daß mein Großer seine Freizeit für meine Wünsche opfert. Wo er doch die ganze Woche unterwegs ist und nur am Wochenende heimkommt.

Dafür verzeihe ich ihm, daß meine Kleine sich gestern wegen ihm geschnitten hat, und ich mir solche Sorgen machen mußte.

Mein Großer hatte sich die verhängnisvolle Linsensuppe gewünscht.

Also sind wir quitt.

Das ist nun eine ganz ungewohnte Situation, und deshalb bin ich dem neuen Stamm gegenüber mißtrauisch.

Ich muß ihn erst kennenlernen und testen.

Ich werde mal wieder heimlich üben müssen, bevor ich ihn benutze.

Nickel sieht das ähnlich.

Die Kleine will einen Versuch wagen und hockt Nickel auf den Stamm, doch diese protestiert energisch, kann entkommen und verschwindet in die Wohnung.

Auch ich werde als Testkater mißbraucht.

Natürlich muß mich der Große am unteren Ende plazieren.

Er hat nicht mit meiner Sturheit gerechnet.

Ich vermissen meinen Ehemaligen.

Ich weigere mich, den neuen Stamm hochzugehen.

Den kenne ich nicht, und zwingen lasse ich mich schon gar nicht.

Trotzig drehe ich mich um, verlasse meinen Baum und laufe zum Garten.

»Wir werden ihn wohl wieder drüben anbringen müssen«, sagt mein Großer leicht enttäuscht.

Jetzt hat er sich für uns so abgequält, und wir streiken.

»Nein, nein, laß nur. Sie werden sich schon daran gewöhnen. Sie müssen sich daran gewöhnen. Spätestens, wenn Nickel mal muß, und der Fritz Hunger kriegt«, meint die Kleine.

Wo sie recht hat, hat sie recht.

Später beobachte ich, wie der Große die Nickel vom Balkon aus auf den Stamm setzt.

Er kann es einfach nicht lassen.

Nickel kennt sich nun aus, doch sie ist sehr vorsichtig

Wir haben im Lauf der Zeit kleine Kletterhilfen in meinen alten Stamm gehobelt. Jeder Schritt hatte seinen Halt.

Nun ist alles anders. Der neue Stamm ist ekelhaft glatt.

Das wird dauern, bis wir unseren Lauf-Rhythmus umgestellt haben.

Also wenn die Nickel, die bisher draufgängerisch und halsbrecherisch auf meinem Stamm herumgeturnt ist, sich unsicher und übervorsichtig verhält, dann ist das sicher nichts für eine Memme, wie ich es bin.

Und wie gesagt, ich werde erst heimlich üben.

Zunächst ziehe ich es vor, meine Kleine, die ich bei Elki erwische, durch das Treppenhaus zu begleiten. Ich schlafe erst mal eine Runde.

Danach werde ich mir über den Abstieg den Kopf zerbrechen.

Wenn überhaupt.

Vielleicht kann ich es ja künftig vermeiden, je nochmals runterzugehen.

Vielleicht werde ich nun ein Wohnungskater.

Vielleicht breche ich mir beim Ausprobieren das Genick, und das Problem erledigt sich von selbst.

Vielleicht werden mir auch Flügel wachsen.

Ich werde sehen. Alles zu seiner Zeit.

Ich stelle fest, daß dieser neue, simple Stamm mein Leben ganz schön durcheinanderwirbelt. Es ist plötzlich ganz schön aus dem Gleichgewicht geraten, im wahrsten Wortsinn.

Hinterher werde ich bestimmt feststellen, daß ich mich wieder einmal vor mir selbst lächerlich gemacht habe.

Doch vorerst siegt mein Pessimismus.

Der Schlaf wird mir einen Weg zeigen.

Katzenzungen

Ich habe es gewußt.
Natürlich waren meine Zweifel gegenüber meinem neuen Stamm größtenteils unbegründet.
Glatt ist er, das stimmt, aber mit der nötigen Ruhe und Obacht ist das nur ein leichtes Problem.
Der Aufstieg klapp bereits fast einwandfrei.
Den Abstieg muß ich noch etwas verbessern.
Aber ich übe ja noch.
Meine Kleine nascht einen Joghurt.
Weil sie weiß, daß ich auch gerne Joghurt nasche, gibt sie mir ein Löffelchen voll in mein Schälchen.
Nachdem ich diesen Hauch geschlabbert habe, warte ich auf die Zugabe.
Brav setze ich mich neben sie und blinzle sie unaufdringlich und unschuldig an.
»Warte, bis ich fertig bin, Fritzi. Dann darfst du das Glas ausschlecken.«
Gesagt, getan.
Ich denke, sie braucht zu lange, um fertig zu werden. Sie sollte etwas schneller genießen, damit ich endlich mein Glas kriege.
Mir trieft der Eckzahn ganz gewaltig.
Nach einer Ewigkeit stellt sie das Joghurtglas auf den Boden.
Nun gibt es wieder ein Kabinettstückchen erster Güte.
Natürlich komme ich nicht mit meinem Kopf durch die schmale Glasöffnung. Ich kann anstellen, was ich will, es klappt nicht.
Also lasse ich meine Zunge arbeiten.
Die Kleine und mein Großer amüsieren sich königlich, wie ich mir die Zunge verrenke, um an die Joghurtreste zu kommen.
»Ich habe gar nicht gewußt, daß er solch eine große Zunge hat«, gackert die Kleine, und kann bald nicht mehr vor lauter Lachen.
Ich auch nicht, wenn ich ehrlich bin.
Ich bin richtig erstaunt und fast erschrocken über diesen überdimensionalen Lappen, der einmal meine Zunge war.
Er ist nicht nur außerordentlich breit, sondern auch unheimlich lang geworden.
Und er wird immer länger, weil ich auch noch die Reste auf dem Glasboden erwischen will.
»Ich glaube, seine Zunge ist anpassungsfähig, so, wie bei einem Chamäleon«, lacht die Kleine herzhaft, und Tränen kullern über

ihre Wangen.

Schon wieder hat sie recht, obwohl das sicher ein neckischer Scherz sein sollte. Wie auch immer, meine Chamäleonzunge schleudert durch das Glas, und meine Kleine schüttelt sich vor Lachen.

Erst, als das Glas umfällt und ich es umständlich vor mir herschiebe, mir dabei den Kopf verdrehe und endlich auf die Idee komme, über dieses schadenfrohe Gelächter beleidigt zu sein, gebe ich auf.

Es gibt sowieso nichts mehr her.

Ich putze kurz meine Pfoten und verabschiede mich bis auf Weiteres.

Ich weiß genau, die Kleine hat meine Intelligenz getestet. Sie wollte wissen, ob ich so clever bin, mir den Joghurt mit den Pfoten aus dem Glas zu holen.

Ich denke auch, daß das einfacher gewesen wäre, aber warum soll ich mir die Pfoten klebrig machen, wenn ich doch eine derart flexible Zunge besitze?

Ausgetrickst!!!

Die Maiwanderung

Meine Beiden machen eine Maiwanderung.

Mit den Nachbarn und deren Kindern wollen sie in die Dunkelheit wandern.

Die Kleine hat extra Taschenlampen besorgt, um den Ausflug für die kleinen Wichte noch interessanter zu gestalten.

Als die Sonne untergeht, laufen sie los.

Eigentlich könnte ich sie begleiten, aber Leika ist auch dabei, und das würde Komplikationen geben.

Ich denke, daß sie in ein paar Stunden wieder zurück sein werden, weil die Wichte um diese Zeit schon ziemlich erschöpft sein müssen und eigentlich ihre Kuschelkisten aufsuchen sollten.

Außerdem werden sie von einer allzu umfangreichen Ausdehnung des Spazierganges Abstand nehmen, weil ein Gewitter aufzieht.

Sie wissen nicht, was ich weiß.

Das Gewitter wird vorbeiziehen.

Die Wanderer dürften sich schon auf dem Heimweg befinden.

Ich werde sie erwarten.

Nachdem sie zurück und die Kinder im Bett verstaut sind,

beenden die Pilger ihre Maitour mit einem Gelage bei Elki auf der Terrasse.

Meine Kleine kriegt sich nicht mehr ein über die Düfte, die ihr heute abend begegnet sind und sie noch immer umgeben.

Andauernd weht der laue Wind ein anderes angenehmes Frühlingsaroma in ihre Nase.

Darum ist sie auch so aufgedreht.

Sie lacht wie schon lange nicht mehr. Sie ist ausgelassen und total gut drauf. Neckisch und kindisch.

Der Frühling hat sie aufgeputscht. Ein Schelm ist sie.

Ich liebe es, wenn sie ein Schelm ist.

Als wir spät nachts in die Wohnung kommen, vernehmen wir undefinierbare Geräusche von draußen.

Undefinierbar für meinen Großen.

Die Kleine und ich wissen Bescheid.

»Oh, er ist wieder da«, sagt sie.

»Wer ist wieder da? Der Fritz? Der ist die ganze Zeit schon da«, meint mein ahnungsloser Großer.

»Das Igelchen«, sagt die Kleine und rennt auf den Balkon.

»Das Igelchen ist wieder da«, zwitschert sie. »Hach, ist das schön! Das paßt doch alles zusammen. Der Frühling hat uns einen wunderschönen Tag geschenkt, und nun ist auch noch das Igelchen wieder da.«

»Fritzi, geh runter und begrüße unseren Freund.«

Natürlich gehe ich. Ich bin nämlich genau so aufgedreht wie meine Kleine und mag noch etwas unternehmen.

»Er wird sich Flöhe einhandeln«, bedenkt mein Großer.

»Nein, wird er nicht. Er weiß, daß er Abstand halten muß.«

Logisch!

Ich weiß inzwischen tatsächlich, wie weit Flöhe springen können.

Seitdem verbindet mich mit dem Igel eine Freundschaft auf Distanz.

Außerdem entdecke ich beim Absteigen, daß er nicht alleine gekommen ist. Er hat seine Partnerin mitgebracht.

Also ziehe ich mich dezent zurück und überlasse die beiden ihrer ersten Mai-Nacht.

Die Kleine serviert noch ein paar Leckerbissen, und als sie die Salatblätter, Sonnenblumenkerne und Apfelstückchen über den Igel regnen läßt, taucht Igelienchen aus ihrem Versteck auf.

Das Entzücken meiner Kleinen kennt nun keine Steigerung mehr.

Das ist das Tüpfelchen auf dem i ihres kleinen Glücks an diesem schönen Frühlingstag. Die abrundende Note, sozusagen.

Sie ist so zufrieden wie schon lange nicht mehr.

Dabei sind es nur belanglose Kleinigkeiten, die sie in diese Hochstimmung versetzen.

Na ja, sie versteht es eben, diese Werte zu nehmen, so daß sie sich als kostbares Geschenk zeigen.

Ich gönne es ihr.

Trotzdem könnte sie jetzt endlich die Igel in Ruhe lassen und nicht immer mit der Taschenlampe hinter ihnen herspannen.

Sie stört das Liebesleben der beiden.

Ich finde, sie hat genug gesehen. Sie sollte schlafen gehen.

Die Eindrücke dieses wunderschönen Tages werden ihr bestimmt einen lieblichen Traum schenken.

Als hätte sie mich verstanden, gähnt sie herzhaft und geht dann in die Wohnung.

Wenn ich könnte, würde ich ihr endlich einmal stecken, daß Igel Insektenfresser sind.

Na ja, sie will halt irgend etwas für die Stachligen tun, und da es Insekten noch nicht in Tüten zu kaufen gibt, wie meine Pastetchen, kriegen sie eben ihre Sonnenblumenkerne.

Besser als nichts.

Wenn die Sonne streikt

Der Frühling hält an, und er verwöhnt uns.

Als die Kleine heute heimkommt, ist sie ganz aufgeregt.

Eine Sonnenfinsternis hat sich angekündigt, und das bedeutet für sie ein Naturereignis, das ihr nur sehr selten bis überhaupt nicht gegönnt ist.

Sie hat so etwas noch nie gesehen. Entweder wußte sie nicht, daß es passiert, oder Wolken haben es nicht zugelassen, daß sie es erkennen kann.

Heute ist strahlendes Wetter, und die Chancen stehen optimal.

Der Himmel hält aufgeklart den Atem an.

Andauernd schaut sie auf die Uhr, oder sie beobachtet die Sonne.

Sie ist ja schon fast übernervös.

Ich kann mir gar nicht vorstellen, was an einer Sonnenfinsternis so aufregend sein soll.

Aber ich bleibe in ihrer Nähe.

Man kann nicht wissen, was dabei herauskommt.

Sie beschließt, Elki einzuweihen, um sie an ihrer Freude zu beteiligen.

»Ich hole dich ab, wenn es soweit ist. Ich kann es ja von der Küche aus beobachten. Hast du eine dunkle Brille? Die brauchst du nämlich. Sonst kannst du es nicht sehen.«

Elki hat keine dunkle Brille, aber ein mit Ruß behafteter Glasteller tut es auch.

Damit Elki die Sonnenfinsternis auch sehen kann, schwärzt die Kleine nun einen Glasteller mit einer brennenden Kerze.

Jetzt werde ich aber so langsam stutzig.

Das muß schon etwas ganz Besonderes sein, wenn man dafür solch einen Aufwand betreibt.

Und wenn die Kleine so unruhig ist und andauernd erwartungsvoll ans Küchenfenster rennt, sowieso.

Sie kommt mir vor, als würde sie auf das Christkind warten.

Mit freudiger Ungeduld schaut sie immer wieder in den Himmel und beschwört die Sonne, sich mit ihrer Finsternis doch etwas zu beeilen, weil sie nicht mehr abwarten kann.

»Aha«, sagt sie nach einer für sie unendlichen Zeit.

»Da haben wir es.«

»Elki, Elki! Es geht los«, ruft sie fast hysterisch.

So schnell habe ich sie noch nie die Treppe hinunterrennen sehen.

Ich sehe zu, daß ich ihr folge.

Als ich unten ankomme und meine Kleine erblicke, kriege ich erst einmal einen gewaltigen Schock.

Heiliger Bimbam!!!

Aus ihrem Gesicht starren mich zwei riesige schwarze Augen gemeingefährlich an. Ich muß erst kräftig schlucken und mich schütteln, bevor ich erkenne, daß sie eine Schweißerbrille auf der Nase sitzen hat, die ihr drei Nummern zu groß ist.

Diese übergroße Brille deckt nicht nur ihre Augen ab, sondern fast das ganze Gesicht.

Die Kleine sieht aus wie eine überdimensionale Stubenfliege.

Da hocken sie nun.

Meine Kleine hinter dieser Riesenbrille, und Elki versteckt ihr Gesicht hinter einem rußgeschwärzten Glasteller.

So langsam muß ich mich wundern über die beiden.

Ob sie noch alle Tassen im Schrank haben?

Sie sitzen auf der Mauer wie die Affen auf der Stange, glotzen in die Sonne und können sich kaum halten vor Staunen.

Die Unterhaltung reduziert sich auf Ahhhs und Ohhhs.

Das ist ja fast hirnrissig. Die totale Hingabe zur Lächerlichkeit.

Ich muß mir das auch mal ansehen, aber ich kann beim besten Willen nicht erkennen, warum die zwei Wundertüten sich so anstellen.

Außer, daß die Sonne mich blendet, wie immer, wenn ich hineinschaue, kann ich nichts Außergewöhnliches feststellen.

Na bitte. Ich denke, die beiden haben ganz einfach einen leichten Knall.

Eigentlich müßten sie bald Genickstarre haben.

Ob mir die Kleine mal ihre Brille leiht?

Nein, natürlich nicht.

Sie ist so egoistisch in ihre Sonnenfinsternis vertieft, daß sie mich gar nicht wahrnimmt.

Dann eben nicht, es wird mir sowieso zu blöd.

Ich verzichte großzügig.

Als ich mich von den zwei Spinnern verabschiede, habe ich dann doch noch eine Entschädigung.

Elki setzt für einen Augenblick den Teller vor ihrem Gesicht ab und schaut mir nach.

Na, ja. Ein Gesicht kann man eigentlich nicht mehr erkennen.

Es ist eher ein rußverschmiertes Etwas.

Sie sieht aus wie Nickels Ex-Liebhaber.

Tja! So was kommt von so was.

Jetzt muß ich schmunzeln, und das dämpft im Moment meinen leichten Zorn über die egoistische Kleine.

So habe ich doch noch etwas von dieser Sonnenfinsternis gehabt.

Ich schlendere noch eine ganze Weile durch diesen bezaubernden Frühlingstag und komme erst heim, als die Sonne nicht mehr verfinstert ist und den Abendhimmel leuchtendrot einfärbt.

Ich liebe Abendrot, weil es schönes Wetter für den nächsten Tag garantiert.

Wiegenfest und Schafskälte

Heute hat meine Kleine Geburtstag, und es findet bei uns ein mittelgroßes Fest statt.

Schon gestern hat sie den Mailänder Schnitzeltopf vorbereitet. Ein Gericht, bestens geeignet für viele Gäste.

Sie liebt es, für viele Gäste zu kochen.

Ein Gericht, das auch mir behagen würde, wenn sie mir etwas davon abgeben würde.

Aber leider hat sie mich wieder einmal auf Diät gesetzt, um mir meinen Winterspeck abzuluchsen.

Das Wetter spielt doch nicht so ganz mit, und es ist sogar recht kühl. Schafskälte nennen sie es.

Das hat sie nun von ihrer Sonnenfinsternis.

Aber, wie immer, ringt meine Kleine dieser kühlen Schattenseite auch eine Sonnenseite ab.

»Dann bleiben auch die Salate schön kühl«, meint sie und baut auf dem Balkon ein imposantes Salatbuffet auf.

Natürlich halte ich mich vorwiegend bei der Salatpracht auf.

Das Grünzeugs interessiert mich weniger.

Aber der Lachs und der Schafskäse ...

Wartet nur, bis es euch auf dem Balkon zu kalt wird, und ihr euch in die Wohnung zurückzieht. Wenn niemand mehr draußen ist, der den Diebstahl verhindert.

Die Schafskälte wird mir den Zugriff auf den Schafskäse schon verschaffen.

Die kleine Gastgeberin rennt sowieso den ganzen Abend durch die Gegend, um ihre Gäste zu bewirten.

Auch das liebt sie, und sie wird so beschäftigt sein, daß sie mir nicht die nötige Aufmerksamkeit schenken kann. Ich muß nur Geduld aufbringen.

Irgendwann kommt die Gelegenheit, und dann schnappe ich zu, egal, ob es verboten ist oder nicht.

Ich habe mich wieder verrechnet.

Ich weiß schon lange, daß die Kleine in meinen Gedanken lesen kann. Warum sonst sollte sie, als die Leute endlich die Wohnung aufsuchen, das Salatbuffet großflächig abdecken, um mir so den Zugang zu meinem Lachs nebst Schafskäse zu verweigern.

Jetzt muß ich mich mit den Kräckern und Erdnüssen zufriedengeben, die in Schalen verteilt vom Tisch lächeln.

Ein Skandal ist das!

Nickel ist hartnäckiger.

Als sie sicher ist, daß drinnen alle mit Unterhaltung und Zeitvertreib beschäftigt sind, startet sie einen Angriff auf die Salate.

Von dem Sessel aus, auf dem sie die ganze Zeit so scheinbar gelangweilt darbte, hat sie ein leichtes Spiel.

In null Komma nichts steht sie an der Tischkante und deckt auf.

Das heißt, sie lüpft vorsichtig eine Ecke vom Tischtuch, genau an der richtigen Stelle. Nämlich dort, wo sich der Lachs befindet.

Ich bin inzwischen auf den Tisch gesprungen und werde meinen

Plan verwirklichen, den ich in meinem Trotz geschmiedet habe.

Ich werde alle Kräcker niedermachen, und wenn mir dabei der Ranzen platzt. Keinen einzigen sollen sie mehr haben.

Ich werde sie mir jetzt bis auf den letzten Krümel reinziehen.

Nein, ich werde das nicht tun.

Meine Kleine ist eine Hexe.

Ich kann es mir nicht anders erklären.

Nur eine Hexe kann gleichzeitig in der Küche sein, sich um die Gäste im Wohnzimmer kümmern und im selben Augenblick einen Lachs beziehungsweise Kräckerdiebstahl auf dem Balkon vereiteln.

Gerade eben noch habe ich zufrieden vernommen, daß sie mit der Zubereitung von tausend Tassen Kaffee beschäftigt ist und in der Küche festsitzt. Freie Bahn, denke ich.

Nun packen mich plötzlich zwei kleine Hände, die mich auf den Boden setzen, wo ich hingehöre, noch ehe ich auch nur an einem Kräcker riechen kann.

Dieselben Hände packen auch die Nickel, gerade im rechten Moment und retten so das Salatbuffet vor der gierigen Lachsräuberin.

Der Lachs behält seine Unschuld, und Nickel ärgert sich grün.

»Das habe ich mir gedacht«, grinst die Kleine siegessicher.

Natürlich hast du dir das gedacht, du kleine Hexe, denke ich stinkesauer.

Und ich maule heftig, als sie die unzähligen Schüsseln in die Küche umsiedelt, damit sie diese im Auge hat.

Meine Wut verbrennt im Moment einen ganzen Wald.

Ich könnte sie würgen!!!

»Was du im Dunkeln siehst, das kannst du haben«, stochert sie in der Wunde.

Sie hat vergessen, daß ich auch im Dunkeln sehen kann.

Oder sie ignoriert es einfach.

Dann hole ich mir halt eine Maus.

Ohne Gruß verschwinde ich in die Nacht.

Als ich zurückkomme, sind die Gäste gegangen, mein Großer schläft bereits, und die Kleine räumt auf, wie immer.

Sie sollte zu Bett gehen, die Vögel singen schon. Aber nein, sie muß das jetzt noch schnell tun.

Noch schnell heißt bis ungefähr kurz vor sechs Uhr.

Und weil es schon hell ist, zieht es sie überhaupt nicht ins Bett, im Gegensatz zu mir.

Aber sie muß ins Bett, sie kann doch nicht durchmachen.

Sie soll jetzt sofort ins Bett kommen. Ich bestehe darauf.

Ich habe mich wieder beruhigt. Schließlich hat sie Geburtstag, und es ist mein Geschenk, daß ich nicht nachtragend bin.

Unter der einen Bedingung, daß sie jetzt auf der Stelle ins Bett kommt.

Sie ist sofort weg, als sie die Matratze berührt.

Na also!

Meine Träume werden sie begleiten.

Weißkittel mit Tücken

Nickel hat wieder ihre Spritze gegen das Ekzem nötig.

Drei Wochen sind um, und heute soll es sein, beschließt die Kleine.

Nickel hat das Gegenteil beschlossen.

Sie muß da nicht unbedingt dabei sein, meint sie.

Gerade, als die Sprechzeit beim Weißkittel anfängt, schickt sich Nickel an, nach unten zu gehen.

Damit sie hierbleibt, lockt die Kleine sie mit Pastetchen wieder in die Wohnung, wo der Transportkorb bereits wartet.

Die Kleine hat sich schon startbereit gemacht, damit das arme Mädele nicht unnötig lange warten muß.

Doch Nickel ist durch die Anhäufung der Ungewöhnlichkeiten alarmiert, und sie ist höchst achtsam und mißtrauisch.

Warum lockt die Kleine sie wieder in die Wohnung?

Warum kriegt sie Pastetchen, die sie normalerweise immer kurz vor dem Schlafengehen bekommt?

Was soll der Korb im Wohnzimmer, der auf den Balkon gehört?

Und überhaupt, was soll das Gitter an dem Korb?

Das Gitter ziert nie den Korb. Nur wenn ...

Ja, genau!!!

Das Gitter ist ein handfestes Indiz für einen Weißkittelbesuch. Jetzt aber Achtung!

Nickel saugt die Pastetchen ein und ist gerade im Begriff, sich wieder zu verdrücken, als die Kleine zugreift. Jetzt gibt es einen Zwist, ich weiß das genau.

Nickel ist heute nicht nach Weißkittel, und sie wird es mit allen Mitteln verhindern.

Doch auch die Kleine ist zäh, und sie ist bereit, das mit allen Mitteln durchzuziehen.

Es ist köstlich zu beobachten, wie jede der beiden ihren Kopf durchsetzen will.

Die Kleine hält die zappelnde Forellennickel und versucht stur, sie durch die Öffnung in den Korb zu schieben.

Nickel sträubt sich mit aller Gewalt und stemmt alle Viere gegen das runde Loch.

Die Kleine packt Nickels Pfoten zusammen, drückt den Kopf in den Korb und danach den Hintern.

Nickel dreht sich im Korb und zwängt sich wieder heraus.

So geht das drei, vier Mal, wobei Nickel maßlos flucht, und die Kleine ins Schwitzen gerät.

»Du mußt mir helfen«, bittet sie meinen Großen.

»Sie ist heute sehr widerspenstig. Aber tu ihr nicht weh.«

Der Große ist nicht so zimperlich.

Er greift sich die Widerspenstige, macht einen Knoten aus ihr und knallt sie in den Korb.

Nein, natürlich nicht, aber ich gebe zu, ich hätte das jetzt liebend gerne gesehen.

Er greift sie, er hat den Vorteil größerer Hände, und bettet sie in den Korb.

Jetzt muß die Kleine nur noch das Gitter anbringen.

Das ist leichter geplant, als ausgeführt.

Nickel folgt den Händen meines Großen.

Jetzt drückt er sie noch einmal und nicht mehr so zärtlich in den Korb, und die Kleine schließt blitzschnell das Gitter.

Blitzschnell war nicht schnell genug, denn die Forelle drückt mit alle Kraft das Gitter auf und befreit sich.

Es ist auch möglich, daß sie durch die Gitterstäbe geschlüpft ist, denn die Kleine hat es tatsächlich fertiggebracht, den Korb zu schließen und sogar das Gitter einzuhängen, während Nickel ihre Flucht fortsetzt. Sie benutzt dabei die Beine meiner Kleinen als stabile Unterlage für einen rasanten Start und bohrt vorher noch ihre hinteren Krallen kräftig und tief ins Fleisch.

Die Bohrstellen bluten sofort heftig, weil der Blutdruck meiner Kleinen durch die ganze nichtsnutzige Aktion ins Uferlose gestiegen ist.

Mit hochrotem Kopf hockt sie auf dem Boden, und sie ist stinkig auf die Forelle mit Krallen, weil sie so undankbar ist.

Schließlich will sie ihr nur helfen, und das Biest weiß das ganz genau.

Enttäuscht ist sie auch, weil sie sich denken kann, daß Nickel,

143

die gerade über meinen Stamm nach unten fegt, erst wieder auftauchen wird, wenn die Sprechzeit vorüber ist.

Morgen ist Mittwoch, und Donnerstag abend hat sie etwas vor, genau wie am Freitag.

Sie kann mit ihren Terminen nicht wählerisch sein, und so wird es wieder eine ganze Woche dauern, bis Nickel geholfen werden kann. Vorausgesetzt, sie ist dazu bereit.

Kurz bevor es dunkel wird, kommt der Flüchtling heim.

Also, solch eine Unschuldsmine habe ich noch nicht gesehen.

So was Scheinheiliges!

Als wäre nie etwas vorgefallen, schwänzelt die Unschuld in Person um meine Kleine herum und fordert auch noch unverschämt ihre Streicheleinheiten.

Natürlich bekommt sie welche, denn wenn meine Kleine eins nicht ist, dann ist das nachtragend.

Sie versteht ihr Mädele und deren Panik, und sie hat ihr schon längst verziehen.

Dieses »Warte nur, bis du heimkommst!« hat sie Nickel nachgezischt, um sich selbst im Zorn zu dämpfen.

Es ist alles wieder gut.

Bis auf die rotblau unterlaufenen Startlöcher an den Beinen meiner Kleinen.

BEGEGNUNGEN

Ein gefundenes Fressen

Am späten Abend gibt es noch einmal Aufregung.

Harald steht mit einer jungen Amsel in der Hand unter dem Balkon und bittet die Kleine um Rat. Dschina hat den kleinen Vogel neben einem Baum gefunden und heimgebracht, und nun weiß Harald nicht, was er mit ihm tun soll. Verletzt ist er nicht, aber er hat einen barbarischen Schock.

»Ich kann ihn nicht nehmen. Ich habe zwei Katzen«, bedauert die Kleine.

Harald soll ihn doch zu Leikas Leuten bringen.

Es sind große Tierfreunde, und sie werden den Flattermann schon wieder aufpäppeln.

Die Kleine würde sich gerne um ihn kümmern, aber sie glaubt, daß seine Genesungschancen bei uns gleich null sind.

Außerdem ist ein Schock genug.

Wenn er nun mit zwei Katzen konfrontiert wird, das würde er bestimmt nicht überleben.

So, das denkt sie also von mir. Ich würde ihn schockieren, bis der Tod eintritt.

Dabei habe ich ihr hoch und heilig versprochen, die Pfoten von den Federbällen zu lassen.

Und Nickel hat sich noch nie an einem Vogel vergriffen, dafür verbürge ich mich. Das, was sie an Futter von der Kleinen erhält, ist mehr als genug. Warum sollte sie sich die Mühe der Vogeljagd machen?

Aber die Kleine traut uns halt nicht so recht, und der Piepser kommt auf den Nachbarbalkon.

Ich frage mich, ob Leika für den Vogel ein liebenswerter Anblick ist, oder ob sie ihn auch in einen Schock versetzen kann.

»Meinst du, der Fritz holt sich auch ab und zu noch einen Vogel«, fragt mein Großer die Kleine.

»Das glaube ich fast sicher nicht, nach der Abfuhr, die er bekommen hat. Das ist schon ewig her, und ich habe ihn seitdem nicht mehr mit einem Vogel erwischt. Obwohl, ich kann mir nicht gerade vorstellen, daß er ein Sprungtuch ausbreitet, wenn ein Jungvogel aus dem Nest kullert. Wer weiß?«

»Wie denkst du über unseren Bubele«, entrüstet sich der Große scherzhaft. »Ich habe ihn zuletzt davon abgehalten, einen Zebrastreifen für Mäuse auf die Straße zu malen.«

»Einen in einer Einbahnstraße, die vor seinem Schlund endet«, witzelt die Kleine.

»Nein, nein! Du darfst ihn nicht immer so blutrünstig hinstellen. Ich bin sicher, er würde sogar eine blinde Maus hilfsbereit über die Straße geleiten.«

Ha, ha, denke ich und schaue mir den Piepser an.

Ich sage immer, wenn ein Vogel sich fangen läßt, ist er so angeschlagen, daß sein Leben sowieso bald beendet wäre.

Ich habe bisher nur unnötiges Leiden verkürzt.

Gegen einen gesunden Vogel haben wir nicht die geringste Chance.

Wenn manche Menschen behaupten, wir wären Vogelmörder, dann sehen sie das nicht richtig. Wir wären Vogelmörder, wenn wir fliegen könnten.

So bleiben uns nur die Schwachen und Hilflosen, die sowieso nicht lebensfähig wären. Denen leisten wir dann Sterbehilfe.

Der Piepser auf dem Nachbarbalkon ist auch ein schwacher, hilfloser. Er ist noch ganz matt, aber er duftet köstlich.

Ich muß mich zurückziehen, bevor ich anfange, an ihm zu naschen.

Am nächsten Morgen schaue ich noch mal nach ihm, und da sind sie schon da. Die Amseleltern, mit je einem Wurm im Schnabel.

Sie haben ihren Nachwuchs fieberhaft gesucht und auch gefunden.

Natürlich wollen sie ihn wiederhaben, aber er muß noch so lange in Schutzhaft bleiben, bis er wieder fit ist.

Sie scheinen das zu verstehen.

Er bleibt im Käfig, und die Eltern füttern ihn.

Danach stärken sie sich mit den Haferflocken, die auf dem Tisch verstreut sind.

Die armem Eltern haben mächtig zu tun, ihren eingesperrten Nestfaller satt zu kriegen.

Pünktlich jede halbe Stunde taucht einer von den beiden mit wurmigem Schnabelinhalt auf und hüpft hektisch auf der Wiese herum.

Das bedeutet, wir sollen uns zurückziehen, damit er oder sie in Ruhe den Kleinen füttern kann.

Wir räumen den Balkon und überlassen ihn der Amselfamilie.

Es ist ein Schauspiel, das wir hinter den Gardinen beobachten, und ich nehme mir vor, nie wieder einem Vogel nachzustellen.

So viel Liebe und Aufopferung gehört mit noch mehr Rücksicht und Behutsamkeit belohnt.

Das verdient allerhöchsten Respekt.

Und die Dschinazwei werde ich mal ins Gebet nehmen.

Sie muß verstehen, daß man eine Familie nicht auseinanderreißen darf. Selbst, wenn sie es nicht besser erfahren hat.

Sie muß lernen, daß man ab und zu einen Schritt rückwärts machen muß, um vorwärts zu kommen.

Mitternachtsphantasien

Heute ist Sommeranfang. Nicht nur nach dem Kalender. Der Sommer zeigt sich in einer Pracht, daß es fast nicht mehr auszuhalten ist vor Wonne.

Nickel ist ganz aus dem Häuschen.

Jammernd und maunzend rennt sie meinen Stamm rauf und runter.

Die Kleine hat das Gefühl, als wolle Nickel ihr etwas sagen.

Natürlich will sie ihr etwas sagen.

Sie will ihr sagen, daß ihr Ekzem juckt. Das heißt, daß es wieder ausbricht.

Das hat sie jetzt davon.

Die Kleine hat nämlich noch immer keine Gelegenheit gefunden, Nickel zum Arzt zu bringen.

Na ja, das stimmt nicht ganz.

Meistens hat sie die Nickel nicht gefunden.

Jetzt ist es allerhöchste Eisenbahn, sonst fallen ihr wieder die Haare in Büscheln aus.

Nickel geht freiwillig in den Transportkorb, der seit ihrer spektakulären Flucht verwaist im Flur steht.

»Ach, jetzt kapiere ich! Ich soll mit dir zum Arzt gehen«, schaltet die Kleine, und sie nutzt Nickels Gunst für den zweiten Doppelpack Ekzem-Injektionen.

Ich gehe solange in Morles Garten und bereite mich auf die Nacht vor. Einige Zeit danach taucht auch Morle auf.

Etwas später kommt Susi mit Benjamin, und die Versammlung ist fast vollzählig.

Dschinazwei und Tequila müssen sich erst noch zu Hause abnabeln, bevor sie zu uns stoßen können. Die beiden werden noch arg bemuttert und dürfen nicht so ohne weiteres ins Freie.

Nickel fehlt auch, aber sie wird wohl auch nicht kommen.

Sie hockt auf dem Balkon und pflegt ihr Juck-Ekzem.

Außerdem ist sie eine notorische Einzelgängerin und interessiert sich nicht für die Allgemeinheit. Nur meine Kleine zählt bei ihr. Wenn sie jetzt hier wäre, würde Nickel an ihr kleben.

Aber unsere Leute haben heute nacht nichts bei uns verloren.

Es ist die Nacht der Katzen.

Es wäre die Nacht der schwarzen Katzen, wenn ich nicht wäre.

Ich stelle mit Zufriedenheit fest, daß ich mich nicht nur farblich von der Masse abhebe. Es scheint, daß ich der einzige bin, der sich auch wirklich durchsetzen kann.

Von allen Ecken und Enden werden meine schwarzen Freunde heimgerufen.

Morle zuckt zusammen, als Mia ihn zu angerückter Stunde sucht. Tequila versteckt sich hinter Morle, denn er soll im Auftrag seiner Leute gleich mitgebracht werde.

Dschinazwei schlüpft hinter Tequila, weil Elki auch unterwegs ist, um sie heimzuholen.

Susi und Benjamin schlagen sich zunächst in die Büsche und hoffen, daß nach dem Rufen nichts passiert, weil sie keiner bei uns vermutet.

Sie ziehen alle das Genick ein, aber keiner geht heim.

Wir habe Wichtigeres vor.

Wir feiern die Sonnenwende bei Vollmond und an Heimgehen ist überhaupt nicht zu denken.

Es ist unser Feiertag.

Der längste Tag in Jahr, und trotzdem wird die folgende kurze Nacht eine Nacht ohne Ende werden.

Heute nacht ist die Zeit der Sehnsucht, die der ungeduldigen Herzen.

Meinen Namen höre ich nicht, und ich brauche auch kein schlechtes Gewissen zu haben. Meine Kleine weiß, daß ich der Chef bin und deshalb immer unterwegs sein muß.

Jetzt wird es doch kritisch.

Ich sehe, wie Mia dabei ist, im Garten nach Morle und Tequila zu suchen.

Es muß uns etwas einfallen, sonst platzt unsere Sonnenwendfeier.

Wegrennen geht nicht mehr. Sie ist schon zu nah.

Geistesgegenwärtig hocke ich mich vor Morle, Tequila und Dschinazwei und hoffe, daß die Dämmerung die drei Schwarzen hinter mir verschwinden läßt, und daß keiner nervös mit dem Schwanz wedelt.

Jetzt bin ich doch froh, daß ich so kräftig gebaut bin.

»Na Fritzi, bist du auch noch unterwegs? Hast du den Morle gesehen«, will Mia wissen.

»Mä!«

Das heißt »nein« und ist gelogen.

Sie sieht ihn nicht, sie sieht ihn tatsächlich nicht!

Hoffentlich verhalten sie sich ruhig.

Ein winziger Moment der Peinlichkeit, und alles ist aus.

»Kommst du heute gar nicht zu mir her«, fragt Mia ahnungslos.

»Mä!«

Normalerweise hätte ich mir ein paar Streicheleinheiten erschaunert, aber mit der Perlenkette hinter mir geht das nicht.

»Na ja«, meint Mia schließlich, »sage dem Morle, daß er heimkommen soll. Und Tequila auch, wenn du ihn siehst.«

»Mä!«

Es brennt unter meinen Krallen, und der Wind atmet leise, im Gegensatz zu mir.

Heute Nacht wird keiner heimkommen. Basta!

Endlich geht sie wieder ins Haus, und als sie hinter der Eingangstür verschwunden ist, spritzen wir alle auseinander und lachen uns kringelig.

Da sitzen drei Kater und Katzen eng aneinander gepreßt wie ein verkohlter Schaschlik und halten die Luft an. Am Anfang hockt der rote Paprika und deckt die ganze Rasselbande, die kichernd und giggelnd hinter ihm herumhampelt.

»Mensch, beinahe hätte sie euch erwischt. Was müßt ihr auch so albern sein, während ich verzweifelt versuche, sie wieder abzuschütteln«, beschwere ich mich, aber auch ich kann mich fast nicht aufrecht halten vor Lachen.

»Jetzt geht es los, Leute. Die Luft ist rein, wir können loslegen. Laßt uns die Nacht verbrennen. Wir haben nicht viel Zeit, also vergeuden wir sie nicht. Morgen ist heute schon gewesen«, jubelt Benjamin, der gerade Susi aus dem Gebüsch zerrt, um mit ihr ein Tänzchen zu wagen.

Morle und ich sind die Band, und als unsere Musik a cappella beginnt, tanzen auch Tequila und Dschinazwei miteinander.

Der Garten gehört uns, und wir toben, albern und amüsieren uns.

Es ist köstlich.

Kein Winkel bleibt uns verborgen.

Der Gartentisch ist die Tanzfläche, und gerade besingt Benjamin seine Susi, die sich eine Tulpenblüte verkehrt herum auf den Kopf gesetzt hat.

Das ist Champagner für die Augen.

Ich bin entzückt und bis zur Erschöpfung ausgelassen, wie die anderen auch.

Aber die Müdigkeit kann warten bis morgen Früh. Jetzt wird gefeiert bis zum Umfallen.

Das ist Stimmung pur.

Nachdem jeder sein Lied gesungen hat, versuchen wir uns als Chor.

Es hört sich fast perfekt an.

Es könnte nur noch lauter sein und Tequila müßte sich etwas zurückhalten, mit seinem Stimmbruch.

Nickel dürfte nun auch an unserem Happening teilnehmen. Akustisch zumindest, sowie das gesamte Viertel.

Aber das juckt uns nicht. Diese eine Nacht im Jahr müssen sie das über sich ergehen lassen und dulden.

Wenn es sein muß, bis zum Ende der Zeit.

Ab und zu geht irgendwo ein Licht an und nach einer Weile auch wieder aus. Das ist normal, und wir ignorieren das.

Ich habe im Pavillon einen kleinen Imbiß vorbereitet.

Seit Tagen habe ich meine Dropse und Pastetchen gesammelt, die von Nickel übrigens auch, und nun gebe ich einen aus.

Dschinazwei hat sich eine Efeuranke umgehängt und benutzt den Rand vom Springbrunnen als Bühne für eine Solovorstellung.

Der Vollmond schimmert durch das Blätterdach der Eiche und taucht den Brunnen in tanzendes Scheinwerferlicht.

Tequila ist ganz hingerissen von ihrem Gesang, und nach einer Weile zwitschern sie im Duett.

Sie sind derart in ihr Lied vertieft, daß sie den Halt verlieren und um ein Haar im Brunnen gelandet wären.

Morle kann Dschinazwei im Fallen auf die andere, trockene Seite ziehen, und weil sich die beiden eng umschlingen, wird Tequila auch vor einem Bad bewahrt.

Glück gehabt!

Es will nicht enden mit unserer Ausgelassenheit, und das Mondlicht scheint noch heller zu werden.

Ständig fallen uns neue Lieder ein, die wir noch nicht zum Besten gegeben haben, und als im Morgengrauen die Vögel in unser Lied einstimmen, haben wir alle eine Wahnsinnsnacht hinter uns gebracht.

Das war das Allerbeste, das ich in letzter Zeit erlebt habe.

Es kann uns keiner mehr wegnehmen. Das gehört uns alleine.

Erschöpft, aber ausnahmslos selig und zufrieden, machen wir uns auf den Heimweg.

Das schlechte Gewissen ist schon lange nicht mehr vorhanden.

Es war die Sache wert, und sie werden froh sein, uns wiederzuhaben. »Ruht euch aus, Freunde«, sage ich zum Abschied. »Wir haben viel Spaß gehabt, das wird uns noch eine Weile aufrecht halten. Man sieht sich.«

Wir verabschieden uns, und als ich meinen Stamm hochklettere, huschen Dschinazwei und Tequila noch einmal in den Garten.

Sie wollen eine Fortsetzung.

Typisch!

Die Kleinen können nie genug kriegen.

Ich wünschte, ich könnte diese vergangene Nacht in einer Flasche aufbewahren.

»Kannst du mir sagen, warum ihr mir meine Nachtruhe gestohlen habt? Du warst auch dabei. Ich habe dich herausgehört«, empfängt mich die Kleine.

Aber sie ist nicht sauer.

»Ihr habt da ja eine ganz schöne Vorstellung gegeben. Ich bin nicht sicher, ob das auch jedem gefallen hat«, schmunzelt sie.

Was sein muß, muß sein, denke ich.

Ich frühstücke und lege mich gleich schlafen.

Heute werde ich bestimmt nicht mehr wach.

Doch, ich werde wach.

Als ich gerade eingeschlafen bin, weckt mich die Nickel, und es stellt sich heraus, daß die plötzlich meine Mutter geworden ist.

»Wo warst du«, will sie wissen.

»Tanzen«, stöhne ich.

»Wo?«

»Im Garten!«

»Wie lange?«

»Die ganze Nacht!«

»Mit wem?«

»Mit... Hast du sie noch alle? Was geht dich das alles an?«

»Mit wem?!«

»Mit allen, die du heute nirgends finden kannst, weil sie schlafen wollen, nach dieser wundervollen Nacht. Hast du gehört? Weil sie schlafen wollen!!! Also, mach' die Fliege. Puppe!«

»So was Kindisches«, brummelt sie und läßt mich endlich

zufrieden.

Sie ist ja bloß neidisch, weil sie nicht dabei war.

Selbst schuld.

Gewitterforschung

Der Sommer hält an, und er steigert sich.

»Solch eine Affenhitze hatten wir schon lange nicht mehr«, stöhnt mein Großer.

»Ja, ja, und so viele Fliegen wie in diesem Jahr hatten wir auch noch nicht«, äfft die Kleine.

Jedes Jahr hört sie diese Beschwerde von ihrem Großen.

»Es ist jedes Jahr so heiß, und Fliegen gibt es auch immer mehr als genug, so wie Schnaken. Ob der Winter mild war oder nicht. Es ist immer dasselbe. Jedes Jahr ist es toller als im vorigen Jahr«, belehrt sie ihn.

»Aber mit einem hast du recht. So einen schönen, warmen Juni hatten wir letztes Jahr nicht. Die meiste Zeit war er verregnet.«

»Na also!«

Ich muß meinem Großen beistehen.

Es ist wirklich eine Affenhitze.

Ich gehe nur am Abend nach draußen, wenn die Sonne hinter dem Wald verschwindet und es schon anfängt, dunkel zu werden.

Tagsüber ziehe ich es vor, die Wohnung nicht zu verlassen.

Wir habe keine Zeiteinteilung, und Stunden existieren nicht.

Morgens stehen wir mit der Sonne auf und atmen erst durch, wenn sie sich abends wieder zurückzieht.

Die Kleine sieht das schon richtig.

Es kann sein, was will. Wir sind nie zufrieden.

Erst haben wir den Sommer gewollt, und nun geht er uns auf den Geist.

So was Undankbares.

Es müßte ja auch nicht ganz so heiß sein.

Wir essen, wenn überhaupt, sehr wenig. Nur, wenn wir wirklich Hunger haben und nicht, wenn Essenszeit ist.

Den Plan haben wir sowieso verlegt.

Wir trödeln durch die Gegend und warten auf den Abend, wenn endlich die Fenster geöffnet werden. Meine Kleine sieht sich sogar die Spiele der Fußball-Weltmeisterschaft im Fernsehen an, weil sie zum Nichtstun gezwungen wird.

Meinem Großen gefällt, daß sie ihm beim Fußball Gesellschaft leistet.

Nachts, wenn es sich abgekühlt hat, finden wir es zum Schlafen viel zu schade.

»Wie wäre es mit einem Heringssalat«, fragt sie ihn.

»Heringssalat wäre Spitze«, antworte ich für ihn mit einem geplagten »Mä!«

Das heißt in dem Fall «ja, sowieso«.

Die Kleine muß lachen, und sogar dabei kommt sie ins Schwitzen.

Sie geht in die Küche, und nun kann sie das ferne Donnern besser hören.

»Aha, da kommt was.«

Wenn ein Gewitter im Anmarsch ist, räumt die Kleine immer sofort den Balkon ab.

Wenigstens die Blumen und Pflanzen.

Seit einmal so ein heimtückisches Unwetter ihre ganzen Balkonzöglinge niedergemacht hat, kriegt sie eine leichte Panik, wenn eins auf uns zukommt.

Es ist aber auch tatsächlich so, daß diese neuartigen Gewitter ziemlich gewalttätig und brutal sein können.

Fast jedesmal arten sie aus, und sie strafen uns mit Zerstörung.

Außerdem steht neuerdings immer der ganze Ort unter Wasser.

Das ist ganz schön lästig für die aus dem Unterdorf.

Weil sie Gewitter nicht verhindern kann, wie sie es gerne tun würde, und weil sie aber ihre Angst davor verlieren möchte, hat meine Kleine Gewitterforschung betrieben.

»Gewitter sind doch berechenbar«, hat sie dem Großen einmal erklärt. »Man kann sie nicht umleiten oder abstellen, aber man kann sich rechtzeitig darauf einstellen und Schutzmaßnahmen ergreifen, wenn man damit umgehen kann.«

Wie sie im Laufe der Jahre gelernt hat, damit umzugehen, ist einfach toll.

Sie ist in der Lage, genau vorherzusagen, ob uns ein Gewitter trifft oder ob es vorbeizieht und uns nur streift.

Es stimmt immer hundertprozentig.

Man kann sich blind auf sie verlassen.

Wenn das Wetter von Westen kommt, muß es über drei Berge und durch drei Täler, bis es zu uns hochsteigen kann.

Sie beobachtet, wie die bewaldeten Berge, einer nach dem anderen, verschwinden, als würden die Vorhänge einer Theaterkulisse sich schließen.

Nachdem der letzte Vorhang gefallen ist, hat sie noch drei Minuten Zeit, alles zu sichern. Es kann auch sein, daß nur zwei Vorhänge zugehen.

Dann kann sie sich die Rennerei sparen, denn es zieht vorbei.

So steht sie jedesmal, wenn sie ein Grummeln aus der Ferne vernimmt, am Küchenfenster und beobachtet dieses Naturschauspiel.

Sie wundert sich jedes Mal wieder, wie faszinierend und fesselnd doch so ein Gewitter sein kann, vor dem sie doch allergrößten Respekt hat.

Man muß sich nur damit beschäftigen, dann kommt die Courage.

Jedenfalls hat sie die Sache voll im Griff und räumt alles, was wegfliegen kann, ins Wohnzimmer.

Natürlich kennt sie auch den Ablauf eines Gewitters, das direkt über uns hinwegzieht.

Sie kann sogar sagen, wann der Blitz einschlägt.

Nämlich meistens dann, wenn sich das Gewitter schon wieder abzuschwächen scheint.

»Achtung! Jetzt kommen noch zwei, drei Superknaller«, warnt sie uns, und wir können uns in aller Ruhe darauf einstellen, daß es gleich barbarisch knallt und ein Blitz in der Nähe einschlägt.

Sie sagt uns auch, wann es vorbei ist, obwohl es nicht den Anschein hat.

»Ein Gewitter muß ein Auge haben, wie ein Wirbelsturm. In diesem Auge gibt es keinen Regen. Nur gefährliche, trockene Spannung. Wenn während eines Gewitters der Regen plötzlich nachläßt oder gar aufhört, kannst du sicher sein, daß das Auge direkt über uns ist. Das heißt, allergrößte Vorsicht. Und weil wir in einem Feuchtgebiet wohnen, schlägt ein Blitz mit größter Wahrscheinlichkeit irgendwo in der Nähe ein, wenn nicht gar bei uns.«

»Aha«, meint der Große beeindruckt. »Aber wolltest du nicht einen Heringssalat machen?«

Ja, wollte sie nicht einen Heringssalat machen?

Sie kann jetzt ruhig den Heringssalat machen.

Daß das Gewitter uns nicht treffen wird, hat sie bereits erwähnt.

Es sind heute nur zwei Vorhänge zugegangen.

Außerdem ist die Nickel noch immer auf dem Balkon und nicht unter dem Bett.

Ich betreibe nämlich auch Gewitterforschung. Nickel ist ziemlich zuverlässig, den Verlauf eines Gewitters zu bestimmen.

Seit sie bei diesem schlimmen Unwetter ebenso schlechte Erfahrungen gemacht hat, wie die Blumen meiner Kleinen, ist sie übervorsichtig geworden.

Es hat sie damals mitsamt dem Stuhl, auf dem sie döste, durch die Luft geschleudert und gegen die Wand geknallt. Seitdem verschwindet sie bei Gewitter unter dem Bett.

Wenn Nickel unter dem Bett hockt, weiß ich zuverlässig, daß das Gewitter kommt.

Eine nützliche Allergie

Meine Kleine geht zur Zeit nicht arbeiten.

Sie hat eine Allergie an beiden Händen und kann deshalb ihren Job nicht ausüben.

Über Nacht haben sich in ihren Handflächen Bläschen gebildet, die dann auch aufgeplatzt sind.

Wo immer die Dinger auch hergekommen sind, ich liebe sie. Nicht, daß ich ihr die Schmerzen gönnen würde. Ich weiß ja, sie ist nicht wehleidig. Außerdem sind die Schmerzen bereits Vergangenheit.

Aber diese Allergie verschafft ihr einen Urlaub vor ihrem Urlaub.

Die Bläschen zwingen meine Kleine zum Nichtstun.

Sie ist zu Hause, und sie kann nicht spülen, sie kann nicht putzen, sie kann nicht räumen und sie kann nicht wühlen.

Alles, was sie tun kann, ist, die Hände in Handschuhe verpacken und abwarten.

Das gefällt mir.

Ich glaube, diese Allergie ist eine Laune ihres Körpers.

Er hat die Bläschen für meine Kleine ausgesucht, weil das Wetter einfach himmlisch ist. Und weil im Himmel nicht gearbeitet wird, trägt sie nun Handschuhe.

Eine kleine, harmlose Krankheit.

Eine willkommene Krankheit.

Weil wir nun nicht so früh aufstehen müssen, gönnen wir uns erquickende Sommerabende auf unserem Blumenmeerbalkon.

Wir sitzen beisammen und lauschen den Grillen, die plötzlich so zahlreich aufgetaucht sind.

Letzte Woche war gerade mal eine Grille da. Eine Frühreife.

Zaghaft hat sie nach ihrem Partner gezirpt.

Nun sind sie alle da, und es geht wieder rund.

Mein Großer fand das ewige Gezirpe einmal recht nervig.

Seit meine Kleine es zu ihrem Lieblingsgeräusch erklärt hat, sieht er es auch mit anderen Augen.

Sagen wir mal, er hört es mit anderen Ohren, und es gefällt ihm nun auch.

Dieser Gesang verkündet den Sommer.

Wir lauschen dem Liebeswerben der Grillen und beobachten das Wetterleuchten eines sehr weit entfernten Gewitters.

Wir erholen uns von der Hitze des Tages. Kann es uns noch besser gehen?

Was will man mehr?

Die Geräusche von der Wiese lassen uns freudig aufmerksam werden.

Der Igel holt sich ein paar Sonnenblumenkerne.

Emsig sammelt er sie ein, während Nickel auf meinem Stamm nach unten spaziert.

»Laß ihn ja in Ruhe«, sage ich und denke im gleichen Moment, daß ich das besser nicht gesagt hätte.

Ich hätte sagen sollen »Laß ihn nicht in Ruhe«, denn Nickel tut bekanntlich immer das Gegenteil von dem, was ich sage.

Natürlich läßt sie ihn nicht in Ruhe.

Übermütig springt sie auf die Wiese, fegt haarscharf an meinem Freund vorbei und belauert ihn von allen Seiten.

Der Igel weiß nicht, daß sie ihm nichts tun kann und füßelt irritiert ins Gebüsch.

Ich folge Nickel, weil ich stinkig bin, daß sie den Stachelwicht beim Ernten seiner Kerne stört.

Was hat sie nur davon?

Sie will mich auf Kosten meines Freundes ärgern.

Das paßt wieder zu diesem intriganten Satansweib.

Bloß, weil sie mir eins auswischen will, stellt sie diesem armen, kleinen Kerl nach.

Sie weiß doch genau, daß sie nicht an ihn dran kommt.

»Dieses Miststück! Flöhe soll sie kriegen«, maule ich.

Nein, soll sie nicht!

Sie würde die Flöhe in meine Wohnung schleppen, und dann kriege ich auch welche. Ich habe eine Mordswut.

Wieder habe ich eine Mordswut!!!

Wie oft denn noch?

Lebensrettungsdienst

Eine Schwebefliege ist den Eimer gestürzt, worin das Blumengießwasser aufbewahrt wird. Leblos schwimmt der kleine Körper auf der Wasseroberfläche, und die Kleine nimmt an, daß die Fliege tot ist.

Sie gießt die Blumen und geht danach ins Bad, um den Eimer wieder aufzufüllen.

Die Gießkanne läßt sie im Eimer.

Als sie das Wasser in den Eimer einlaufen läßt, wird die Schwebefliege auf die schwimmende Gießkanne gespült, die wie eine kleine Insel aus dem Wasser ragt.

Die Fliege erkennt ihre Rettung und japst erschöpft. Sie schüttelt sich und beginnt sofort, sich zu trocknen.

Meine Kleine bemerkt die Wiederauferstehung und fischt den Schweber behutsam aus dem Ozean.

Sie läßt alles stehen und liegen und widmet sich ganz der Wiederbelebung.

Sie bettet die Fliege auf ihren Zeigefinger und bringt sie auf den Balkon in die Sonne.

Sicher wird sie unterkühlt sein. Vorsichtig bläst sie die Verunglückte, die auf ihrem Finger klebt, trocken und breitet die überschwemmten Flügel aus.

Immer wieder richtet sie die Scheintote auf, wenn sie bei der Pflege behilflich sein will, und die vorderen Beinchen matt zusammenknicken, während die hinteren das Putzen anfangen.

Die Kleine amüsiert sich, wie die Schwebefliege auf ihrer Fingerkuppe herumtorkelt und immer wieder in die Knie geht, als hätte sie zuviel getrunken.

Nun könnte sie eigentlich wegfliegen, denkt sie, als die Fliege nach einer halben Stunde noch immer regungslos auf ihrem Fingernagel kauert.

Sie tut es nicht.

Sie muß sich von diesem Fast-Ertrinkungstod erholen.

Als die Kleine sicher ist, daß die Schwebefliege es nun auch alleine schafft, setzt sie diese auf eine Lobelienblüte.

Dort kann sie sich noch so lange ausruhen, wie es ihr gefällt.

Die Fliege leistet uns noch stundenlange Gesellschaft.

Es gefällt ihr bei uns.

Die Kleine sieht ab und zu nach ihr, und irgendwann ist sie dann nicht mehr da.

Die Kleine ist stolz auf ihre Lebensrettung, und ich bin stolz auf meine Kleine.

Ein guter Tag ist nur ein guter Tag mit einer guten Tat.

Und eine gute Tat findet nur an einem guten Tag statt.

Nachtstreife

Es ist heute eine besonders laue Sommerabend. Einer, der uns nicht nach Hause führt, sondern durch die Gegend treibt. Ich laufe etwas und lasse meine Gedanken wandern.

Eigentlich weiß ich, daß besonders laue Sommerabende auch besonders nervenaufreibend sein können.

Aber ich muß es wohl wieder einmal wissen.

Plötzlich begegne ich einem Steinmarder, der sich aus dem Wald in unser Viertel verlaufen hat.

Hinter der Garage wartet er, bis Ruhe einkehrt. Er ist gierig auf die gummihaltigen Innereien der Autos, und ihm trieft bereits der Eckzahn.

Ich muß verhindern, daß er sich an unserem Gefährt zu schaffen macht und es außer Gefecht setzt.

Ich liege auf der Lauer, um den bevorstehenden Gummidiebstahl zu unterbinden.

Stundenlang beobachte ich nun schon diesen Marder, und eigentlich sollte ich meine Dropse einkassieren gehen. Aber der Kerl fordert meine gesamte Aufmerksamkeit.

Ich könnte die Sache auch abkürzen, wenn ich den Dieb vor seiner Tat vertreibe.

Ja, genau!

Ich zeige mich.

»Was fällt dir ein, du nichtsnutziger Wurm? Bist du schon einmal genullt worden?«

Der Mader entblößt kurz seine messerscharfen Zähne, stellt sich auf und rennt in Richtung Wald.

Weil ich heute noch keinen Sport hatte, gebe ich mich nicht mit der Vertreibung zufrieden und stelle ihm noch etwas nach.

In sicherem Abstand und mit der Hoffnung, daß er nicht auf die Idee kommt, es mit mir aufzunehmen, jage ich ihn durch die Nacht.

Er wäre ein ebenbürtiger Gegner, doch ich denke, er weiß das nicht, sonst würde er sich mir stellen.

Wie ich ihn so verfolge und mir Gedanken über die Kenntnis

seiner Fähigkeiten mache, wendet der Steinmarder plötzlich das Blatt und verfolgt nun mich.

Oha!!!

Jetzt werden meine Gedanken über seine Fähigkeiten doch beängstigend.

Wenn ich bedenke, daß er mit seinem Gebiß immer näher an meinen Hintern kommt, muß ich meiner Kleinen wieder einmal recht geben, wenn sie mir Dickleibigkeit vorwirft.

Dickleibigkeit ist die Voraussetzung für Schwerfälligkeit, und Schwerfälligkeit ist genau das, was ich im Augenblick absolut nicht gebrauchen kann.

Doch, wie das so ist, auch die unbrauchbaren Dinge sind Bestandteil des täglichen Lebens, und sie kommen genau dann zum Vorschein, wenn man sie weit weg wünscht.

Jedenfalls holt mein Verfolger rasch auf, und ich sollte mir jetzt wirklich etwas einfallen lassen, wenn ich nicht einen Steinmarderbiß in meinem Hinterteil spüren möchte.

Ich werfe mich im Lauf herum und komme mit meinem Gebiß genau unter den Bauch meines Gegners.

Sekundenlang wirbeln wir über die Wiese. Irgendwie kann ich mich freistrampeln, und dann tue ich meiner Gesundheit den Gefallen, mich zu verdrücken.

Er hat mich nicht erwischt.

Ich ihn auch nicht, stelle ich fest. Ich stelle ebenso fest, daß ich genau auf diese blanke Leitung zurenne und eine Vollbremsung auch nichts mehr nützt.

Der Stromschlag, der meinen Körper erschüttert, erschreckt mich ebenso, wie den Marder, der nun irritiert in seinen Wald hetzt.

Meinen Schrei, den ich beim Kontakt mit dem Stromdraht zum Besten gebe, muß er als Kampfschrei aufgefaßt haben, und das war ihm scheinbar doch etwas zu wild.

Ich habe immer gewußt, daß ich einmal mit dem Elektrozaun in Berührung kommen und mir eine Ladung Strom einhandeln würde.

Schon alleine aus dem Grund, weil der Ärger mich mag.

Das Unglück folgt mir wie mein eigener Schatten.

Seitdem die Pferdeweide derart aufgerüstet wurde, war ich sicher, früher oder später einmal damit Bekanntschaft zu machen. Nun weiß ich wenigstens, wie es ist.

Schmerzhaft ist es und äußerst ekelhaft.

In meiner Schmerzschreckpanik jage ich quer über den Acker, daß es nur so staubt.

Nichts wie heim, denke ich geschockt.

Ich pfeife auf den lauen Sommerabend.

Ich habe wieder einmal an die Himmelstür geklopft.

Kopflos renne ich durch die Wohnung, und meine Kleine weiß überhaupt nicht, was sie mit mir anfangen soll.

Ich suche einen Platz, wo ich mich verkriechen kann, doch nirgends fühle ich mich sicher.

Der Stromschlag hat mich dermaßen gebeutelt, daß mein Körper überall kribbelt und bizzelt.

Ich versuche, dieses sehr unangenehme Gefühl durch ständiges hektisches Putzen zu lindern.

Es gelingt mir nicht.

Nicht einmal meine Dropse können mich von meiner Schrubberei abhalten.

Mein Nervenkostüm erleidet einen Schwächeanfall.

Die Kleine macht sich Sorgen, weil sie sich meine hysterische Putzsucht nicht erklären kann.

Ich kann es ihr auch nicht erklären.

Ich weiß nur eins.

Ich hätte mir gescheiter meine Dropse aushändigen lassen sollen, bevor ich auf die Idee kam, den Steinmarder zu verfolgen.

Das habe ich jetzt davon.

Jetzt kann ich mich stundenlang schrubben und warten, bis der Schock nachläßt.

Ich komme mir vor wie ein Schluck Wasser in der Achterbahn. Total mattscheibig.

Die einfachen Dinge im Leben
sind die besten

Jenny und Mizzi

Ich gehe zu Morle.

Jenny, die Schäferhündin von Mias Tochter ist wieder ein paar Wochen bei Morle zu Besuch. Ich kann Jenny gut leiden, und sie mag mich auch.

Wir essen sogar zusammen aus einem Napf.

Weil der Hunger bei der Hitze nicht so groß ist, lassen Morle und ich immer einen Rest für Jenny liegen.

Sie freut sich über das Geschenk und schlabbert unser Katzenfutter.

Ich lasse mich erst einmal auf den erfrischend kühlen Steinboden von Mias Balkon fallen und ruhe mich eine Weile aus.

Sofort kommt Jenny und bildet mit ihrem warmen Körper eine beschützenden Halbkugel, was einen unangenehmen Hitzestau verursacht.

»Jenny, rücke mir bitte etwas vom Pelz. Mir ist es zu warm für solche Schmusespielchen. Im Winter würde ich mir das gefallen lassen, aber nicht bei sommerlichen dreißig Grad.«

Heute ist sie gnädig. Trotzdem möchte sie nun mit ihrer Riesenzunge über meinen Gesichtspelz schlecken, und das kann ich überhaupt nicht ausstehen.

Ich mag Jenny wirklich, aber ihre Zunge mag ich absolut nicht.

Also gebe ich ihr mit der Pfote eins auf die Nase, damit sie weiß, daß sie das lassen soll.

Dieser Nasenknuffer schadet unserer Freundschaft in keiner Weise.

Weil Morle nicht nach draußen gehen mag, leiste ich ihm eine Weile Gesellschaft, bevor ich mich auch auf den Heimweg mache.

Ich komme gerade rechtzeitig.

Mizzi ist zurückgekommen.

Die Kleine hat sie schon öfters gesehen, war sich aber nicht sicher, ob es auch wirklich die Mizzi ist.

Trotz der unverkennbaren Merkmale, wie Mittelscheitel und Schlappohren.

Sie ist so groß geworden.

Jetzt treibt sie sich schon ein paar Tage auf meiner Wiese herum und beobachtet ihren ehemaligen Balkon, wo sie damals gewohnt hat.

Die Kleine ruft Mizzi und spricht mit ihr.

Na, na, na!

Mizzi liebäugelt in vertrauter Weise mit meiner Kleinen, und das sagt ihr, daß es Mizzi ist.

»Eine fremde Katze wäre nicht so zutraulich«, sagt sie zu dem Großen, während die Zutrauliche auf meine Außenverbindung schielt.

Ich hoffe, Mizzi wird mittlerweile wissen, was ein fremdes Revier ist, und daß sie nicht mehr in meine Wohnung kommen kann.

Obwohl ich meiner Kleinen unterstelle, daß sie es putzig und lieb finden würde, wenn Mizzi uns hier oben mal wieder besucht.

Das wäre der hundertprozentige Beweis ihrer Identität.

Nein, das traut sie sich nicht.

Mizzi weiß, was ein fremdes Revier ist.

Sie ist ja ein stattliches Mädel geworden. Sie würde gut zu mir passen.

Umfangmäßig.

Heilsarmee

Meine Kleine möchte ein Bad nehmen und stellt fest, daß eine niedliche kleine Babykreuzspinne in die Wanne gerutscht ist.

Offensichtlich kommt sie ohne Hilfe nicht wieder heraus, weil sie an den glatten Keramikwänden immer wieder ins Wanneninnere gleitet.

Früher hätte die Kleine sie einfach und skrupellos durch den Abfluß gespült.

Heute überlegt sie, ob sie die Spinne mit bloßen Händen rettet oder besser den Haarkur-Tiegel als Transportmittel benutzen soll.

Weil Kreuzspinnen angeblich giftig sein sollen, entscheidet sie sich für den Haarkur-Tiegel und bietet ihn als Rettungsfloß an.

Dankbar steigt die erschöpfte Spinne auf den Deckel des Tiegels und ruht sich erst einmal aus, während meine Kleine darauf achtet, daß sie ja nicht von dem glatten Ding abrutscht.

Sie eilt mit der Haarkur-Spinne zum Balkon.

Der Spinne behagt das Gehopse ganz und gar nicht, und angesichts der für sie riesengroßen Kleinen fängt sie an zu krabbeln.

Jetzt wird die Kleine hektisch, weil eben die längst verbannte Angst vor Spinnen in ihr hochkommt und ihr Blut gefrieren läßt.

Die Gerettete turnt haltlos auf dem Haarkur-Tiegel herum und kommt ab und zu in gefährliche Nähe der Finger meiner Kleinen.

»Wenn sie mich jetzt beißt, kriege ich sicher wieder eine Allergie oder schlimmeres«, denkt die Kleine, und sie dreht und wendet die Dose, so daß sie die Spinne immer im Auge hat.

Je mehr sie sie dreht und wendet, um so unruhiger wird die Spinne.

»Fritzel, geh mir aus den Weg«, quietscht sie hektisch, als ich ihr folge und vor ihre Füße laufe.

Sie muß über mich steigen, wenn sie nicht fallen will.

»Hilfe, Hilfe! Sie krabbelt mir gleich die Arme hoch!«

Mein Großer springt auf und fragt sich, was zum Teufel da passiert. Weil die Kleine so total außer sich ist, will er sie retten, was immer ihr auch geschehen ist.

Als sie dann mit dem Haarkur-Tiegel samt Spinne auf den Balkon stolpert, kriegt er einen Lachkrampf, wie die Kleine die Dose in ihren Händen kugelt und auch noch aufpaßt, daß das Spinnchen ja nicht abstürzt.

Lachend steht er vor ihr und versperrt ihr auch noch den Weg ins Freie.

Es bleibt ihr nicht anderes übrig, als den Spinnentiegel in die Kletterranke zu schleudern.

Sie hofft, daß die Spinne sich in die Blätter retten kann, bevor der Tiegel auf den Boden donnert.

Dann holt sie erst einmal Luft.

»Was war denn das jetzt«, will mein Großer wissen.

»Och, da war nur eine Spinne in der Badewanne, und ich habe sie bloß in die Blumen umquartiert.«

»So, so. Bloß in die Blumen umquartiert.«

»Ja, bloß umquartiert!«

»Ich habe schon befürchtet, drinnen wäre ein Wespenschwarm eingefallen, bei dem Theater, was du abgezogen hast.«

Die Kleine kriegt einen roten Kopf und geht wortlos wieder in die Wohnung.

»Ich habe nicht gewußt, daß du eine Heilsarmee für Tiere gegründet hast«, witzelt er hinter ihr her.

»Jetzt weißt du es!«

Irgendwie erinnert mich dieses Gespräch eben an die Unterhaltungen zwischen Nickel und mir.

Die Kleine ist schon recht seltsam geworden.

Nichts gegen Tierliebe, aber wenn sie demnächst noch anfängt, die Stubenfliegen zu füttern, dann muß ich mir wohl ein paar ernste Gedanken machen.

Noch eine Rettung

In einem der Blumenkästen auf dem Balkon hat sich eine Grille häuslich eingerichtet.

Meiner Kleinen gefällt das, und wenn sie wüßte, was Grillenmännchen bevorzugen, würde sie sie mit dem entsprechenden Komfort verwöhnen. Sie weiß nicht, daß Grillenmännchen nur das Eine wollen.

Ein Weibchen.

Dafür existieren sie und rufen den lieben langen Sommer nach einer Partnerin.

Der Große findet den Grillenkrach direkt auf unserem Balkon lästig, aber die Kleine überredet ihn, den Sänger in Ruhe zu lassen.

Sein Weibchen, nach dem er so hartnäckig ruft, spaziert derweil seelenruhig bei uns durch die Wohnung.

Ich merke das sofort, als ich nach Hause komme.

Natürlich mache ich Jagd auf die dreiste Grille.

Ich schnappe sie, kaue kurz und spucke sie wieder aus, weil sie mir nicht schmeckt.

Aber sie bewegt sich noch, und das animiert meinen Spieltrieb.

Ich stelle ihr nach, während meine Kleine versucht, das Grillenmädel zu retten.

Sie wagt es nicht, sie anzufassen, und irgendwann ist sie dann tot. Ermordet von mir aus niedrigsten Gründen.

Natürlich ist die Kleine sauer.

»Jetzt hast du ihn zum Witwer gemacht, und er brüllt sich umsonst das Herz aus dem Leib. Du Mörder!«

Die Kleine ist echt stinkig.

Was kann ich dafür, wenn sie ihre Courage unterschätzt und das Mädel nicht anfassen mag?

Tatsache ist, daß diese Grille widerrechtlich in meine Wohnung eingedrungen ist.

Das muß ich mir doch nicht gefallen lassen.

Da könnte ja jeder kommen.

Ich ziehe vorsichtshalber mein Genick ein und trolle mich auf den Balkon.

Ich finde, sie übertreibt ihre Tierliebe so langsam.

Wegen einer Grille macht sie mich derart nieder.

Sie fabriziert einen Orkan im Fingerhut.

Das merke ich mir.

Der Witwer zwitschert munter weiter.

168

Woher soll er auch wissen, daß ich gerade seine Zukünftige brutal und heimtückisch gekillt habe?

»Laß ihn bloß in Ruhe! Das kannst du dir nicht noch einmal erlauben«, höre ich die Kleine hinter mir, als ich mich dem bewußten Blumenkasten nähere.

Also gut! Er hat sich sowieso unter dem Kasten versteckt. Da komme ich nicht an ihn dran, und das fuchst mich.

Am nächsten Morgen stellt mein Großer fest, daß der Grillenwitwer unsere Wohnung durchsucht hat.

Die ganze Nacht muß er nach seiner Liebsten gefahndet haben, und ich habe nichts gemerkt.

Also, das ist doch ...

Jetzt hat er sich in die Abstellkammer verlaufen und findet den Ausgang nicht mehr.

Zaghaft ruft er um Hilfe.

Mein Großer möchte den kleinen Kerl befreien, aber dieser verschmäht die Hilfestellung aus berechtigter Angst. Erst einmal ist der Große ihm viel zu groß, und dann warte ich vor der Tür, um ihn in Empfang zu nehmen.

Also lassen wir das, denkt der Große.

Wer nicht will, der hat.

Er packt sein Schwimmbündel und hofft, daß der Grill doch noch den Weg aus seinem Gefängnis findet.

Ich werde ihn überwachen.

Meine beiden verbringen den ganzen Tag im Schwimmbad, und am Abend sind sie eingeladen.

Keiner denkt mehr an den Grill, als dieser, kurz bevor sie die Wohnung verlassen wollen, durch ein erschöpftes Piepsen auf sich aufmerksam macht.

Vor allem mich macht er aufmerksam.

Die Kleine merkt es erst, als ich mich vor der Abstellkammer in Jagdpose verrenke und heftig maunze.

Mein Maunzen vermischt sich mit dem kaum noch hörbaren Piepsen des Grillers.

Jetzt wird sie wieder ganz unruhig.

Sie ist schon spät dran, und nun soll sie auch noch den Grillie vor ihrem Tiger retten.

Das setzt voraus, daß sie die Kammer leer räumt.

Stück für Stück befördert sie die Sachen auf den Flur, wobei ich ihr umständlich durch die Beine schlendere, weil ich mit meiner Nase ganz nah dabei sein muß.

Immer wieder schiebt sie mich beiseite, und das paßt mir überhaupt nicht.

So kann ich ja gar nichts sehen.

Meiner Kleinen paßt das auch nicht, weil sie es eilig hat.

Als die Kammer leer ist, krabbelt Klein-Grillie natürlich immer wieder weg.

Er kennt ja schließlich nicht die edle Absicht meiner ach so tierlieben Heilsarmeekleinen.

Sie will ja nur seine verlorene Seele retten, aber er unterstellt ihr übelste Absichten. Obwohl er noch immer nichts von dem Mord an seiner Geliebten ahnen kann.

Jetzt kommt meine Kleine in Rage, weil der Blödmann ihr immer wieder entwischt.

»Entweder du kommst jetzt her oder ich zerquetsche dich. Dann ist auch Ruhe. Da ist man hilfsbereit, will ihn vor dem sicheren Hunger oder Fritzeltot retten, und der stellt sich so undankbar an«, japst die Kleine abgekämpft.

Ja, es ist ziemlich eng in dieser Kammer.

Der Undankbare dreht noch vier Runden die Wände entlang und hüpft dabei ununterbrochen.

Endlich kommt die Kleine auf die glorreiche Idee, ein Glas zu Hilfe zu nehmen.

Dieses stülpt sie über den Grill, schiebt ein Papier darunter und ärgert sich, daß ihr das nicht schon vor einer halben Stunde eingefallen ist.

Sie transportiert die Grille im Glas zum Balkon, und ich begleite sie lauernd.

Vielleicht entwischt er ihr, und es ergibt sich doch noch die Gelegenheit zur Jagd.

Leider hat sie ihn fest im Griff, und schließlich kippt sie ihn auf die Wiese.

Er hat sich nicht einmal bedankt, dieser Flegel.

Die Kleine räumt die Kammer wieder ein, dann gehen sie aus.

Und ich mache mir so meine Gedanken.

Sie verschwendet neuerdings wirklich ziemlich viel Zeit auf ihre Freunde, die Tiere.

Ich könnte gerade neidisch werden, bei soviel Fürsorge.

Wo soll das bloß noch hinführen?

Urlaubswaise

Seit ein paar Tagen fällt es meiner Kleinen auf, daß mein Bruder Morle sich verdächtig oft bei uns herumtreibt.

Ich weiß es ja schon lange und sie eigentlich auch, aber sie hatte es wieder vergessen.

Mia ist für ein paar Wochen zu ihrer Tochter gefahren.

Morle konnte sie nicht mitnehmen, weil es dort zwei Katzen gibt, die sich nicht mit meinem Bruder verstehen oder umgekehrt.

Nun ist er Urlaubswaise geworden.

Bestens versorgt, aber ohne Streicheleinheiten.

Die holt er sich bei uns, und er kriegt sie auch gerne.

So sitzt er morgens, pünktlich um sieben Uhr vor unserer Schlafzimmertür und wartet dezent, bis meine Kleine aufwacht.

Das dauert im Moment etwas länger, weil sie Urlaub hat und ausschlafen kann.

Morle hat Nachsicht und legt sich brav vor die Tür, wobei er die Augen meiner Kleinen beharrlich im Visier hat.

Sobald sie ihre Augen öffnet, kommt er an ihr Bett und schmust mit ihrer Hand oder mit dem Fuß. Je nachdem, was von ihr gerade aus den Federn hängt.

Weil sie heute Nacht später ins Bett gekommen ist, wird es wohl noch länger dauern, bis sie aufwacht, und so hilft Morle etwas nach.

Zuerst schleckt er mit seiner rauhen Zunge über ihren Arm, und als das nichts nützt, grapscht er unter die Decke nach ihren Füßen, die sie im Schlaf bewegt.

Die Kleine wacht kurz auf, ohne zu bemerken, daß Morle ihr einen Kratzer verpaßt hat, streichelt flüchtig über seinen Kopf und schläft wieder ein.

Da muß er schon schwere Geschütze auffahren, denkt er, und schon latscht er über das Bett.

Jetzt wird mein Großer wach, und dem gefällt es gar nicht, daß Morle in seinem Bett herumturnt.

»Jetzt übertreibt er aber«, faselt er schlaftrunken.

»Morle, das geht auf keinen Fall, daß du uns so früh aufweckst.«

Wieso eigentlich nicht, denke ich.

Was heißt hier früh?

Es ist immerhin schon acht Uhr, und sie wollten doch Schwimmen gehen, weil es heute voraussichtlich so heiß werden soll.

Morle legt sich neben das Bett meiner Kleinen, und sie schenkt ihm ein paar Streicheleinheiten.

Als sie nach einer Stunde noch immer nicht bereit sind, endlich aufzustehen, trollen wir uns, und zwar ohne Frühstück.

Wir sehen zu, daß wir vor der großen Hitze in unseren schattigen Garten kommen.

Einbrecher

Der Sommer ist in diesem Jahr so gnädig, daß es schon ungnädig wird.

Ein Sommer zum Verlieben, sozusagen.

Seit dem Siebenschläfer schenkt er uns nun schon Wärme, die in Hitze ausartet.

Das Quecksilber sinkt nicht mehr unter dreißig Grad seit nun schon acht Wochen.

Meine Kleine hat echte Probleme.

Früher hat ihr das weniger ausgemacht.

Früher hat es sich aber auch zwischenzeitlich schon mal abgekühlt.

Sie erinnert sich an die Sommer ihrer Kindheit.

Da war es ununterbrochen heiß. Es gab ein paar kräftige Gewitter, die alles bewässert und gereinigt haben, und danach war es wieder schön.

Wenn sie an die Sommer der letzten Jahre denkt, so war es nach einem Gewitter stets tagelang regnerisch und deutlich kühler.

Dieser Sommer ist wie die aus ihrer Kindheit, und sie genießt ihn wirklich.

Wenn nur nicht ihre verfluchten kleinen Füße wären.

Diese kleinen Füße meiner Kleinen sind abends immer dermaßen heiß, daß Brandgefahr besteht, wenn sie über den Teppich barfüßelt.

Seit es so heiß geworden ist, scheinen ihre Füßchen die Hitze des ganzen Tages aufzunehmen, um sie nachts wieder abzugeben.

Alle paar Minuten steht sie in dem Eimer mit Wasser, und ich glaube sogar, ein Zischen zu hören, wenn sie eintaucht.

Nachts ist es besonders schlimm.

Ihre kleinen Glühfüße lassen sie nicht zu Ruhe kommen.

Heute Abend sitzen meine beiden auf dem Balkon, und sie tun nichts.

Absolut nichts, außer dazusitzen und auf einen Luftzug zu warten.

Die Kleine hängt herum, die Füße im Wasser, als sie plötzlich stutzt.

»Da ist doch jemand drüben in der Wohnung. Die Frau, die Morle füttert, sehe ich immer um acht. Jetzt haben wir elf Uhr, und Morle läuft auch da unten herum. Der müßte schon längst im Haus sein. Das gefällt mir gar nicht. Da stimmt etwas nicht«, meint die Kleine besorgt.

»Ich sehe mal nach den Rechten«, sagt mein Großer, und schon ist er unterwegs.

Ich könnte ihn aufhalten, mag aber nicht.

Etwas Bewegung wird ihm gut tun.

Er klingelt bei Mia und wartet. »Es macht niemand auf«, ruft er nach einer Weile.

»Aber es muß jemand drüben sein. Da! Jetzt habe ich schon wieder etwas Weißes am Fenster gesehen. Wenn da einer eingestiegen ist, wird er dir wohl kaum die Tür öffnen. Oder?«

»Ich gehe mal nach hinten zum Balkon.«

»Sei vorsichtig«, ruft die Kleine nervös.

Sie holt das Telefon und wählt Mias Nummer.

Sie versucht, den Einbrecher abzulenken, während mein Großer den Balkon kontrolliert.

Sie wird es zehn Mal klingeln lassen und danach sofort die Polizei anrufen.

Ich könnte sie aufhalten, aber ich mag nicht.

Sie preßt den Hörer ans Ohr und wartet gespannt.

Ihr Kopf macht gerade in Sachen Hitze ihren Füßen Konkurrenz.

»Ach, Sie sind schon zurück«, sagt sie plötzlich erleichtert.

»Da bin ich aber froh, daß Sie es sind. Ich dachte schon an Einbrecher.«

Die Kleine erfährt nun, daß Mia früher abgereist ist, weil sie Sehnsucht nach Morle hatte. Sie stand gerade unter der Dusche, und darum hat sie auf das Klingeln vorhin nicht reagiert.

»Dann ist ja alles in Ordnung«, sagt die Kleine noch und verabschiedet sich von Mia.

Ich hätte ihr gleich sagen können, daß drüben alles in Ordnung ist, aber sie hat mich ja nicht gefragt.

Ich weiß schon lange, daß Mia wieder da ist, und daß sie Morle noch einmal rausgelassen hat.

Ja, ja. Die Hitze.

Man sieht viel mehr, als eigentlich ist.

Aber die Phantasie kann man halt nicht verurteilen.

173

Grillegrille

Nickel kommt immer später heim.

Seit die Kleine so hartnäckig hinter ihr her ist, um sie mit der Ekzemsalbe einzuschmieren, macht sie sich rar.

Nickel glaubt, sie kann sich der Einbalsamierung entziehen, indem sie sich recht lange auswärts herumdrückt.

Wenn sie annimmt, daß die Kleine schon schläft, schleicht sie sich dann auf den Balkon.

Aber sie kann sich noch so lautlos heimschleichen, die Kleine kriegt es mit.

Sobald sie den Sessel knacken hört, weiß sie, Nickel ist angekommen.

Sie schnappt sie und reibt ihren Pickelbauch mit der Creme ein.

Danach kriegt die Gesalbte noch ein paar Pastetchen als Belohnung oder Entschädigung.

Je nachdem, wie heftig Nickel sich gewehrt hat.

Manchmal muß meine Kleine auch leichte Gewalt anwenden.

Seit einer Woche hat sie Urlaub.

Seit einer Woche gehen sie täglich ins Schwimmbad.

Seit einer Woche liege ich den ganzen Tag im abgedunkelten Schlafzimmer.

Heute morgen hat sie festgestellt, daß sich schon wieder eine Grille in die Abstellkammer verirrt hat.

»Da bleibt sie auch«, sagt sie.

»Ich habe keine Lust, schon wieder das Zimmer auszuräumen. Mir ist es zu warm.«

Na, na, na!

Das geht aber nicht, denke ich.

Du kannst doch nicht die arme Grille in der Kammer verschimmeln lassen.

Sie kann es.

»Ich gehe einkaufen«, sagt sie zu dem Großen.

»Und übrigens ist schon wieder eine Grille in der Kammer. Vielleicht kannst du mal nachschauen.«

Dann packt sie die Kühlzellen in die Tasche und geht.

Also, wenn sie die Kühlzellen mit zum Einkaufen nimmt, ist das der eindeutige Beweis, daß sie den Metzger aufsucht.

Ich werde auf sie warten.

Der Große durchsucht kurz die Kammer, kann die Grille aber nicht ausmachen.

Logisch, sie hat sich wieder versteckt.

Als die Kleine zurückkommt sagt er, daß er sie nicht gefunden hat, aber sicher würde sie alleine wieder herausfinden.

Meiner Kleinen gefällt das nicht, aber sie will abwarten.

Also doch.

Nachdem ich einige Häppchen vom Metzger abgestaubt habe, ziehe ich mich in mein kühles Zimmer zurück und halte Siesta.

Meine beiden gehen wieder Schwimmen.

Die Grille nervt mich.

Sie zirpt in einem fort, doch sie wird schon schwächer.

Das merkt auch die Kleine, als sie wieder zu Hause ist.

»Du nervst mich«, sagt sie nach einer Weile zu der Grille, die sie nicht finden kann.

»Aber du magst sie doch«, wundert sich mein Großer.

»Ja, aber es nervt mich, dauernd daran zu denken, daß sie doch nicht den Ausgang findet und verhungert. Und das Zirpen erinnert mich ständig daran, daß ich eigentlich die Kammer ausräumen sollte.«

Am Abend hat die Grille meine Kleine dann soweit.

Der Große darf die Kammer ausräumen, und die Kleine sperrt sich mit einem Glas darin ein.

»Hast du sie«, fragt der Große ungeduldig.

»Nein, sie ist nicht mehr da. Du mußt sie mit ausgeräumt haben.«

Sie durchsuchen alles, was er rausgestellt hat, aber sie können die Grille nicht finden.

»Sie muß noch drinnen sein!«

Also geht die Kleine wieder rein und sucht.

Mein Großer und ich lauern gespannt vor der Tür.

»Sie wird das schon machen«, zwinkert er mir zu.

Hattest du da etwa Zweifel, denke ich.

»Da ist sie ja«, jubelt die Kleine.

Bald darauf kommt sie mit der Grille im Glas heraus, und mein Großer darf ihr auf dem Balkon die Freiheit schenken.

»Meinst du, das war der Witwer, der hier oben sein Weibchen verloren hat«, fragt mein Große.

»Er hat sich genauso angehört.«

»Ich will es nicht hoffen«, wehrt die Kleine ab.

»Dann ist er unbelehrbar und kommt bestimmt wieder. Und wir können alle paar Tage die Abstellkammer ausräumen. Das hätte mir noch gefehlt.«

Ich könnte sie beruhigen.

Er war es nicht.

Der Witwer war ein undankbarer Flegel.

Diese Grille bedankt sich gerade mit einem Ehrenlied für meine Kleine.

Das Monster im Schlafzimmer

Das Wetter meint es in diesem Jahr nicht so gut mit dem Urlaub meiner Kleinen.

Die zweite und die dritte Woche waren fast nur verregnet.

Das hat zur Folge, daß sie die Abkühlung und die momentane Abwesenheit meines Großen ausnutzt und die Wohnung etwas auf den Kopf stellt.

Daß sie sich dabei leicht verausgabt, war abzusehen.

Jetzt hat sie einen Putzschnupfen oder eine Hausstaub-Allergie oder wie sie das nennt. Geschwollenen Augen, Rotznase und Asthma-Anfälle. Na ja. Wenn sie auch gleich immer so übertreiben muß.

Das hat sie nun davon.

Aber das gute Gefühl, nachdem alles mal wieder durchforstet, entrümpelt und geordnet ist, heilt die Symptome rasch wieder.

Den dazugehörigen Schlaf gönne ich ihr.

Ich lasse sie ausschlafen, was dank der angenehmen Abkühlung auch wieder möglich ist.

Ich verlange nicht einmal mein Frühstück und gehe nüchtern aus dem Haus, obwohl die Kleine meint, man soll nicht nüchtern aus den Haus gehen, weil man so einen Herzinfarkt riskiert.

Trotzdem lasse ich sie schlafen, gehe nüchtern und riskiere einen Herzkasper.

Ich muß noch mal kurz raus, denn diese Gewitter, die sich nun schon seit Stunden im Kreis um uns drehen, versorgen mich mit ängstlicher Nervosität.

Das drückt mir auf die Blase.

Die Kleine wird auch nicht mehr lange schlafen, weil sie bestimmt auch nervös wird.

Mein Großer liebt Gewitter.

Logisch!

Er findet das Lichterspiel der Blitze phantastisch.

Ist es ja auch.

Er hat es ja auch nicht erlebt, wie damals ein Blitz seine Kleine und seinen Bubele samt Nickel fast ins Jenseits beförderte.

Die Kleine hat Vorsorge getroffen.

Sie stellt ihr Bündel mit wichtigen Unterlagen und Wertsachen griffbereit neben die Taschenlampe und tigert aufgeregt durch die Wohnung. Sie ist auf der Suche nach einem Fluchtweg für den Fall, daß ein Blitz unsere Wohnung in Brand setzt.

Ich bin überzeugt, daß sie im Fall des Falles Akten und Wertsachen vergessen und statt dessen erst ihre Katzen in Sicherheit bringen würde. Aber, wie das in solch einem Fall ist, man weiß nie, wie man reagiert.

Jedenfalls wird es uns nicht unvorbereitet treffen, weil sie, wie auch heute, bei jedem Gewitter den Notfall probt.

Aha, es ist wieder soweit, denke ich, als ich heimkomme.

Sie sind da.

Die Gewitter, und mein Großer ist auch wieder da. Ich muß ganz schön getrödelt haben, weil er sogar schon im Bett liegt und liest.

Die Kleine simuliert also ihren Ernstfall und macht sämtliche Lichter an, weil sie Blitze nicht ausstehen kann.

Eigentlich müßte sie ja bei solch einer Übung einen Helm tragen.

Ich geselle mich zu meinem Großen, begrüße ihn kurz und beobachte mit ihm, wie die Kleine durch die Wohnung geistert und den Einsatzplan erstellt.

Es paßt ihm nicht, daß das Licht in der ganzen Wohnung seinen Blitzgenuß verhindert.

Also kommt sie ins Schlafzimmer, um es abzudunkeln und ihm so seine Vorstellung zu ermöglichen.

Plötzlich bleibt sie stehen.

»Bewege dich nicht, drehe dich ja nicht um! Ich komme gleich wieder«, zischt sie flüsternd und rennt in die Küche.

Mein Großer ist ziemlich baff und wundert sich, doch er dreht sich ums Verrecken nicht um.

Warum auch immer er sich nicht umdrehen soll, er will es nicht wissen.

Er kommt sich vor wie in einer Gruselszene.

Wenn er sich nun umdreht, wird das Grauen ihm in die Augen starren, ihn anfallen und gnadenlos niedermetzeln.

Mit gemischten Gefühlen und verkrampftem Genick harrt er aus und überlegt, ob er sich nicht doch umdrehen soll.

Nein!

Das Entsetzen, das er in den Augen meiner Kleinen gesehen hat, hält ihn starr, und er wagt es nicht.

So langsam kriegt er ein Gefühl von Bewegung hinter seinem Kopf.

Nach einer Ewigkeit kommt die Kleine zurück, und sie zittert am ganzen Körper.

Sie gruselt sich, daß es sie schüttelt, aber sie pirscht sich draufgängerisch neben das Bett meines Großen.

Die Blitzorgie, die durch das Fenster ins Schlafzimmer dringt, steigert die Spannung ins Gespenstische, daß es beinahe unerträglich wird.

Sie hält inne, weil sie sich geekelt abwenden muß.

Sie muß jetzt allen Mut aufbringen, den sie besitzt. Sie sammelt sich und hofft, daß sie gleich beim ersten Mal trifft.

Sie hat nur einen Versuch, und der muß erfolgreich sein.

Es wäre nicht auszudenken, wenn sie entwischt.

Wacklig fixiert sie das Glas und stülpt es auf die Wand, daß es einen Sprung kriegt.

»Hab' ich dich?«

Sie hat.

Nun muß sie sich erst einmal wieder beruhigen.

Eine falsche Bewegung, und das Monster entwischt.

Sie weiß, daß sie unberechenbar schnell und wendig sind.

Wenn sie jetzt einen Fehler macht, hat sie heute Nacht und auch die folgenden Nächte nichts zu Lachen.

Also drückt sie das Glas gegen die Wand, und ich hoffe, daß der Sprung sich nicht zum Bruch mausert.

Dann schiebt sie eine Postkarte zwischen Glas und Wand, und die Spinne ist gefangen.

Nun dreht sich der Große endlich um, und er schüttelt sich ebenfalls angewidert.

Eigentlich hatte meine Kleine ihre Spinnenneurose unter Kontrolle. Aber angesichts dieses dunklen, haarigen Giganten, der das ganze Wasserglas ausfüllt, hat nun die Neurose sie eingeholt und voll im Griff.

Sie muß das Glas verschlossen halten und sich beherrschen, weil sie vor Schütteln und Zittern fast nicht laufen kann.

Wenn sie jetzt stolpert...

Die Riesenspinne krabbelt im Glas, und die Kleine hat ein Gefühl, als wäre sie auf ihrer Hand.

Aber sie ist tapfer.

Die Angst, daß sie entwischt, stärkt ihren Willen, die Spinne aus dem Fenster zu befördern.

Was sie auch tut und gleich darauf einen Hustenanfall kriegt, weil sie die ganze Zeit lang die Luft angehalten hat.

»Mein lieber Schollie! Das war vielleicht ein Exemplar. Stelle dir vor, ich hätte sie nicht erwischt«, japst die Kleine erleichtert und mit gehetztem Gesicht.

»Das wäre nicht auszudenken«, sagt der Große, von dem nun endlich die Spannung weicht.

Er meint es wirklich so.

Mit dieser Riesenspinne hätte er auf keinen Fall das Schlafzimmer teilen wollen.

Die war sogar ihm ein paar Nummern zu groß.

Die Kleine macht das Licht aus.

Der Große schläft ein, nachdem er den ersten Akt der Gewitterblitze genossen hat.

Dann setzt sie ihren Notdienst fort.

Noch eine ganze Weile ist sie von dem Gedanken besessen, daß diese Spinne wohl nicht die einzige in der Wohnung war.

Und wenn sie wieder ein Nest gebaut hat?

Sie wird die nächsten Tage darauf achten müssen, ob sich irgendwo ein wandelnder Fleck bildet.

Gegen drei Uhr haben sich die Gewitter ausgetobt, und die Kleine hat sich müde gezählt.

Auf durchschnittlich 45 Blitze pro Minute ist sie gekommen.

Stattlich, stattlich!

Mein Großer hätte seine wahre Freude daran, wenn er nicht alles verpennen würde.

Das hat er jetzt davon.

Neckische Spielchen

Regenzeit und Raupeninvasion

Der Sommer holt zur Zeit in Sachen Regen all das nach, was er bisher versäumt hat.

Es regnet fast ununterbrochen, und ich ziehe es vor, in der trokkenen Wohnung zu verweilen, weil ich immer noch nicht schwimmen kann.

Meine Kleine hat noch ein paar Tage Urlaub, und ich leiste ihr Gesellschaft.

Die letzte Woche wird gefaulenzt.

Wir sind nicht alleine.

Wir haben Gäste. Es sind die Gäste, vor denen es jedem leidenschaftlichen Pflanzenfreak graut.

Raupen!!!

Niedliche, kleine grüne Raupen, die schnell wachsen, weil sie schnell und viel fressen.

Besonders auf die Blüten der Lobelien haben sie es abgesehen.

Weil die meisten Blüten auf dem Balkon Lobelien sind, haben die kleinen Grünen ihr Schlaraffenland bei uns gefunden.

Das wäre nicht tragisch, bei dem Blütenmeer, welches die Kleine geschaffen hat.

Es ist für jeden genug da.

Außerdem würde ich ihr zutrauen, daß sie bei ihrer Tierverbundenheit die grünen Fresser adoptiert.

Wenn nur nicht diese kleinen, blauen Häufchen wären, die die Raupen unentwegt produzieren.

Mich stört das nicht, aber die Kleine mag nun mal keine kleinen, blauen Raupenhäufchen auf ihrem Balkon.

Darum macht sie sich auch jeden Morgen auf die Raupenjagd.

Die kleinen Blütenfresser sind durch ihre Farbe fast perfekt getarnt, doch sie erwischt immer ein paar und läßt sie auf die Wiese segeln.

Sie würde sie nie töten, denn sie weiß ganz genau, es sind Schmetterlingsbabys.

Vermutlich Zitronenfalter. Sie liebt Schmetterlinge.

Ich möchte wirklich mal wissen, was sie nicht liebt.

Aber Liebe ist ein süßes Leiden, und sie wird hart auf die Probe gestellt.

Wenn sie gerade eben eine Menge Zitronenraupen eingesammelt und entsorgt hat, so stellt sie wenig später an der Anhäufung der Knötchen unter den Blumenkästen fest, daß noch immer welche ihr Unwesen treiben.

Mit der Zeit merkt sie, daß sich der Schaden in Grenzen hält und die Blüten schnell nachwachsen.

Schneller als die Raupen.

Sie dürfen bleiben, und die Kleine gibt sich damit zufrieden, daß sie den Balkon abkehrt.

Aber das muß sie nun mehr als einmal täglich tun.

Wenn sich die Knötchen mit Wasser vermischen, gibt es tintenblaue Flecken, die sich nur schwer entfernen lassen.

»Wenn die alle in ihre Kinderstube zurückkommen, dann haben wir einen Schmetterlingszoo«, meint die Kleine.

Sie verdreht doch glatt wieder die Tatsachen zu ihren Gunsten, weil sie merkt, daß sie die Sache sowieso nicht in den Griff kriegen kann.

Ja, ja! Und wenn diese Schmetterlinge ihre Kinderstube als Kinderstube für ihre Nachkommen benutzen, dann muß sie sich echt etwas einfallen lassen.

Das sollte ich mir mal erlauben.

Mir hat sie die Schändung sämtlicher Blumen, Pflanzen und Blüten strikt verboten, als ich mich zwei, drei Mal spielerisch an ihnen vergriffen habe.

Ich bin ja auch kein Schmetterlingsbaby.

Spannungen

Ich habe mir ein neues Spielchen einfallen lassen.

Es soll meinen Alltag verkürzen oder wenigstens würzen.

Der Sinn des Spiels ist, Nickel nicht an ihr Futter zu lassen.

Wenn die Kleine aufsteht, kommt Nickel normalerweise genau in dem Moment vom Balkon herein, wenn die Kleine das Radio anmacht.

Sobald das Radio angeht, weiß sie genau, jetzt gibt es Futter.

Und weil ich weiß, was Nickel weiß, und weil es mir gefällt, sie zu ärgern, habe ich sie zwei, drei Mal tierisch erschreckt, als ich nach ihrem Eintritt quer durch das Wohnzimmer galoppiert bin.

Seitdem wartet sie immer demütig vor der Balkontür und blinzelt unter dem Vorhang durch, ob die Luft rein ist.

Weil sie durch den Vorhang nicht viel erkennen kann, muß sie sich auf ihr Gespür verlassen. Und auf ihren Zeitsinn.

Jedenfalls muß sie immer damit rechnen, von mir überrollt zu werden, wenn sie hereinkommt.

Sie kann sich ja ausrechnen, wie lange ich für mein Frühstück brauche.

Sie weiß, da ich danach noch solange das Bett hüte, bis mich die Kleine herausschüttelt.

Und weil ich weiß, was sie weiß, und weil es mir um so besser gefällt, sie noch mehr zu ärgern, lasse ich mir natürlich alle Zeit, die ich habe. Ich genieße mein Frühstück in Zeitlupe und absolviere mein anschließendes Pflege- und Dehnprogramm mit Gymnastikeinlagen mitten im Wohnzimmer auf dem Teppich.

Genau dort, wo die Tür zum Flur ist.

Nickel kann machen, was sie will, sie kommt nicht an mir vorbei.

Sie ist meiner Gunst ausgeliefert, und ich genieße das.

Sie kommt nicht durch zu ihrem Futter, und das fuchst sie maßlos.

Manchmal gebe ich sogar noch eins drauf und vergreife mich an ihrem Napf.

Eigentlich bin ich schon satt, aber ...

Dann brennt ihr haßerfüllter Blick auf meinem Pelz und wärmt mich bis in mein tiefstes Inneres.

Seit die Kleine meine linken Spielereien erkannt hat, wartet sie genau wie die Nickel.

Sie wartet, bis ich gefrühstückt habe und mich wieder verziehe.

Erst dann stellt sie Nickel ihren Futternapf hin und geleitet sie sogar in die Wohnung. Ich muß sagen, die beiden haben wirklich eine Mordsgeduld.

Ich aber auch.

Dann lasse ich sie halt beide warten, denn ich gebe zu, manchmal macht es mir auch höllischen Spaß, meine Kleine zu ärgern.

Damit sie sich meiner Liebe nicht allzu sicher ist, und wieder etwas um mich buhlen muß.

Wenn ich gar zu stur bin, und mich absolut nicht vom Schauplatz des Geschehens zurückziehen möchte, hat die Kleine ein Einsehen und stellt Nickels Napf auf den Balkon.

Jawohl! So muß das sein.

An den Hintereingang, sozusagen.

An den Lieferanteneingang.

Die Kleine meint, sie wischt mir damit eins aus, aber das stört mich wenig.

Wenn Nickel auf dem Balkon frühstückt, versäumt sie ihre Streicheleinheiten, die sie üblicherweise morgens noch kriegt, bevor die Kleine geht.

Ich kann es nicht leiden, wenn sie morgens in der Küche bei meiner Kleinen herumschwänzelt.

Das hört mir auf.

Da werde ich neidisch.

Und daß sich meine Kleine als Nickels Leibwächterin aufspielt, paßt mir sowieso nicht.

Zeit der Vergeltung

Nickel rächt sich.

Logisch!

Sie muß mir zeigen, daß ich mit meinen Aktionen absolut keine Chance habe, ihr Durchsetzungsvermögen zu untergraben.

Sie klebt wieder einmal heftig an meiner Kleinen.

Wann immer ich nach Hause komme, ist Nickel in der Nähe ihrer Leibwächterin.

So wie heute, als ich ziemlich spät heimkomme, weil ich die letzten Sommerabende draußen genieße.

Eigentlich sollte ich zu Hause sein, denn die Kleine ist alleine.

Sieht man mal von der Klettennickel ab.

Mein Großer ist zur Zeit wieder auswärts, was mir normalerweise zugute kommt, weil die Kleine dann immer besonders schmusebedürftig ist.

Aber der Sommer wird sich bald verabschieden, und ich fürchte, ich habe noch nicht genug von ihm abbekommen. Ich komme also spät heim und möchte meiner Kleinen, die gerade badet, Gesellschaft leisten.

Sachte stoße ich die Badezimmertür auf, begrüße sie und stelle fest, daß ich Nickel gegenüberstehe.

Demütig wartet sie, bis die Kleine fertig wird und sich dann ihr zuwendet.

Und wer kommt?

Und wer stört? Der rote Ollo kommt und stört diese niedliche Zweisamkeit!

Nickel faucht mich dermaßen giftig an, daß mir gar nichts anderes übrig bleibt, als den Rückzug anzutreten.

Es ist ein Rückzug im Rückwärtsgang, weil ich dem wütenden Biest keinesfalls meine Hinterpartie zuwenden möchte.

Und wieder fügt sie ihrer Liste der meistgebrauchten und beliebtesten Schimpfwörter mehrere Leckerbissen hinzu.

Das lähmt mir fast die Zunge.

Ich bin dermaßen platt über ihr riesiges Schandmaul, weil es absolut nicht ihrer Körpergröße entspricht.

Wie kann ein Eierbecher voll Katze bloß so ein unverschämtes Mundwerk haben?

Das gibt wieder eine saftige Revanche, meine Liebe.

Ich werde mir etwas Neckisches einfallen lassen.

Ich weiß auch schon, was.

Es ergibt sich von selbst.

Als die Kleine ins Bett geht, folgt die Klette ihr natürlich.

Sie ist so sehr damit beschäftigt, die Beine meiner Kleinen zu umschmeicheln, daß sie mich nicht wahrnimmt.

Ich liege nämlich schon lange auf der Bettdecke und döse.

Sobald Nickel mit gestelltem Schwanz und verrenktem Genick selbstvergessen neben der Kleinen herumwimmelt, gehe ich zum Angriff über.

Jetzt wird sie abgewimmelt.

Ich warte, bis die Entfernung zwischen uns kaum noch zehn Zentimeter beträgt. Dann baue ich mich auf, mache mich groß und fauche auf Nickel nieder, so daß sie sich flach wie eine Zigarettenschachtel auf den Boden preßt.

Ich fixiere sie eine lange Weile mit gelangweilter Verachtung.

Anschließend jage ich sie aus dem Schlafzimmer bis auf den Balkon.

So, das hat gesessen.

Zufrieden begebe ich mich zur Ruhe und habe nun doch noch etwas von meiner Kleinen.

Einbalsamierung

Nickel ist extrem verfressen geworden.

Es sieht so aus, als mampft sie sich einen Winterspeck an.

Andauernd bettelt sie um Futter.

Sie wird ja sogar hellhörig und gierig, wenn meine Kleine mit einem Spatel die Reste aus dem Cremetiegel löffelt. Sie denkt, es sei etwas Eßbares.

Ich bin sicher, sie wollte auch etwas davon abhaben, wenn die Kleine in der Nase bohren würde.

So was von Verfressen ist einfach obereklig.

Es mag auch sein, daß ihre Freßgier von den Injektionen kommt.

Seit Nickel ihr Ekzem hat, rennt die Kleine alle zwei Wochen mit ihr zum Weißkittel, um ihr die Anti-Ekzemspritzen verpassen zu lassen.

Danach wird es besser, bis die Wirkung nachläßt, und der Ausschlag von neuem beginnt, sich zu entfalten.

Die Kleine erkennt das an Nickels knallroten Ohren, die sie dann bekommt, weil sie ewig dran herumschrubbt.

»Aber das hat doch keinen Sinn«, meint die Kleine irgendwann.

»Diese Spritzen sind auf Dauer bestimmt ungesund. Da ist doch hundertprozentig Cortison drin.«

Cortison ist nicht gut fürs Mädele.

Zwar bessert sich der Ausschlag, aber mit Sicherheit leidet etwas anderes unter dieser Behandlung.

Die Kleine übernimmt ab sofort selbst die Behandlung der Cortisongeschädigten.

Sie hat nämlich herausgefunden, daß die Salbe, die dem Mädele zusätzlich verordnet wurde, auch zur Heilung beiträgt, und zwar genauso gut wie die Spritzen.

Nur hat Nickel sich immer gewehrt, wenn sie gesalbt werden sollte.

Seit sie aber spitzgekriegt hat, daß Salbe gleich Spritze minus Schmerz ist, läßt sie die Prozedur artig über sich ergehen.

Sie nimmt mit dem kleineren Übel vorlieb.

Außerdem erspart es ihr nervige Autofahrten und lästige Warterei im Weißkittelwartezimmer.

Sie haben sich da schon richtig eingespielt, meine Kleine und meine kleine Nickel.

Nach einer Salbung läßt die Kleine ihr Mädele dann für ein paar Tage in Ruhe, weil die Wirkung so lange anhält.

Wenn es dann wieder soweit ist, daß sich die Pickelchen heimlich auf ihre Haut schleichen, zeigt die Pickelnickel ihre glühenden Ohren und macht meiner Kleinen durch andauerndes Jammern deutlich, daß es wieder Zeit für die Salbe wird.

Dann legt sie sich hin, streckt den Bauch in die Luft und läßt sich einschmieren.

Trotz freiwilliger Bereitschaft mault sie dabei ununterbrochen.

Schließlich will sie ja nicht eingestehen, daß sie nachgibt, und daß es ihr guttut.

Das ist wieder typisch.

Sie macht, was sie will.

Ein Tagebuch könnte sie im voraus führen.

Als Entschädigung kriegt sie danach immer einen Extrahappen. Wahrscheinlich ist sie deshalb so verfressen geworden. Das ist auch typisch.

Um Haaresbreite

Meine Kleine trägt heute schwarze Leggings und ein schwarzes T-Shirt. Ich weiß gar nicht, warum sie mir schon die ganze Zeit aus dem Weg geht.
Ist sie vielleicht beleidigt?
Habe ich etwas angestellt?
Ich kann mich an nichts erinnern.
Dabei bin ich gerade heute wahnsinnig anlehnungsbedürftig.
Auf der Vorderseite ihres T-Shirts ist nämlich ein hinreißendes Katzenmädel abgebildet.
Entzückend, wie ihre türkisfarbenen Augen aus dem schwarzen Gesichtchen glitzern, welches in einem Hauch von silbernem Flaum eingebettet ist.
Wie soll man da widerstehen können?
Wie sie dasitzt, so niedlich, und ihre beiden Pfötchen akkurat nebeneinander ruhen.
Das Näschen, das sich zart vom Gesicht abhebt, und die Öhrchen, die in feinstes Silber eingerahmt sind.
Ich bin dermaßen hingerissen, daß ich glatt mein Frühstück ignoriere und statt dessen meine Kleine auf Schritt und Tritt verfolge.
Immer, wenn sie stehenbleibt, schmiege ich mich um ihre Beine und hinterlasse natürlich ein paar Haare an ihren Waden.
Normalerweise stört sie das nicht, daß sie zwei, drei und mehr Haare von uns mit sich herumschleppt, weil diese nicht sonderlich zu sehen sind.
Aber bei schwarzer Kleidung ist bereits ein Haar zuviel und erregt öffentliches Ärgernis.
Darum rennt sie auch durch die Wohnung, um meinen zärtlichen Annäherungsversuchen zu entgehen.
Natürlich hat sie keine Chance.
Ich bin schneller.
Doch ich habe ein Einsehen.
Schließlich will ich nicht, daß sie ständig damit beschäftigt ist, sich mit der Fusselbürste zu enthaaren.
Sie ist deswegen schon ganz schön spät dran.

Also lasse ich von ihr ab und genieße mein Türkismädel aus gebührendem Abstand.

Ich werde sie heute mittag erwarten, wenn sie zurückkommt.

Dann hat diese Kleidung ihre Schuldigkeit getan und wandert in die Wäsche.

Ein paar rote Fritzelhaare sind dann nicht mehr tragisch.

Aber einmal muß ich noch an sie dran.

Zum Abschied, sozusagen.

Noch einmal schmusen, dann gebe ich Ruhe.

Ich verziere ihr zum achten Mal die Waden und gehe frühstücken.

Sie säubert sich, wie sie es nennt, zum achten Mal.

Ich nenne es Vernichtung von Fritzel-Andenken.

Eigentlich sollte ich beleidigt sein, aber ich verstehe das.

Plötzlich fängt die Kleine an zu maulen.

Gerade, als sie das Haus verlassen will, kommt die Nickel angetrabt. Sie möchte meiner Schmeichelei in keiner Weise nachstehen und schenkt ihr auch ein paar Härchen.

Dann kann ich ja auch noch mal, damit sie nicht einseitig ist.

Jetzt ist eine Wade rothaarig, und eine ist grauhaarig.

Hübsch!

»Jetzt ist aber Schluß mit der Anmache. Ich muß ja auch noch etwas arbeiten. Laßt mich jetzt bloß in Ruhe, sonst kann ich mir freinehmen, weil ich mit der Fusselbürste nicht mehr nachkomme«, stöhnt sie.

Aber sie ist nicht sauer.

Sie ist selbst schuld.

Was muß sie auch schwarze Sachen anziehen? Sie weiß genau, daß schwarze Sachen Fussel zu Glühen bringen. Und Katzenhaare sowieso.

Die Kleine flüchtet aus der Wohnung, und sie nimmt die Fusselbürste mit.

Vermutlich entfernt sie unsere Andenken im Treppenhaus.

Dort sind die Chancen günstig, nicht gleich wieder mit Haaren paniert zu werden.

»Das war mir eine Lehre«, höre ich sie noch durch die geschlossene Tür brummeln.

»Ich werde sämtliche schwarze Sachen aus meinem Kleiderschrank verbannen. Ich kann sie doch nicht tragen, bei meinen zwei Haarverschwendern.«

Ja, also ich würde auch gleich die schwarzen Sachen aus dem

Kleiderschrank verbannen, wenn ich sie doch nicht tragen könnte, bei den zwei Haarverschwendern, äffe ich die Kleine nach.

Ich bin stolz, daß sie schon wieder etwas von mir gelernt hat.

Am Nachmittag erwarte ich die Kleine mit Ungeduld.

Ich kann es kaum noch aushalten.

Als sie endlich kommt, darf ich sie so richtig nach Herzenslust abschmusen.

Ja, ich folge ihr sogar durch das Treppenhaus.

Normalerweise meide ich das Treppenhaus, wegen der Leika. Heute vergesse ich, daß ich es mir verboten habe, und ich verziere ihre Leggings bis zu den Knien.

»Ja, ja, Fritzel. Es ist ja schon gut«, ist ihr leicht gleichgültiger Kommentar.

»Du wirst dich schon wieder auf die Rolle kriegen. Oder?«

»Nö«, meckere ich knapp und fahre dort fort, wo ich heute morgen in meiner Gutmütigkeit unterbrochen habe.

Nämlich mit der Anmache der Pussi auf dem Hemd.

Immer bin ich bei Fuß, beziehungsweise bei Wade.

Und als sie dann ins Badezimmer geht, kann ich vom Klodeckel aus den Rest ihrer Kleidung mit meiner Pracht dekorieren.

»Das machst du voll mit Absicht. Nicht wahr, Fritz?«

Natürlich! Was sonst, denke ich beschwingt und drücke dem Kätzchen auf dem Hemd noch einen Schmatz auf das Näschen.

So, das war auch schon alles, was ich wollte.

Vorher hätte ich keine Ruhe gegeben.

Sie hat Fritz gesagt.

Sie sollte lieber mal die Katzenhaare an ihrer Kleidung entfernen.

Das sieht vielleicht aus.

Also ehrlich!!!

Ich würde mich schämen.

Sehnsucht

Gegen alle Versprechen, die mir meine Kleine gegeben hat, haben meine beiden sich zum Verreisen überreden lassen, und ich bleibe einsam zu Hause. Mittlerweile weiß ich natürlich, daß sie wieder zurückkommen und daß ich bestens versorgt sein werde, aber die Nächte sind halt sehr mager, wenn ich meine Kleine nicht bei mir habe.

Das Bett ist ohne sie zu groß.

Ich nehme mir vor, diese Einsamkeit zu überstehen.

Es sind nur zwei Tage, die ich sie zu entbehren habe.

Elki übernimmt die Rolle des Katzensitters, und ich habe nicht den geringsten Zweifel, daß sie ihren Job optimal erledigt.

Sie sollte sich nur ein wenig weniger um Nickel kümmern.

Dieses Weib zieht immer sämtliche Zuneigung auf sich.

Ich werde die Abwesenheit meiner Leute für einen ausgedehnten Besuch bei Morle nutzen.

Mia nimmt mich herzlich auf, und weil sie weiß, daß drüben niemand da ist, darf ich sogar über Nacht bleiben.

Ich darf im Gästebett schlafen und müßte mich eigentlich sehr wohl fühlen.

Doch je länger meine beiden abwesend sind, um so stärker stellt sich bei mir ein Gefühl von Sehnsucht ein.

Ich vermisse meine Kleine und meinen Großen doch sehr.

Mehr, als ich befürchtet hatte.

Ich glaubte, Morle könnte mich etwas ablenken, aber er hat keine Chance gegen diese leere Einsamkeit in mir.

Sie fehlen mir, und ich zwinge mich zum Durchhalten.

Noch einen Tag Trübsal blasen, dann habe ich sie wieder.

Morle weiß natürlich, wie es um mich steht, und er läßt mich diesmal in Ruhe.

Er leidet sogar mit mir.

Er hat es ja auch erst vor kurzem erlebt. Dagegen gibt es nur ein Mittel.

Die Zeit muß so schnell wie möglich vergehen.

Es gibt Zeiten, die sind eigentlich recht kurz, aber sie können sehr lang werden.

Es sind die Zeiten des Wartens.

Dabei bringt Warten nichts weiter, als daß man alt wird.

Am zweiten Tag hat sich mein sehnsüchtiges Warten in trotziges Schmachten gewandelt.

Auch das kenne ich aus Erfahrung.

Mein zwiegespaltenes Ego kommt zur Geltung.

Ich werde mich langsam darauf einstellen können, daß ich in Kürze beginnen werde, Rachepläne zu schmieden.

Was könnte ich meiner Kleinen antun, damit sie genauso leiden muß wie ich.

Gar nichts!

Ich mag meine Kleine nicht leiden sehen, also lassen wir das.

Ich werde ihr um den Hals fallen wie immer, und alles ist

vergessen.

Ich werde froh sein, daß ich sie wiederhabe. Wie immer.

Es wird schon dunkel, und eigentlich ist nun der zweite Tag vorbei.

Ich verabschiede mich von Morle, bedanke mich bei Mia und gehe heim.

Halt!

Der zweite Tag ist noch nicht vorbei.

Erst, wenn der Abend vorbei ist.

Was ist, wenn ich jetzt heimkomme, und sie sind immer noch nicht zurück?

Ich werde maßlos enttäuscht sein.

Ein kleiner Abendspaziergang wird mir guttun. Ich war zwei Tage nicht an der frischen Luft.

Daran ist die Kleine schuld.

Verflucht! Wann kommen sie endlich heim???

Moment mal! Da redet doch jemand in unserer Wohnung.

Ich renne hoch, und noch auf dem Stamm stelle ich fest, daß diese Stimme Elki gehört.

Elki tröstet gerade das arme Nickelchen.

Reizend!

Dann kann ich ja wieder gehen.

Nun habe ich meine maßlose Enttäuschung.

Ich glaube, ich werde jetzt ein bißchen schwermütig.

Die Einsamkeit ist unsichtbar, aber sie existiert intensiv.

Gequält schleppe ich mich auf den Balkon und will meinen Kopf zwischen meinen Schultern versinken lassen, daß höre ich das Auto und gleich darauf die mir vertrauten Stimmen.

Ich springe in die Wohnung und setze mich vor die Eingangstür.

Wo bleiben sie denn?

Beeilt euch doch!

Die Tür geht auf, und nun gibt es wieder eine Bilderbuchbegrüßung ersten Ranges.

Wie verrückt schmuse ich meine Kleine ab, und ich spüre ganz deutlich, daß sie auch unter Sehnsucht gelitten hat.

Nickel hat überhaupt keine Chance, die Kleine zu begrüßen, aber das muß auch nicht sein.

Hauptsache ich bin bei ihr.

Das ist alles, was ich will.

Nach der Begrüßung gebe ich mich beleidigt.

Das ist obligatorisch.

193

Danach muß ich erst einmal wieder meinen Geruch an meine Kleine heften.

Ich kann mindestens vier fremde Katzen ausmachen, die sie um sich hatte.

Typisch. Sie kann nicht ohne sein.

Nach einer guten Stunde habe ich den Geruch neutralisiert, und meine Welt ist wieder in Ordnung.

Ich weiß nämlich, daß es eine kleine Ewigkeit dauern wird, bis die Kleine wieder zum Verreisen bereit ist. Sie geht nicht gerne weg.

Sie ist lieber bei uns zu Hause.

Herbstfarben

Heute ist zum ersten Mal die Balkontür geschlossen.

Es ist empfindlich kalt geworden.

Immerhin mußte es Mitte September werden, bis wir uns am Abend einigeln.

Die Kleine wollte es nicht wahrhaben, daß die Zeit der geschlossenen Türen und Fenster angebrochen ist.

Noch immer hat sie die Hoffnung, der September bliebe so mild, wie er es in den letzten Jahren gewesen ist.

Der letzte September hatte Tage, an denen das Thermometer sommerliche Grade anzeigte.

In diesem Jahr wartet sie vergebens auf ihren Spätsommer.

Meint sie.

Ich meine, sie sollte noch etwas von ihrer Geduld aufbringen, dann werden ihr schon noch ein paar Sommertage geschenkt.

Vielleicht wartet der Spätsommer ja bis zum Oktober.

Wer weiß?

Jedenfalls ist es heute lausig kalt, und wir lümmeln alle vier bei wohliger Wärme auf dem Diwan.

Der Vollmond prophezeit eine klare, kalte Nacht, und ich werde mich hüten, unsere behagliche Gemütlichkeit durch einen Ausflug zu unterbrechen.

Morgen ist auch noch ein Tag.

Ein schöner Tag wird es werden, wenn ich dem Blau in den Augen meiner Kleinen glauben darf.

Ihr helles Augenblau verwandelt sich in ein noch helleres, und es strahlt, daß man kaum hinschauen kann.

Es schmerzt fast, doch ich muß hinschauen, weil ich dieses leuchtende Hellblau so grenzenlos faszinierend finde.

Wenn sich zu diesem Schönwetterblau in den Augen meiner Kleinen auch noch Schmerzen in ihrem Kopf gesellen, kann ich fast hundertprozentig garantieren, daß die Sonne sich morgen länger als ein paar Stunden zeigen wird.

Manchmal kann ich sogar einen Sonnenaufgang in ihren Augen sehen.

Doch wer denkt schon an morgen.

Morgen ist Sommerende oder Herbstanfang, je nachdem, wie man gerade drauf ist.

Von Herbst ist keine Spur.

»Es hört sich so an, als würden die Grillen den Sommer doch noch einmal zurückholen. So haben sie seit Wochen nicht mehr gezirpt, und die Schnaken beherrschen die Kunst, diese Musik mit ihrem Tanz sichtbar zu machen. Wenn es abends nicht so kalt wäre, könnte man meinen, wir hätten August«, sagt sie am nächsten Tag.

Sie hat wieder recht behalten mit ihrem Versprechen, daß wir im September noch warmes Wetter haben.

Schließlich beobachtet sie das seit Jahren.

Auch in diesem Jahr bäumt sich der Sommer noch einmal auf.

Da haben wir es.

Hochsommerliche Temperaturen entschädigen für den Sturm und den Regen der letzten Wochen.

Wir können alle noch mal Sonne tanken, und sogar die Blütenpracht auf unserem Balkon erwacht mit neuen Trieben und Knospen.

Es ist wie im Frühling.

Ich träume mich zurück und versuche, diese Momente einzufangen.

Die Kleine ist supergut gelaunt, und sie schenkt mir ein Stück von der Makrele, die sie für den Großen mitgebracht hat.

Nickel kriegt natürlich auch etwas ab.

Weil ich auch gut gelaunt bin, will ich das großzügig tolerieren.

Ich nutze das angenehme Wetter bis auf die letzte Sekunde des Tages aus.

Eigentlich bin ich nur zum Essen zu Hause.

Ansonsten hält mich die Natur gefangen. Darum komme ich auch erst heim, als die Kleine schon ins Bett geht.

»Nimm dein Betthupferl mit«, sagt mein Großer.

Ich weiß nicht, was ein Betthupferl ist, aber ich bin sicher, er spricht von mir.

Dabei ist er nur neidisch.

Wenn ich im Bett bin, hat er weniger von seiner Kleinen, weil ich mich immer als Grenze aufspiele.

»Er putzt sich schon bettfertig«, gibt er noch eins drauf.

Was will er eigentlich?

Er soll sich seinem Fußballspiel widmen und uns in Ruhe lassen.

Die Kleine schnappt ihr Buch und verabschiedet sich.

»Wenn er sich so poliert, dann geht er meistens noch mal weg«, meint sie.

Meistens, aber nicht immer.

Ich bin doch gerade erst gekommen.

Aber sie hat wieder recht.

Eigentlich wollte ich nur meine Dropse kassieren und wieder in die Natur entwischen.

Weil er aber wieder solch einen Quark erzählt, ändere ich meine Pläne. Ich kassiere meine Dropse und leiste meiner Kleinen beim Lesen Gesellschaft.

Betthupferl!

Also ehrlich!

Jetzt sitzt er alleine vor seinem Fernseher.

Das hat er nun davon.

Am nächsten Morgen schläft die Kleine eine Stunde länger.

Das heißt, sie könnte eine Stunde länger schlafen, wenn ich sie in Ruhe lassen würde.

Ich muß nämlich auf mein Frühstück warten, und das paßt mir überhaupt nicht.

Ende der Sommerzeit, aber was juckt mich das?

Ich pfeife auf die Winterzeit.

Ich will jetzt sofort mein Frühstück.

Ich habe meine innere Uhr, und die sagt Frühstück.

Eine Stunde lang turne ich im Bett herum, und stehle meiner Kleinen die Stunde, die sie länger schlafen könnte.

196

Ausserhalb der Schatten

Der Häuptling und seine Squaw

Jetzt ist es doch Herbst geworden.

Wie jeden Herbst, spielen Nickel und ich die Wiederaufführung ihrer Einnistung.

Das geht folgendermaßen.

Ich tue so, als wäre sie gerade bei uns angekommen.

Ich schlafe auf meiner Couch im Warmen, und Nickel muß auf dem Balkon im Sessel die sternenklaren, kalten Nächte verbringen.

Und wehe, sie setzt auch nur eine Pfote auf meinen Wohnzimmerteppich.

Vielleicht später.

Später, wenn ich mich gemütlich im Bett meiner Kleinen aale.

Dann darf sie hinter die Tür schleichen und sich etwas aufwärmen.

Solange, bis es mir gefällt, sie wieder hinauszujagen.

Es bleibt ihr nichts anderes übrig, als in der Kälte zu schmachten und auf die Geräusche der fallenden Blätter zu lauschen.

Ich muß zugeben, da hat sie einen echten Sinnesgenuß.

Denn sobald sich ein altersschwaches Blatt von seinem Baum löst, entsteht dieses verlockende Rascheln und Knistern. Die Aufmerksamkeit stellt sich ein, und die Neugierde prickelt, weil man glaubt, da treibt sich etwas auf der Wiese herum.

Doch dann sieht man ein welkes Blatt vom Baum rieseln, das noch zwei, drei ausgediente mit sich reißt, und zusammen fallen sie mit dem Laut eines Papierknäuels auf die Wiese.

Ich habe schon begriffen, daß die verlockenden Geräusche eine Laune der Natur sind, aber Nickel findet sie noch immer höchst aufregend.

Na ja, dann hat sie auch Zeitvertreib.

Meine Kleine wartet noch in der Küche, bis die Wäsche fertig geschleudert ist, und wenn sie wartet, hat sie Langeweile, und wenn sie Langeweile hat, ist der Fritzel zur Stelle.

Ich weiß, wie sehr sie es schätzt, mich um sich zu haben.

Ich tripple um sie herum wie ein Indianer beim Regentanz.

Dabei bin ich nur der Fritz, der um seine Kleine tanzt, mit der Bitte um Zuneigung.

Durch den Regentanz habe ich meine Achtsamkeit verloren.

Ich merke es, als sich neben mir der Flickenteppich plötzlich zusammenschiebt wie frisch gebackene Donauwellen.

Meine Nickelsquaw ist durch die Prärie galoppiert, und als sie am Eingang meines Wigwams festgestellt hat, daß der Häuptling sein Stammeszeichen umschwärmt, legte sie eine Vollbremsung auf die Matte.

Und zwar wörtlich verstanden, denn sie befand sich bereits auf dem Teppich, mit dem sie nun durch die Küche rutscht.

Sofort drehen sämtliche ihrer Pfoten durch, und der Teppich rollt sich unter ihr zusammen wie eine Zigarre.

Jetzt hat sie auch auf dem blanken Boden keinen Halt mehr und kommt nicht von der Stelle.

Es bleibt ihr nur die Halbrückenlage, die mir so gut gefällt.

Eigentlich ist sie ja mit dem Schrecken genug gestraft, aber ich kann es nicht lassen, mit meinem Messer in der Wunde zu stochern.

»Was hast du hier verloren? Wo ist dein Platz«, frage ich scharf.

Natürlich bleibt sie mir die Antwort schuldig.

»Habe ich dir nicht verboten, meine Wohnung zu betreten, solange ich noch wach bin, Squaw?«

Sie weigert sich einfach, mir zu antworten.

»Willst du, daß der Marterpfahl deine Zunge löst?«

»Hast du einen Webfehler, großer roter Häuptling?«

»Du wagst es, so mit deinem Oberhaupt zu reden? Ich werde dich in die Wüste schicken. Ohne Wasser!«

»Geh doch selber in die Wüste. Es wird Zeit, daß du anfängst, die Sandkörner zu zählen, roter Blödling«, spuckt meine Squaw mir entgegen, und ich weiß nicht wie, aber sie hat es tatsächlich geschafft, an ihrem Häuptling vorbeizukommen.

Wieder galoppiert sie durch die Prärie, und versteckt sich hinter der Tür.

Warum nicht gleich so?

»Ich möchte dich heute nicht mehr unter die Augen bekommen. Hugh, ich habe gesprochen!«

Meiner Kleinen befehle ich, sich zu beeilen, damit wir in unser Zelt kommen.

Schleudernickel

Das Biest hat sich eine neue Variante einfallen lassen, wie sie mich auf die Palme bringen kann.

Ich bin es gewöhnt, mein Futter in drei Phasen zu genießen.

Ich verdrücke einen Teil davon und gönne mir erst einmal eine Ruhepause zum Verdauen, bevor ich den Rest verzehre.

Neuerdings wartet Nickel, nachdem sie ihre Ration restlos

aufgesaugt hat, neben der Küche und lauert auf meine Pause, die ich gewöhnlich im Wohnzimmer verbringe.

Dann stürzt sie sich auf meinen Rest und macht ihn nieder.

So ein verfressenes Weibsstück!

Das stinkt mir gewaltig, weil ich mein Futter in einem Zug zu mir nehmen muß. Wenn nicht, muß ich mit dem gefräßigen Piranha teilen.

Ein gepflegtes Menü fällt so flach, bei den Attacken ihrer Gemeinheiten.

Ja, sie schläft sogar in der Küche, damit sie morgens gleich zur Stelle ist, um mir den Zugang zu blockieren.

Und man glaubt es kaum, ihr derzeitiger Lieblingsruheplatz ist die Waschmaschine.

Sie schläft auf der Waschmaschine.

Ist das noch zu fassen?

Könnte ich die Waschmaschine bedienen, wäre der Schleudergang mein liebstes Waschprogramm.

Ich werde mit etwas einfallen lassen. Vielleicht wechselt sie ja demnächst die Ebene.

Vom Oberen der Maschine in ihr Inneres, zum Beispiel.

Dann werde ich lesen lernen und die Gebrauchsanweisung studieren.

Ich werde für Nickel ein Programm aussuchen, das weder Wasserspargang noch Schonwäsche oder Feinwäsche kennt.

Aktionsprogramm mit Intensivwäsche, Dauerkochwäsche und mindestens tausend Schleuderumdrehungen.

Erst ab tausend Schleuderumdrehungen taugt die Waschmaschine, sagt die Kleine immer.

Ja! Und besonders, wenn die Nickel in der Trommel hockt.

Das heilige Grinsen

Jetzt platze ich aber gleich!

Jetzt hat die Schnalle es sich doch in meinem Bett bequem gemacht.

Gerade will ich das gleiche tun, als ich feststellen muß, daß das Aas sich auf der Decke meiner Kleinen eingerollt hat.

Ja, ist denn das noch zu fassen?!! Eine ganz grobe Unverschämtheit ist das. Das ist eine Frechheit, daß es knallt.

Ich denke, ich muß härtere Geschütze auffahren.

201

So geht das nicht.

Nicht mit mir, meine Liebe!

»Meine Liebe«?

Was rede ich da für einen Unfug!

Das Luder ist alles andere als lieb.

Sie hat den Zwang zum Bösen gepachtet.

Und wie sie da so liegt, kann ich ihr hämisches Grinsen förmlich spüren, obwohl sie mir den Rücken zuwendet.

Es ist derart hämisch und schadenfroh, daß es regelrecht über ihr schwebt.

Ich kriege die Motten!

»Verschwinde aus meinem Bett und penne in deiner Waschmaschine, sonst gibt es jetzt aber einen gewaltigen Fratzenhammer«, sage ich wütend.

Und was tut sie?

Genau!

Gar nichts.

Sie reagiert nicht.

Sie hat Blei im Hintern.

Sie ignoriert mich, und das Grinsen über ihr wird breiter.

»Na warte! Dir werde ich helfen.«

Ja, ich werde ihr helfen, aber dazu brauche ich meine Kleine.

Die Kleine muß mich durchsetzen.

Ich locke sie mit aufgebrachtem, entrüstetem Gemaunze aus der Küche und schleuse sie ins Schlafzimmer.

»Sieh dir das an. Sie liegt in meinem Bett. Das ist verboten. Wirf sie raus«, fordere ich ärgerlich.

Die Kleine tritt ins Zimmer und schaut auf Nickel herab.

Nun fange ich auch an zu grinsen, denn die Kleine wird sie jetzt im hohen Bogen aus dem Bett befördern.

Ich reibe mir schon mal die Pfoten und setze mich in Position, damit ich gleich die Verfolgung aufnehmen kann.

»Na, Mädele. Hast du dich in mein Bett verlaufen? Das kann ich mir vorstellen, daß dir das gefällt«, flötet meine Kleine, und das schwebende Grinsen über Nickels Kopf wir plötzlich zum Heiligenschein.

Ja, was ist jetzt das?

Ich glaube, ich habe Dreck in meinen Ohren.

»Du sollst sie rausschmeißen, habe ich gesagt.«

Aber nein, wenn die kleine Verräterin sich vorstellen kann, daß Nickel es gefällt, im Bett zu schlafen, dann darf sie liegenbleiben.

Obwohl ich absolut nicht damit einverstanden bin. Das ist ein Skandal.

Dann eben nicht.

Dann lege ich mich eben auf meine Couch.

Das hat sie jetzt davon.

Meine Kleine verläßt das Zimmer, und ich folge ihr, bevor ich mich vergesse, und die Federn fliegen.

An der Tür drehe ich mich noch mal um, schaue auf mein Bett und wünsche mir, meine Blicke wären Blitze.

Nickels Grinsen füllt nun den ganzen Raum aus, und es streckt mir die Zunge heraus.

Der Spiegel am Schrank wird gleich einen Sprung kriegen.

Es ist mein Bett. Meins, meins, meins!!!

»Na, Mädele. Hast du dich in mein Bett verlaufen?«

Dädädä, dädädädä!!! Pah!!!

Abgerechnet wird demnächst, das kann sie aber weitersagen.

Flohzirkus

Meine Kleine kann mich zur Zeit nicht leiden.

Darum hat sie mir auch den Rausschmeißerdienst verweigert.

Na ja, nicht leiden ist vielleicht etwas überempfindlich ausgedrückt.

Sie genießt mich mit Vorsicht. Ich spüre das ganz genau.

Und ich weiß mit Sicherheit, daß ihre zarte Abneigung nichts mit den Zwillings-Großneffen zu tun hat, die sie seit ein paar Tagen besitzt.

Ihre Patenschaft würde unsere Beziehung niemals in ernste Mitleidenschaft ziehen.

Es sind die Flöhe.

Die Flöhe, die sich bei mir ein neues Zuhause mit Vollpension gesucht haben.

Der Igel hat sie mir geschenkt.

Vor ein paar Tagen war ich mit ihm unterwegs, um ein niedliches Igelwinterquartier zu suchen.

Wir fanden es in Morles Garten, und zum Dank hat der Igel mir ein paar von seinen Blutsaugern überlassen.

Nun habe ich sie.

Unfreiwillig, aber immerhin, ich habe sie.

Natürlich hat die Kleine eines von den Biestern entdeckt.

Es ist nichts Neues für sie, daß ich ab und zu mal einen Floh heimschleppe. Das kam schon öfters vor.

Aufmerksam ist sie geworden, nachdem sie dieses Flohbaby erwischt hatte, und sie trotzdem noch eindeutige Spuren erkennen kann.

Das bedeutet für sie, ich habe nicht nur mal einen Floh gehabt.

Ich habe mehrere Flöhe.

Mindestens zwei.

Womit sie wieder einmal recht hat.

Aber ich kann ihr versichern, ich habe sie sehr ungern bei mir, und ich würde sie liebend gerne wieder loswerden.

Das nützt ihr wenig.

Tapfer kämpft sie gegen die Panik, die sie befällt.

Nicht auszudenken, wenn die Biester sich hier ausbreiten.

Um dies zu verhindern, beobachtet sie mich ganz genau.

Sie kontrolliert die Plätze, die ich bevorzuge.

Sie macht andauernd Leibesvisitationen.

Sie kämmt mein Fell bis zum Geht-nicht-mehr.

Und sie flucht, weil es wieder einmal Wochenende ist, und sie keinen Flohstift besorgen kann.

Spätestens morgen wird sie mir das Stinkezeugs auf den Buckel schmieren, da bin ich hundertprozentig sicher.

Na ja.

Jedenfalls meidet sie mich.

Sie schneidet mich.

Das heißt, sie möchte, daß ich sie meide, besonders, wenn sie im Bett liegt.

Ich habe Verständnis dafür und ziehe mich zurück.

Wo bleibt ihre Tierliebe, die sich immer stärker bei ihr ausbildet?

Die geht soweit, daß sie noch immer den Tomatenbusch gießt, obwohl er schon lange am Niedergehen ist.

Die Cremetiegel-Kreuzspinne hat den Busch in ihr Netz eingebaut, und die Kleine möchte ihr diese Stütze so lange wie möglich erhalten, damit das Haus und die Vorratskammer des lieben Tierchens nicht zusammenstürzen, wenn die Tomaten verdorren.

Diese Tierliebe ist schon grenzenlos.

Aber Flöhe mag sie nicht.

Sind Flöhe etwa keine Tiere?

Vor kurzem hat sie noch die Blattläuse mit Zuckerwasser gefüttert, und morgen will sie meinen Flöhen an den Kragen.

Natürlich hat sie nicht die Blattläuse mit Zuckerwasser

gefüttert, sondern mit Seifenlauge, und natürlich will sie morgen nicht meinen Flöhen an den Kragen.

Sie will sie schon heute killen.

Nicht erst morgen schmiert sie mir das Stinkezeugs auf den Buckel, sondern jetzt gleich.

Sie hat es von Elki.

Typisch!

Wenn sie sich etwas in den Kopf gesetzt hat ...

Sie zieht es durch, auch wenn Sonntag ist.

Die Kleine haßt Flöhe, und sie haßt Blattläuse.

Blattläuse sind genauso schädlich wie Flöhe.

Es sind die Flöhe der Pflanzen.

Sie kämmt mich gründlich, schmiert das Zeug auf meinen Rücken und schickt mich ins Freie.

Ich soll einen ausgedehnten Spaziergang machen.

Also gut.

Nach einer Weile des Wanderns merke ich, wie die Blutsauger, einer nach dem anderen, fluchtartig mein Fell verlassen.

Das hat sie doch prima hingekriegt.

Spielverderber

Nickel treibt wieder ihr Spielchen.

Sie folgt meiner Kleinen in die Küche, und wenn diese sich ihr zuwendet, reißt sie aus und galoppiert knötternd durch das Wohnzimmer.

Die Kleine folgt ihr, und so spielen sie eine Weile Fangen.

Zum fünften Mal ist das Nickelpferdchen nun schon durch die Wohnung getrabt, verfolgt von meiner Kleinen.

Das paßt mir nicht.

Auch, daß die Kleine sich mit Nickel abgibt und deren Spielchen mitmacht.

Ich denke, ich werde mich mal als Spielverderber verkleiden.

Als die beiden sich in der Küche gerade wieder auf eine Verfolgungsjagd einstimmen, rücke ich näher.

Ich setze mich gemütlich vor die Lautsprecherbox, genau neben der Tür zum Flur, der Küche und Wohnzimmer verbindet.

Und trippel, trippel, trapp, trapp, kommt die Nickel angerauscht.

Haarscharf fegt sie an meiner Nase vorbei.

Dies mit einer Schnelligkeit, daß sie mich überhaupt nicht

wahrnimmt.

Oder doch?

Da war doch etwas!

Erst, als sie auf der Fußmatte vor der Balkontür abbremst und verwundert unter dem Vorhang herglotzt, rafft sie, daß sie gerade fast mit mir zusammengerumpelt wäre.

Natürlich ist sie sauer, weil ich ihr neckisches Spielchen unterbreche, doch das ist mir wurscht.

Nein, das ist mir nicht wurscht.

Es ist mir recht.

Es ist mir sogar sehr recht.

Ich mag es, wenn sie sich wegen mir ärgert.

Und wenn sie sich ärgert, weil ich sie beim Spielen mit meiner Kleinen gestört habe, sowieso.

Schluß damit!

Die Hopserei geht mir auf die Nerven. Außerdem soll Nickel nicht immer meine Kleine von der Arbeit abhalten.

Basta!

Ich gehe hinaus in den goldenen Herbst.

Er ist wirklich golden, unser Herbst.

Meine Wiese ist mit goldenen Blättern übersät, und die Gegend ist so schillernd, wie ich sie noch nie erleben durfte.

Die Farbenpracht wird durch die nimmermüde Sonne derart verstärkt, daß die Augen nicht ruhen können.

Man ist magisch angezogen, sich diesem leuchtenden Farbenspiel hinzugeben.

Der sonst so kalte und unangenehme Herbst schenkt uns eine Wärme, die das Herz erfreut.

Die Unternehmungslust läuft noch einmal auf Hochtouren, bis sie sich für den Winterschlaf bereit macht und sich immer mehr zurückzieht.

Die Kleine kriegt auch noch mal einen Schub.

Sie putzt die Fenster.

Ja will sie denn, daß es regnet?

Es regnet immer, wenn sie die Fenster geputzt hat.

Spätestens am drarauffolgenden Tag.

Sie fordert die Herbststürme ja geradezu leichtsinnig dazu heraus, ihre frisch geputzten Scheiben mit Regentropfen zu verzieren.

Sie ist unbelehrbar.

Ich verweile auf dem Balkon und lausche der letzten Grille, die

206

irgendwo im Geäst zirpt.

Er muß der absolute Spätzünder sein.

Also, wenn er bis jetzt noch keine Partnerin gefunden hat, dann wird das wohl auch nicht mehr der Fall sein.

Er wird vergebens rufen.

Pech für ihn. Glück für mich.

Der verhinderte Grill und die Restwärme des Tages verschaffen mir einen letzten Hauch von Sommer, mitten im Oktober.

Mein Großer leistet mir Gesellschaft.

Er schenkt unserer Kreuzspinne einen Krümel von dem ofenfrischen Nußkuchen.

Sie wird sich den Magen verderben.

Oder auch nicht, denn wie es aussieht, ist die Spinne vernünftig und verschmäht den Happen. Und mein Großer ärgert sich über die Undankbarkeit.

Er hätte eine Fliege im Nußkuchen verstecken sollen.

Der Krümel hängt noch immer unberührt im Netz, und es dehnt sich gefährlich.

Der Tomatenstrauch ist auch nicht mehr das, was er mal war.

Er wächst jetzt doch gegen den Boden.

Das heißt, er fällt so langsam in sich zusammen, und das bedeutet das Ende der Fliegenfalle.

Aber die Spinne ist hartnäckig.

Immer wieder renoviert sie ihr Netz und bessert aus.

Neue Streben werden angebracht, und es sieht so aus, als verlagerte sie das Ganze an die Wand, wo es stabiler ist.

Ganz schön clever, so eine Kreuzspinne.

Mal sehen, was sie macht, wenn die Stürme loslegen.

Es ist kühl geworden, und ich gehe in die Wohnung.

Neben meiner Kleinen auf der Couch finde ich meinen Kuschelplatz.

Nach einer Weile gesellt sich Nickel zu uns, an die andere Seite meiner Kleinen.

Zu spät bemerkt sie, daß ich auch da bin. Normalerweise müßte sie jetzt auf der Stelle den Sprung zur Flucht ansetzen, aber ihr borniert er Stolz gibt sich keine Blöße.

Eisern und verkrampft hockt sie eigentlich direkt neben mir.

Die Kleine sitzt als Schiedsrichter zwischen uns.

Dafür jage ich Nickel später aus der Wohnung.

Als nämlich die Kleine aufsteht, wird es Nickel doch zu kritisch, und sie sucht das Weite.

Natürlich nehme ich sofort die Verfolgung auf.

Vor der Tür kann ich sie stellen, und ich schlage mehrmals zu.

Ich treffe nur zweimal, aber immerhin flieht Nickel auf den Balkon und versteckt sich hinter dem Tomatenbusch.

So muß das sein!

Jetzt kann ich beruhigt eine Mondscheinwanderung unternehmen.

»Na, hat er dir wieder eine aufs Auge getrommelt«, höre ich die Kleine noch sagen, als ich schon unten bin.

Scheinbar hat mein Angriff Spuren hinterlassen.

Recht so!

Ich bin zufrieden.

Schließlich muß man sich ja nicht alles gefallen lassen.

Sie nimmt sich sowieso schon wieder viel zuviel heraus.

Das werde ich ganz schnell abstellen.

Die kleine Spionin

Die Zeit der Nervenkrisen ist angebrochen.

Bedingt durch den Herbst, der nun doch unliebsam geworden ist, halten Nickel uns ich uns vorwiegend in der Wohnung auf.

Das heißt, es ist schwierig geworden, uns aus den Pfoten zu gehen.

Zwar könnten wir das ohne weiteres tun, aber eigentlich wollen wir das gar nicht.

Schon alleine wegen der Langeweile.

Weil sich sonst nichts bietet, und wir zum Däumchendrehen verdammt wären, ärgern wir uns gegenseitig und gehen uns verstärkt auf den Keks.

Ich jage Nickel durch die Wohnung, und sie bedankt sich für diese Abwechslung, indem sie stundenlang den Eingang blockiert.

Wenn sie allerdings wieder hinein möchte, verstecke ich mich irgendwo und lauere so lange, bis ich vor sie springe, und sie wieder in die Flucht schlage.

Sie versucht einen anderen Weg.

Geduckt schleicht sie hinter der Couch durch, wo ich sie doch glatt vor dem Sessel erwarte.

Nein, ich schlage sie nicht wirklich.

Das habe ich mir, meiner Kleinen zuliebe, abgewöhnt.

Außerdem hinterläßt das häßliche Spuren, und ich bin ja noch immer heimlich verliebt in die Nickel.

208

Ich deute meine Hiebe nur noch an, und zwar mit einer Heftigkeit, die ihr schon zeigt, wie es wäre, wenn ich treffen würde.

So wie eben.

Sieben angedeutete Ohrfeigen habe ich ihr schon aufgedrückt, als sie den rettenden Satz in das Bücherregal hinter ihr macht.

Sie wirbelt darin herum, und als sie es verläßt, ist das Regal nicht mehr so aufgeräumt, wie es vorher war.

Dabei faucht und knurrt sie wütend und fegt dann hinaus, auf den Balkon, wo sie hartnäckig auf der Matte vor der Tür festwächst.

Das habe ich nun davon.

Da haben wir es wieder.

Jetzt darf ich warten, bis sie von etwas Interessantem abgelenkt wird und sich trollt.

Es dauert eine Stunde, bis sie sich dem Ablenkungsobjekt widmet und verduftet.

»Ihr habt euch doch wieder verdonnert«, meint die Kleine, als sie am Abend heimkommt.

»Woher weiß sie das bloß«, frage ich die Verdonnerte.

Wir haben gerade einen Scheinwaffenstillstand vereinbart.

Für die Dauer der Essensausgabe und unter Vorbehalt der anschließenden Verfolgung.

»Fritz, gib es zu. Du hast Nickel in den Bücherschrank gedroschen!«

Wieso ich? Es könnte doch auch umgekehrt gewesen sein, denke ich scheinheilig.

Außerdem habe ich die Nickel gefragt und nicht die Kleine.

Sie hat »Fritz« gesagt, und sie kann uns beobachten, obwohl sie nicht anwesend ist.

Vermutlich hat sie die ganze Wohnung mit versteckten Kameras ausgestattet, um uns zu bespitzeln.

Sauerei!!!

Das ist sittenwidrig.

Ich protestiere!

Ich will mich gerade damit abfinden, daß ich künftig nur noch unter Beobachtung meine Schandtaten an Nickel ausüben darf, und deswegen meinen Trieb in den Griff kriegen muß, wenn ich mit der kleinen Spionin keinen Ärger haben möchte, als sich die Lösung des Problems anbietet.

Keine Kameras!

Die Kombinationsgabe meiner Kleinen hat meine Untaten aufgedeckt.

Erstens sind die Bücher in der untersten Reihe des Regals nach hinten gerutscht.

Zweitens zeichnen die Bücher, die nach hinten gerutscht sind, Nickels Minikörper ab.

Drittens ist die Anzahl der verrutschten Bücher recht bescheiden.

Wäre ich in das Regal geknallt, wären mindestens zehn Bücher nach hinten gerutscht, nicht nur vier.

Da habe ich aber wieder mal Glück gehabt.

Nicht auszudenken, wenn die Kleine mein Treiben auch noch aufzeichnen und festhalten würde.

Die Suppennudel

Unsere Auseinandersetzungen werden immer herber.

Nickel und ich haben uns in den Zeitvertreib hineingesteigert, und es ist soweit gekommen, daß es auszuarten droht.

Die Kleine sitzt auf der Couch und löffelt genüßlich ein Rindfleischsüppchen mit Ei.

Eigentlich sollte ich nicht eher Ruhe geben, bis ein ordentlicher Batzen Rindfleisch gegen meine Magenwände drückt.

Ob sie mir auch etwas davon abgibt? Sicher nicht, aber ich könnte ihr trotzdem beim Löffeln Gesellschaft leisten.

Gedacht, getan.

Ich nehme Anlauf, um von der Seite aus auf die Couch zu springen.

Meine Kleine reißt die Augen auf, und ich weiß, was das bedeutet.

Zu spät!

Das Nickelbiest liegt bereits neben ihr und leistet ihr beim Süppchenlöffeln Gesellschaft.

Das ist mir jetzt wurscht, da muß ich durch.

Ich habe sowieso keine andere Wahl, weil ich schon fast an meinem Ziel angekommen bin.

Normalerweise müßte die Kleine nun »Fritzi neiiiiiin« schreien, aber mit einem Löffel heißer Fleischbrühe im Mund geht das schlecht.

Es bleiben ihr nur die Glupschaugen als Reaktion, und prompt verschluckt sie sich an der Suppe.

Das ist jetzt auch egal.

Es knallt sowieso gleich bitterböse.

Ich lande direkt auf der Nickel, die natürlich um sich schlägt wie ein Rasenmäher, und ich schlage natürlich zurück wie ein Rasenmäher.

Diesmal sind die Krallen mit im Spiel, und auf den Couch bilden sich zahlreiche Fäden.

Die Kleine hustet und versucht, dem Erstickungstod zu entgehen, die Nickel faucht und schreit wie eine wildgewordene Suppennudel, und ich purzle rückwärts die Couch hinunter und knalle hart auf den Boden.

So, das war's schon.

Entschuldigung, das war ein Versehen.

Wir beruhigen uns gegenseitig, und die Kleine lacht und hustet.

Oder umgekehrt.

»Fritzi, das hatten wir doch alles schon einmal«, kichert sie hustend und reibt sich die Tränen aus den Augen.

Ja, ja! Das hatten wir schon einmal.

Nur war ich damals auf der Couch, und die Nickelnudel ist auf mich draufgesprungen.

Ich habe es mir anders überlegt.

Ich habe keine Lust mehr, meiner Kleinen beim Suppelöffeln Gesellschaft zu leisten.

Und die Nudel kann mir auch mal den Buckel runterrutschen.

Ich gehe zu meinem Großen.

Ich bin sowieso beleidigt.

Seiltanz

Heute schenkt uns der Tag ein paar Sonnenstunden.

Das müssen wir ausnutzen.

Wenn man die richtigen Plätze kennt, die von der Sonne verwöhnt werden, kann man sich mit ihnen vereinen und wird mit wohliger Wärme beglückt.

Ich kenne diese Plätze genauso gut wie die Nickel und sehe zu, daß ich eher dort bin.

Raus in die Natur, auch wenn sie vom tagelangen Regen aufgeweicht und matschig ist.

Mein Platz ist frei, aber total durchnäßt.

Also lassen wir das, und machen statt dessen eine Wanderung.

Als ich nach einem ausgedehnten Spaziergang Heimweh kriege, befällt Nickel gerade das Fernweh.

Ein unwiderstehliches Fernweh.

Ich hechte den Baumstamm hoch und steige auf meinen Ast, als die Nickel denselben von oben betritt.

Jetzt übertreibt sie aber.

Sie weiß doch genau, daß wir nicht aneinander vorbeikommen.

Ober bin ich es, der übertreibt?

Egal! Keiner geht zurück, keiner gibt nach.

Das sind wir uns schuldig.

Außerdem besteht die Möglichkeit, daß daraus wieder ein echt abwechslungsreiches Spielchen entsteht.

Es wird ein hartnäckiges Geduldsspiel mit ausgedehnten Wartezeiten.

Nickel stellt die Hartnäckigkeit da, und ich übernehme die Rolle der Geduld.

Hartnäckig hockt sie auf meinem Stamm, und ich schiebe mich geduldig, Millimeter für Millimeter, nach oben.

Wir vermeiden es, uns anzuschauen, weil dann wäre ein Absturz fällig, wenn nicht sogar zwei.

Nach einer halben Stunde habe ich keine Lust mehr.

Auch, weil unser Hochseilakt Zuschauer gefunden hat.

Meine Kleine und mein Großer sind auf einmal wie zufällig auf dem Balkon erschienen und werden Zeugen meiner Unfähigkeit, mich durchzusetzen.

Aber was soll ich denn auch tun?

Zurück kann ich nicht.

Das verbietet mein Stolz.

Rauf kann ich auch nicht.

Da würde ich als Fritzi-Nickel-Knäuel in die Tiefe stürzen.

Also was?

Soll ich mir vielleicht Flügel wachsen lassen? Hä?!

Ich bin sauer, weil sich die Kleine natürlich wieder amüsiert.

»Wenn jetzt noch die Leika auftaucht, dann gibt es ein Blutbad«, witzelt sie leichtsinnig.

Genau in dem Augenblick, als das Blutbad ihre Lippen verlassen hat, geht nebenan die Balkontür auf, und die Leika hechtet an das Geländer.

Nickel, durch meine Kleine angelockt, dreht sich gerade um und gibt auf.

Darum entgeht ihr, wie ich, verursacht durch meine Panik, ein rasantes Tempo auf den Stamm lege.

Mich befällt immer eine Panik, wenn ich auf dem Stamm bin, und die Leika erscheint.

212

Zwar kann sie mich auf dem neuen Stamm noch weniger bis überhaupt nicht erreichen, aber ihr wütendes Knurren und ihr Trommeln mit den Vorderpfoten bereiten mir immer wieder aufs neue unangenehmsten Streß.

Ich lege also Tempo zu, während Nickel, sich sicher fühlend, gemütlich den oberen Teil meines Stammes entlang trottet.

»Jetzt aber Gas geben, Nickel«, rufe ich, und ich bin bereit, über ihren Rücken zu rennen, wenn sie sich nicht beeilt.

Um ihr das deutlich zu machen, setze ich schon mal meine beiden Pfoten auf ihren Hintern.

Jetzt begreift sie, daß ich ganz dicht hinter ihr bin.

Zu dicht.

Eigentlich überdicht.

Was nun folgt, ist ein Abklatsch von dem, was gestern auf der Couch abgegangen ist.

Mit dem Unterschied, daß ich allergrößte Mühe habe, nicht fünf Meter tief abzustürzen.

»Das würde dir so passen, was?«

Oh Mann, jetzt fängt sie auch noch an zu labern.

Sie sollte sich besser in Luft auflösen, bevor ich sie vom Stamm kicke.

»Fritz, das war das zweite Mal in nur zwei Tagen, daß du meinen Körper zum Pfotenabtreten benutzt hast. Das verbitte ich mir«, zischt Nickel schnippisch.

»Ja, ja«, gebe ich nach. »Es war schon wieder ein Versehen. Entschuldige!«

»Das will ich hoffen.«

Ich habe jetzt die Schnauze voll.

Wenn sie mir noch einmal zwischen oder vor die Pfoten kommt, würge ich sie bis zur Bewußtlosigkeit.

Mir so diesen wunderschönen Tag zu versauen.

Todesangst habe ich wegen ihr ausgestanden.

Weib, weibiges!!!

Nichts als Ärger

Gierige Blicke

Mein Großer ist wieder auf Montage.

Auch über das Wochenende bleibt er weg.

Meine Kleine malt kleine Gipsfiguren für Weihnachten als Schmuck für den Christbaum an.

So vertreibt sie sich die abendliche Einsamkeit. Ich liege ganz nah an ihrer Seite und beobachte, wie sie den Pinsel schwingt.

Nickel ist auch in der Nähe, und so sind wir alle zufrieden.

Streiten tun wir uns momentan nicht.

Man könnte direkt sagen, daß es ziemlich friedlich bei uns geworden ist.

Na ja, Weihnachten ist nicht mehr fern.

Als mein Großer nach über einer Woche wieder zu uns stößt, staunt er über die neue künstlerische Ader, die die Kleine an sich entdeckt hat.

Natürlich ist wieder der Gaul mit ihr durchgegangen.

Sie ist so von der Malerei besessen, daß sie doch glatt vergessen hat, wo ihr Bett steht.

Außerdem ignoriert sie die althergebrachte Regel, daß Lebewesen ab und zu etwas zu essen zu sich nehmen sollten.

Erst, wenn ihr fast schon übel ist vor Hunger, befriedigt sie ihren Magen mit ein paar Häppchen.

Nur das Nötigste, versteht sich.

Man könnte ja wertvolle Zeit verschwenden mit dieser lästigen Esserei.

Und schwupp, hängt sie wieder über ihren Figürchen.

Es wundert mich, daß sie uns Futter gibt.

Das ist doch auch lästige Zeitverschwendung.

Seit mein Großer weg ist, treibt sie dieses Schindluder mit sich selbst, und ich bin froh, daß er wieder unter uns weilt.

Denn jetzt muß sie den Tisch freiräumen.

Im Gegensatz zu ihr braucht der Große nämlich regelmäßige Nahrung.

Sie wird eine Pause einlegen müssen.

Eine Zwangs-Schöpfungspause, sozusagen. Doch trotz aller Einwände ist das Ergebnis beachtlich: bunt, fröhlich, lustig.

Wenn das, was sie malerisch fabriziert hat, der Ausdruck ihres Innenlebens ist, dann ist meine kleine Pinselkönigin zur Zeit sehr gut drauf.

Das ist nicht schlampig.

Irgendwann habe ich mal gehört, daß Gemälde eine Seele besitzen, und zwar die des Malers.

Es sind zwar nur kleine Gipsfigürchen, aber die sprechen Bände.

Farbenfrohe Bände.

Das gefällt mir genau so gut, wie das kleine Ebenbild von mir.

Heimlich, während ich schlief, hat sie die Dreizentimeter-Kopie gefertigt und vollendet.

Sie ist wirklich vollendet.

Eine kleine Zauberei.

Die Kleine muß mit einer Stecknadel gearbeitet haben.

Es ist original der Kater Fritzi, wie er leibt und lebt.

Ich kriege mich nicht mehr ein vor Entzücken.

Meinem Großen geht es genauso.

Immer wieder fixiert er den kleinen Doppelgänger von mir, und er kommt zu den Schluß: »Er ist es. Ohne Zweifel. Wie hast du das nur so gut hingekriegt?«

»Keine Ahnung«, stapelt sie tief. »Es hat sich so ergeben.«

Es ist ihr peinlich, gelobt zu werden.

Statt meiner Kleinen übernehme ich nun ihren Stolz, und mein Selbstvertrauen wächst.

»Du hast sogar seinen Blick exakt getroffen«, fährt er fort.

»Diesen gierigen Blick, mit Pupillen wie Fünfmarkstücke, wenn es für ihn etwas zum Abstauben gibt.«

»Tja«, meint sie knapp.

Dieses knappe »Tja« fuchst mich.

Es macht mich rasend.

Es schält mich aus meiner Haut.

Und überhaupt! Wie kann sie meinen Augen solch einen gierigen Ausdruck verleihen, wenn sie mich beim Schlafen gemalt hat?

Das ist Betrug!

Ich verlange sofort Rehabilitation.

Ich will Rechtfertigung, bevor ich beleidigt schmolle.

Oder wenigstens Schadenersatz.

Ja, genau!

Schadenersatz in Form von Milchdropsen, Pastetchen oder rohem Fleisch.

Rohes Fleisch wäre mir am liebsten.

Das mache ich ihr nun mit meinen gierigen Abstauberpupillen deutlich.

Na, was ist los?

Sind die Fünfmarkstücke noch nicht groß genug?

218

Oder sollen es vielleicht erst Zehnmarkscheine werden, bis ich etwas kriege?

Ich werde so langsam ungeduldig.

Bei Siebenmarkfünfzig entschädigt sie mich mit ein paar lächerlichen Pastetchen.

Na ja. Besser als nichts.

Immerhin lindern die Lächerlichen meine Beleidigung, und ich kann meine Pupillen wieder auf I-Tüpfelchen-Größe zurückschrauben.

Ende der Diskussion.

Ich werde versuchen, diesen skandalösen Vorfall zu vergessen.

Aber, daß Nickel sich kringelig lacht, vergesse ich nicht!

Eisiger Weg

Pünktlich zur Vorweihnachtszeit hat der Frost unsere bis heute noch relativ milde Gegend in ein Eishaus verwandelt.

Über Nacht, wie das so üblich ist mit dem Frost, hat er der Natur ein Kleid aus niedlich feinen Eiskristallen angezogen.

Ich muß zugeben, es gefällt mir gut, wie der Reif alles mit einem zarten Weiß bedeckt, so daß es in der Sonne schillert und glitzert.

Auch mein Stamm glitzert in der Sonne, und ich habe ernste Bedenken, ihn zu benutzen.

Er ist schon ohne Frost so glatt, daß ich Mühe habe, nicht abzurutschen.

Mein Großer hat es zu gut gemeint, als er die Stümpfe der ehemaligen Ästchen fein säuberlich mit dem Beil geebnet hat.

Sie wären mir nun ein guter Halt, aber er muß ja immer alles ganz genau machen.

Ich werde wohl warten müssen, bis die Sonne hoch genug steht und dem Reif ein Schnippchen schlägt.

Für heute wird mein Stamm dann frostfrei bleiben.

Es ist nicht so tragisch, daß ich nicht hinaus kann.

Es ist sowieso zu eisig, und ich nehme mal an, daß nun die Zeit der verkürzten Freigänge angebrochen ist.

Nur, wenn es unbedingt nötig ist, nehme ich den Aufenthalt im Kalten in Kauf.

Nickel hat natürlich und widerlicher Weise keine Probleme mit meinem Stamm.

Logisch, sie wiegt ja auch nur halb soviel wie ich.

Bei mir fordert schon allein mein Gewicht, verbunden mit glattem Untergrund, den Sturz geradezu zynisch heraus.

Sie könnte ruhig die Rinde mit ihren Krallen verkratzen, wie sie es beim alten Stamm getan hat.

Meine Kleine hat zwar mit einem riesigen Fleischmesser den oberen Teil zerklüftet, aber eben nur den oberen Teil, soweit ihre Arme reichen.

Ja, ja, meine Kleine.

»Wenn ich eines Morgens mit Tränen in meinen Augen wieder hereinkomme, dann weißt du, daß alles kaputt ist«, sagte sie vor ein paar Tagen zu ihrem Großen.

Mit alles meint sie ihre Lobelien, die noch immer wachsen und blühen, als hätten sie vergessen, daß in ein paar Tagen der Winter beginnt.

Für die Lobelien scheint im Sommer die Zeit stehengeblieben zu sein, und gegen alle Vernunft blühen sie in voller Pracht.

Bis heute, denn heute nacht haben sie diesen vorwitzigen Leichtsinn mit ihrem Leben bezahlt.

Der Frost hat sie hingerafft, doch die Kleine scheint der Meinung zu sein, daß das wohl so sein muß.

Keine Tränen, nur ein Hauch von Wehmut.

Sie trägt es mit Fassung.

Schließlich war es ihr noch nie vergönnt, daß ihr Balkon am ersten Advent noch immer so sommerlich mit Blumen ausgestattet war, wie es diesmal der Fall ist.

Wir hatten wirklich Glück mit der Wetter.

Bis heute.

Aber die Kleine hat ja noch ihr derzeitiges Hobby.

Das Bemalen ihrer Gipsfigürchen wird sie über den Verlust ihrer Balkonlobelien hinwegtrösten.

Sie hat sowieso diesmal einen unheimlichen Hang zur Vorweihnacht.

Sie genießt diese Zeit regelrecht, und sie tut lauter Dinge, die mit Weihnachten zu tun haben.

Es würde mich nicht wundern, wenn sie demnächst auch noch mit dem Plätzchenbacken anfängt.

Zwar fehlt ihr dazu absolut die Zeit, aber ich bin fast sicher, daß sie sich ein paar Stunden zum Backen abzweigt.

Selbst, wenn sie das Weihnachtsgebäck immer eimerweise geschenkt bekommt.

Aber Weihnachtsbäckerei gehört nun mal zur Vorweihnachtszeit.

Wir werden sehen.

Streicheleinheiten

Nickel hat sich eine neue Linkerei einfallen lassen.

Seit es morgens noch dunkel ist, wenn die Kleine aus dem Bett geht, verschönere ich ihr die Zeit vom Aufstehen bis zum Wachsein, indem ich ihr im Bad hartnäckig Gesellschaft leiste.

Während ich auf dem Klodeckel sitze und schnurre, schenkt sie mir Streicheleinheiten, und so verkürzen wir uns die Zeit, bis es hell wird.

Das ist für uns beide recht angenehm.

Für mich, weil ich verwöhnt werde, und für die Kleine, weil sie in der Dunkelheit nicht alleine ist.

Seit zwei Tagen weiß auch Nickel diesen Vorteil zu schätzen und zu nutzen.

Wenn ich nach dem Frühstück ins Bad eile, sitzt sie schon bei Fuß und ergeiert meine Streicheleinheiten.

Das ist ein echt starkes Stück.

Meiner Kleinen scheint es egal zu sein, mit wem sie schmust.

Hauptsache, es ist jemand bei ihr.

Na ja, ich will nicht so sein.

Heute sehe ich noch mal darüber hinweg.

Schließlich ist bald Weihnachten, und jeder soll etwas Schönes und Angenehmes haben.

Ich bändige meinen Groll und ziehe mich zurück.

Ich werde Nickel bei Gelegenheit ein paar Vorweihnachtsohrfeigen geben, dann ist die Sache erledigt.

Es dauert nicht lange, da habe ich meinen Platz zurückgekauft.

Für den Preis, daß Nickel sich mein Futter krallt.

Sie ist immer so null Komma nichts mit ihrem Frühstück fertig, und weil ich schnell zu meiner Kleinen ins Bad will, damit das Biest keine Chance hat, hat sie alle Chancen, mein halbes Frühstück zu verdrücken.

Na ja, man kann nicht alles haben.

Die Oberfrechheit ist, daß sie heute nacht in meinem Bett geschlafen hat, auf den Füßen meiner Kleinen.

Und über dieser Oberfrechheit steht noch, daß sie sich gerade eben wieder in meinem Bett lümmelt, ohne die Kleine.

Aber, das ist doch...

Frech! Rotzfrech, sage ich.

Aus lauter Zorn kralle ich mir eine kleine Gipsfigur, die die Kleine bemalt und zum Trocknen auf dem Tisch plaziert hat.

Der Clown ist es, der dran glauben muß.

Ich zerre ihn zu Boden und verstecke ihn unter der Couch.

Natürlich wird ihr sofort auffallen, daß eine Figur fehlt, aber das ist mir im Moment wurscht.

Wie ich genau gewußt habe, bemerkt sie den Verlust des Clowns sofort, als sie mit dem Malen beginnen will.

»Ob ich ihn vielleicht mit in das Päckchen gegeben habe. Aus Versehen«, denkt sie.

Sie will gerade das frisch gepackte, verschnürte und verzierte Weihnachtspäckchen wieder auspacken, als der Geistesblitz über ihrem Lockenkopf erscheint.

Natürlich! Wie kann ich nur annehmen, daß die Kleine ihre Kombinationsgabe verloren hat.

Ich kann machen, was ich will, ich komme immer wieder auf den einen Nenner. Die Kleine kann meine Gedanken lesen.

Dieses Luder!

Während ich unschuldigst und vergeblich das Pfeifen übe, rekonstruiert sie ihre Eindrücke.

Eingepackt hat sie den Clown nicht, das steht fest.

Ein Einbrecher hätte nicht nur den Clown mitgenommen.

Außerdem hat sie ihn vor kurzem noch gesehen, als ihr das leuchtende Apricot in die Augen blitzte.

»Was hat der Fritz eigentlich an der Couch getrieben, als ich dachte, er hat wieder seinen Fadenziehrappel, und ihn sogar deswegen geschimpft habe?«

Bravo!

Das waren nur vier Gedankengänge zum Erfolg.

Und das nach zwei Minuten Bedenkzeit.

Ich wußte es doch.

Man kann ihr einfach nichts vormachen.

Sie schiebt die Couch zurück und findet ihren heißgeliebten Aprikosenclown.

Na also!

Zufrieden, daß ihre Gipsköpfe alle wieder vereint sind, schwingt sie beschwingt den Pinsel.

Nicht, ohne mir vorher einen deftigen Blick zu schenken, den ich allerdings ignorieren muß, weil ich noch mit dem Pfeifenüben beschäftigt bin.

Außerdem ist sowieso die Nickel schuld.

Basta!

Rache ohne Ende

Heute ist sie reif, wie eine knallrote Tomate.

Schon den ganzen Tag warte ich auf eine Gelegenheit, die Bettbesetzerin abzuschmieren.

Sie nimmt sich zuviel heraus in letzter Zeit.

Nicht nur, daß sie am Abend im Bett liegt.

Nein, sie liegt auch nachts in den Federn, wenn eigentlich ich bei meiner Kleinen sein sollte.

Auch am Morgen im Bad ist sie wieder an erster Stelle.

Sie benutzt meine heiligen Lieblingsplätze, und ich weiß genau, daß sie mich damit provozieren will.

Kann sie haben!

Ich bin bereits so provoziert, daß ich bald platze, wenn ich mich nicht abreagieren kann.

Meine Nerven kriegen so langsam Schürfwunden.

Ich wünschte, es würde sich endlich eine Hornhaut bilden.

Den Vogel schießt sie ab, als ich neben meiner Kleinen auf der Couch döse, und Nickel auf den freien Platz auf der anderen Seite springt.

Das war zuviel, das Faß ist voll.

Sie denkt wohl, weil das vor ein paar Tagen geklappt hat, halte ich jetzt auch still. Da hat sie sich verrechnet.

Das kann sie dem Wind erzählen.

Aber ich muß mich zusammenreißen.

Ich kann sie auf keinen Fall in Gegenwart meiner Kleinen dreschen, denn sonst stehe ich wieder als Angreifer da.

Als mein Großer im Bad ist, und die Kleine sich mit dem Abwasch in der Küche abgibt, ist die Luft rein, und es gibt keine Zeugen.

Jetzt kommt meine Stunde, auf die ich schon den ganzen Tag gewartet habe.

Eigentlich ist es nur eine Minute, aber in dieser knappen Minute kriegt Nickel all das ab, was sich in den letzten Tagen bei mir angesammelt hat.

Darum wird diese knappe Minute für Nickel auch ziemlich lang.

Eine Ohrfeige dafür, daß sie immer im Bad bei der Kleinen herumhängt.

Eine dafür, daß sie mein Bett besetzt.

Eine dafür, daß sie wieder den Kleiderschrank durchwühlt hat, um einen gemütlichen Platz zu suchen.

Eine dafür, daß sie mein Frühstück mopst.

Und, und, und.

Es gibt genügend Gründe für meine Ohrfeigen, und Nickel hopst durch das Wohnzimmer wie eine fehlgezündete Leuchtrakete.

Sie knallt gegen den Fernseher, gegen den Tisch und an die Heizung, gefolgt von einem auf sie eindreschenden Racheengel.

Sie schreit und faucht und keift.

Das nützt ihr nichts.

Das kann mich überhaupt nicht beeindrucken.

Keine ihrer Untaten bleibt ungesühnt.

Ich werde nicht eher Ruhe geben, bis die Fetzen geflogen sind.

Ich werde doch eher Ruhe geben.

Die Kleine kommt hereingestürzt, weil das Gezeter gar nicht enden will.

Normalerweise läßt sie uns unsere Meinungsverschiedenheiten ohne ihr Eingreifen austragen, weil sie gewöhnlich kurz und heftig sind.

Die Dauer dieser Schlägerei zwingt sie, als Schiedsrichter aufzutreten und die Streithähne zu trennen.

Natürlich zischt sie wieder mich an, weil ich gerade beim Austeilen bin, als sie erscheint.

Logisch!

Heute teile nur ich aus.

Die Kleine erinnert uns an die Spielregeln und verweist uns auf unsere Plätze.

Und mir droht sie mit der roten Karte.

Okay, okay!

Ich ziehe mich zurück.

Ich war sowieso fertig.

Zufrieden begebe ich mich auf die Couch und mime den Champion.

So, das hat gesessen. Das war mal wieder fällig.

Ich sollte das öfters tun.

Das Weihnachtswunder

In drei Tagen ist Weihnachten.

Meine Kleine hat schon jetzt ein ganz besonderes, wertvolles Weihnachtsgeschenk bekommen.

Ein Geschenk von der Natur.

Ihre erfrorenen, totgeglaubten Lobelien sind auferstanden.

Gestern hat sie unseren Christbaum eingepflanzt und auf den Balkon gestellt.

Er darf noch bis Heiligabend im Kalten bleiben, bevor er im warmen Wohnzimmer schwitzen muß.

»Eigentlich müßten sie doch braun und unansehnlich geworden sein«, grübelt sie, als sie ihre Lieblinge betrachtet, die zwar schlaff, aber noch immer sattgrün aus den Blumenkästen hängen.

»Seltsam! Ich glaube, ich sollte sie mal gießen«, beschließt sie.

Sie hat noch nie drei Tage vor Heiligabend die Balkonblumen gegossen.

Noch nie, aber sie war bereit, der lieben Gewohnheit ein Schnippchen zu schlagen und hat den Pflanzen etwas zu trinken gegeben.

Schaden kann es nicht.

Schlimmer kann es nicht werden.

Wie recht sie hatte.

Geschadet hat es nicht, und es ist auch nicht schlimmer geworden.

Im Gegenteil.

Ihre Lobelien haben sich erholt, stehen stramm und präsentieren erneut ihre Blütenpracht.

Na bitte!

Man muß nur ein gewisses Maß an Hartnäckigkeit besitzen.

Und wer zum Winteranfang seine Blumen gießt, der sollte auch dafür belohnt werden.

Ich will nicht hoffen, daß meine Kleine sich nun als Auserwählte von was weiß ich fühlt oder die Sache gar als Geschenk des Himmels deutet.

Sie müßte dann nämlich noch mal außer Haus, um irgendwo eine Kerze anzuzünden.

Ich denke mal, sie ist so abgeklärt, daß sie den Grund ihres Wunders in einer ganz simplen Erklärung findet.

Sollte das nicht der Fall sein, kann sie auch zu Hause eine Kerze entfachen. Oder zwei oder auch sieben.

Der Nachteil dieser Geschichte ist, daß sie nun noch einmal einen Trauerschock erleben wird.

Nämlich dann, wenn der Winter tatsächlich zuschlägt und Väterchen Frost mit seiner Kälte die Grünen endgültig ins Blumenjenseits befördert.

Und er wird zuschlagen.

Ich spüre das.

Lange läßt er nicht mehr auf sich warten.

Die Kleine sollte schon mal ihr Winterauto startklar machen.
Diesen kleinen Schneefloh, mit dem sie locker über hohe Schnee-
wehen hüpfen kann.
Sie wird ihn bald brauchen.

Nebelhochzeit

Schwadrig schleicht sich der Nebel langsam von den tiefer gele-
genen Tälern zu uns herauf und hüllt uns vollkommen in seinem
Dunst ein.
Man könnte fast meinen, er besitzt die Fähigkeit, durch die
geschlossenen Türen und Fenster zu kriechen.
Er preßt sich gegen die Scheiben und hinterläßt darauf einen
feuchten, kalten Hauch.
Wenn meine Kleine die Balkontür auch nur einen Spalt breit
öffnet, schlüpft er hurtig hinein in die gute Stube, um sich mit
der warmen Raumluft zu vermählen und eins mit ihr zu werden.
Heftig wirbeln sie in einem kurzen Rausch, bevor der Nebel lang-
sam stirbt.
Die Raumluft bleibt allein zurück.
Jedesmal, wenn ich frische Luft schnappen gehe, wiederholt sich
diese Vorstellung.
Es ist wieder soweit.
Manchmal produzieren meine Empfindungen diese flüchtigen
Gedanken, die durch mein Hirn flattern, von denen ich nicht weiß,
woher sie kommen.
Ich vermute, daß tief in meinem Innern ein kleiner Poet schlum-
mert, der ab und zu meine Überlegungen vergoldet.
Mag sein, daß gerade dieser Nebel mich zu solchen Anwand-
lungen verführt und sachte inspiriert.
Vielleicht bin ich auch nur etwas überdreht.
Ich sollte schreiben lernen und mir einen Notizblock schenken
lassen.

Eingeschneit

Meine Kleine hat sich mit den Weihnachtsgeschenken übernommen.
Den ganzen Tag packt sie nun schon große, nicht so große, kleine

und klitzekleine Päckchen ein.

Das Meiste hat sie selbst gebastelt.

Die kleine Spinne, die sie in der Pflanze auf dem Wohnzimmertisch entdeckt, darf bleiben und ihr beim Einpacken zuschauen.

Weil Weihnachten ist.

Morgen wird sie sie umquartieren.

Nickel rollt sich neben der Kleinen auf einem Kissen ein.

Sie sieht aus wie Nußgebackenes auf der Oblate.

Ich hole eine Maus.

Schließlich möchte ich nicht mit leeren Pfoten dastehen.

Die Kleine hat mir ja auch etwas geschenkt.

Ein exklusives Weihnachtsfutter von ihrer Nichte.

Wie niedlich.

Meine niedliche Maus erwartet die Kleine, als sie nach dem Baden fast über sie stolpert.

Ich habe sie mitten im Wohnzimmer abgelegt, damit sie mein Geschenk auch gleich findet.

»Ob er weiß, daß heute Weihnachten ist? Er hat doch schon ewig keine Maus mehr angeschleppt. Ausgerechnet heute«, sagt die Kleine zu meinem Großen, der nicht so sehr von meinem Mitbringsel begeistert ist.

Und ob ich das weiß.

Es deutet alles darauf hin.

Die Päckchen, der geschmückte Baum, das Gebäck auf dem Tisch, die feierliche Stimmung.

Einfach alles.

Das Gebäck auf dem Tisch hat sie übrigens selbst gebacken.

Es ist mir entgangen, wann und wie sie es angestellt hat, aber es ist ihr eigenes Werk.

Ich werde mich nachher darauf stürzen, wenn sie weg sind.

Oder auch nicht.

Wie ich meine Kleine kenne, entzieht sie mir die Gelegenheit zum Gebäckdiebstahl, indem sie die Plätzchenschale in Sicherheit bringt.

Aus den Augen, aus dem Sinn.

Ich weiß genau, daß heute Weihnachten ist, weil ich mich wieder einmal darüber ärgere, daß sie mich genau kennt.

Die Nickel kriegt auch ein Geschenk von mir.

Während meine beiden Christkinder auswärts ihre Päckchen verteilen und sich die Wampe mit guten Sachen füllen, tummeln wir uns in der Wohnung.

Ich jage sie ein paarmal vorsichtig um den Weihnachtsbaum, ohne sie eigentlich zu verfolgen.

Das ist mein Geschenk. Heute tue ich ihr nicht weh.

Morgen vielleicht wieder.

Außerdem soll dem liebevoll geschmückten Baum nichts geschehen.

Keine Nadel darf ihm gekrümmt werden.

Nickels Geschenk für mich gefällt mir besonders gut.

Sie verwandelt die Verfolgung um den Baum in einen Tanz um denselben, und es ist das erste Mal, daß sie mit mir tanzt.

Ausgelassen hüpfen wir durch das Wohnzimmer, bis wir uns müde auf unsere Plätze kuscheln.

Sollte das etwa der Beginn einer neuen Beziehung zu Nickel sein?

Sollte sie nun ihr Herz öffnen, und mich hinein lassen?

So aufgeschlossen und zahm habe ich sie noch nie erlebt.

Ich wünsche mir, daß wir diesen kleinen Hauch von Zuneigung ausbauen können.

Als meine beiden heimkommen, bringen sie den Winter mit.

Jetzt ist er endlich da, und er hat sich genau den rechten Augenblick für sein Kommen ausgesucht.

Nicht so zaghaft und launisch wie letzte Woche, wo er andauernd einen schwachen Schneebelag hinterlassen hat.

Nein, richtig dicke, fette Schneeflocken fallen vom Himmel und verzaubern binnen kürzester Zeit unsere Landschaft in eine liebliche Weihnachskartenidylle.

Meine Kleine freut sich.

Sie hatte sich Schnee gewünscht.

Sie hat ja Urlaub, und außerdem hat sie ihren Schneefloh am Freitag noch schnell angemeldet.

Jetzt soll er auch gefälligst kommen, der Schnee.

Mindestens zehn Zentimeter hoch soll er liegen.

Wenn es so weiterschneit, kriegt sie glatt die dreifache Menge.

Daß ich Schwierigkeiten beim Geschäfteln habe, besonders auf meinem schneebedeckten Stamm, juckt sie wenig.

Sie stellt mein Katzenklo auf den Balkon, und damit ist das Problem für sie entschärft.

Und was ist mit meinen Wanderungen und Streifzügen?

Und wo kriege ich frische Mäuse her?

Wenigstens zeigt mein Großer Verständnis für meine bescheidenen Bedürfnisse.

Er schleust mich durch das Treppenhaus und lädt mich auf einen

Weihnachtsspaziergang zum Fischteich ein.

Ich finde das sehr lieb und verständnisvoll von ihm.

Wirklich aufmerksam.

Dankeschön!

Ich bereue die Aufmerksamkeit meines Großen in dem Augenblick, als er mich draußen absetzt und meine Pfoten sofort im Schnee versinken.

Das eklige, naßkalte Zeug klebt schwer an meinem Fell, und jetzt unterstelle ich ihm Absicht.

Er hat es mit Absicht getan, und nun ist er auch noch schadenfroh.

Aber ich werde mir nichts anmerken lassen.

Ich schüttle mich drei bis vier Mal und folge ihm eisern.

Ich war heute noch nicht draußen.

Es muß sein.

Wie ein Hund trotte ich neben meinem Großen her, weil er den Weg kennt, der nicht mehr zu sehen ist, und ich panische Angst habe, plötzlich im tieferen Schnee zu versinken.

Er empfindet das als absolute Treue, dabei ist es nur meine absolute Vorsicht.

Na ja. Einen Spaziergang kann man das eigentlich nicht nennen, was ich vollführe.

Es ist eher ein Hüpfen, Zappeln und Schütteln.

Ich bin zur falschen Zeit am falschen Ort.

Oder ist es der richtige Ort zur falschen Zeit?

Vielleicht ist es auch der falsche Ort zur rechten Zeit.

Egal! Ich friere!!!

Ich bin heilfroh und total erschöpft, als wir den Rückzug antreten.

Ich benutze meinen Stamm für den Heimweg.

Hinauf geht es einfacher, und bei der Gelegenheit räume ich gleich den Schnee.

Nickel bedankt sich für diese Schneeräum-Service, obwohl ich das nur für mich getan habe.

Na ja, nicht ganz.

Weil sie so hübsch mit mir getanzt hat.

Und dann hat sie heute morgen auch für mich geräumt.

»Ich küsse dich«, sagte die Schneeflocke und zerschmolz vor Freude auf meiner Nasenspitze.

Jenseits der Schmerzgrenze

Silvester geben wir eine Riesenfete.

Normalerweise mag ich es nicht so gerne, wenn bei uns so viel Besuch umherwimmelt.

Doch heute mache ich eine Ausnahme, und ich bin ganz scharf auf massenhaften Besuch.

Denn je mehr Leute wimmeln, um so lauter wird es bei uns.

Und je lauter es bei uns wird, um so weniger tönt der Krach von draußen herein.

Er wird sozusagen vom internen Lärm übertönt.

Bis auf ein paar hartnäckige Laute.

Diese hartnäckig lauten Knaller sind es, die mir auch dieses Silvester wieder sämtliche Nerven abtöten.

Seit zwei Tagen schleiche ich angespannt und auf den größten Schock des Lebens gefaßt, durch die Wohnung.

Es ist, wie jedes Jahr, eine unerträgliche, emotionale Nötigung.

Also, diese ätzenden Hartnäckigen haben es mir besonders angetan.

Kanonenschläge nennen sie so was.

Und wenn sie diese Kanonenschläge in der Kanalisation explodieren lassen, dann ist es, als ob eine Bombe einschlägt.

Das ganze Viertel wird erschüttert.

Ich weiß nicht, was eine Bombe ist, aber die Kleine sagt, daß es Menschen gibt, die schon Bomben erlebt haben.

Es muß etwas Schreckliches sein.

Etwas Vernichtendes, und diese Menschen werden an eine Zeit der Zerstörung und des Todes erinnert, wenn sie diese Kanonenschläge hören.

Ich finde, das ist eine unglaubliche Sinnlosigkeit.

Man sollte es verbieten.

Man sollte überhaupt endlich alles verbieten, was knallt, zischt, heult oder schrill pfeift.

Unser Besuch ist recht ausgelassen und angenehm laut.

Es sind auch Leute da, die ich gar nicht kenne, aber heute kann ich sie alle gut leiden.

Meine Kleine ist eher ruhig, aber nervös.

Was hat sie nur?

Es ist doch alles in bester Ordnung.

Na ja, den Umständen entsprechend, halt.

Plötzlich nimmt sie ihre dicke Jacke vom Bügel.

Was soll das?

Will sie mich alleine lassen?

Ich maule.

»Das kannst du doch nicht bringen! Wenn nachher der Terror ausbricht, brauche ich dich.«

»Ich bin gleich wieder zurück«, sagt sie, und ihre Stimme zittert leicht.

»Ich muß doch schauen, wo die Nickel ist. Sie müßte längst wieder da sein. Bei den Krachern und Knallern bleibt sie doch nicht so lange draußen. Nicht freiwillig. Da muß etwas passiert sein.«

»Aber ...«

»Ich muß sie suchen«, unterbricht sie meinen Einwand. »Vermutlich hat ihr jemand so ein verdammtes Ding hinterher geworfen, und nun ist sie kopflos, wenn nicht gar verletzt. Drück mir die Daumen, daß ich sie finde, Burli.«

»Natürlich. Aber ...«

»Bis gleich«, sagt sie, schwingt die Jacke um und verschwindet durch die Haustür.

So was!!!

Dann widme ich mich eben so lange unseren Gästen.

Sie sind wirklich sehr laut geworden.

Schön laut.

Himmlisch laut.

Sie könnten ruhig noch lauter sein.

Ich habe nichts dagegen.

Von unten höre ich ab und zu schwach, wie die Kleine nach ihrem vermißten Knallfrosch ruft.

Nicht scheinbar, sondern hundertprozentig vergebens.

Sie wird sie nicht finden, ich weiß das genau.

Nach einer halben Stunde kommt sie niedergeschlagen zurück.

Ich glaube, ich erkenne sogar, daß sie geweint hat.

»Ich habe sie nicht gefunden, Fritz. Was soll ich nur tun?«

»Gar nichts. Ich hätte dir sagen können, daß du sie nicht findest, aber mich fragt ja keiner.«

Sie hat »Fritz« gesagt.

Es wird ernst.

»Moment mal«, sagt sie plötzlich, und unsere Gäste schauen sie verwundert an.

Auf allen Vieren krabbelt die Kleine hinter den Wohnzimmerschrank und entdeckt dort ihr zusammengerolltes Knallfröschlein, die ihre Pfoten fest auf die Ohren drückt.

»Ja, da ist ja mein Mädele«, jubelt sie überglücklich, und ein ganzer Steinbruch fällt gerade von ihrem Herzen.

Hätte sie mich halt ausreden lassen, dann wären ihr eine halbe Stunde schlimmster Sorge und Angst um ihr Mädele erspart geblieben.

Ich wage gar nicht, mir all das auszumalen, was sie sich in der Zeit der Fahndung nach Nickel wieder zusammengesponnen hat. Dabei war sie, genau wie ich, heute gar nicht unten.

Den ganzen, lieben, langen Tag noch nicht.

Sie hat sich verkrochen, und ich verkrieche mich jetzt besser auch irgendwo.

Die Zeit rückt voran, und der Zirkus draußen nimmt zu.

Die Kleine findet nun doch noch endlich ihre Silvesterstimmung. Um Mitternacht, als das Feuerwerk losgeht und die Glocken läuten oder umgekehrt, starte ich mein Heimfeuerwerk aus Panik, Konfusion und Hysterie.

Unterm Bett natürlich.

Stocksteif, mit aufgerissenen Augen und gestelltem Fell, harre ich unter dem Bett aus und wünsche mir, ich wäre auf einem anderen Stern.

WENN DAS LEBEN ENTGLEIST

Kauwerkzeug

Am Neujahrsmorgen lasse ich meine Kleine ausschlafen.

Nach dem Frühstück suche ich engen Körperkontakt, als schwache Entschädigung für die vergangene Wahnsinnsnacht.

Ich brauche sie unbedingt in meiner Nähe, weil der Schock noch immer anhält.

Ich folge ihr ins Bad, um meine Beruhigungs-Streicheleinheiten zu erhalten und setze mich schon mal auf dem Klodeckel in Pose.

Als sie die Tür schließt, erschrecke ich zu Tode.

Himmel, was ist denn das?!!!

Kann man das essen?

Hinter dem Wäschekorb erkenne ich ein riesiges, ekliges, weit aufgerissenes Maul. Ich stelle mir den Körper vor, der zu diesem schrecklichen Maul gehört, gerate natürlich in höchste Panik und werde starr wie ein Eiszapfen.

Jetzt ist die Kleine an der Reihe.

Sie wird mir helfen, mit der Bestie fertig zu werden.

Oder auch nicht.

Sie ist so geschockt, daß sie zittert.

Sie schüttelt sich regelrecht.

Ich überlege hastig bis krampfhaft, was das sein kann.

Rattenerich?

Nein«, der hatte zwar auch ein schreckliches Maul, aber das hier ist ja bestialisch.

Außerdem verschwand Rattenerich durch die Regenrinne direkt in die Hölle.

Sicher ist das wieder eins von diesen neumodischen Monstern, und ausgerechnet mir muß es begegnen.

Aber ich muß meine Kleine beschützen.

Jetzt nur keine falsche Bewegung.

Todesmutig, wie ich es eigentlich sein sollte, es aber nicht bin, stürze ich mich auf das Riesenmaul und knalle ihm eins mit meinen Krallen drauf.

Sofort schnelle ich wieder zurück in meine Stocksteifheit.

Das Maul reagiert nicht.

Keine Bewegung.

Diese sture Bewegungslosigkeit kann nur hinterlistige Taktik sein, um mich zu verunsichern.

Sei auf der Hut, Fritz!

Ich packe meinen wenigen Mut zusammen und knalle ihm noch

eins auf die Raffel.

Nichts. Keine Reaktion.

Es sperrt nur sein blutrünstiges Maul auf und läßt die Reißzähne gefährlich blitzen.

Ich werde nervös und leicht konfus.

Ich zwinge mich zu logischen Überlegungen.

Das, was da aus dem schmalen Spalt zwischen Wäschekorb und Wand hervorragt, ist bösartig und wahrscheinlich oberlink.

Aber in dem Spalt ist kein Platz für einen großen Körper.

Es muß etwas Schlankes sein.

Eine Schlange?

Ja, genau! Eine Riesenschlange! Oha!!!

Ich riskiere einen kurzen Seitenblick zu meiner Kleinen.

Nur für den Bruchteil einer Sekunde, um meinem gräßlichen Gegenüber nicht die Chance eines Angriffs zu überlassen, weil ich abgelenkt bin.

Die arme Kleine bibbert und schüttelt sich in ihrer Angst, und sie hat die Hände vor ihren Mund gepreßt, um den Schrei zu unterdrücken.

Wie aufmerksam und besonnen sie doch ist.

Eine falsche Bewegung, ein falscher Ton.

Es wäre vermutlich mein Ende.

Von einem Schrei ganz zu schweigen.

Die Schlange würde den Moment der Panik ausnutzen.

Sie würde herumschnellen, mich packen, ihren Kiefer aushängen und mich mit Fell und Schwanz in sich hineinwürgen.

Es ist mucksmäuschenstill geworden, und ich höre die Kleine rasend atmen.

Ich müßte nun etwas unternehmen, denke ich.

Sollen wir denn ewig im Bad festhängen, den Tod vor Augen?

Wieder knalle ich der Schlange, beziehungsweise deren Schlappmaul, meine Krallen entgegen.

Dabei verhake ich mich in den Zähnen und ziehe den Schlangenkopf aus dem Versteck.

Klirrend schlägt der Kopf an die Fliesen der Wand.

Reflexartig und wahnsinnig erschrocken mache ich einen Zweimetersatz rückwärts und knalle gegen die Kniescheiben meiner Kleinen.

Moment mal!

Das hat sich aber eben komisch angehört, als der Schlangenkopf an die Wand schlug.

So nach Metall.

Es gibt keine Schlangen aus Metall.

Und überhaupt, wie sollte eine Schlange ausgerechnet zu uns in die Wohnung kommen?

Wie sollte sie hineingelangt sein?

Durch den Abfluß, vielleicht? Hä?!

Nein, nein, nein, eine Schlange ist das nicht.

Aber was sonst?

Genau in diesem Moment prustet die Kleine los.

Sie hat Tränen in den Augen, und sie kriegt keine Luft mehr vor lauter Lachen.

Und genau in diesem Moment, als die Kleine so herzhaft loslacht, fällt mir ein, daß sie gestern den Abfluß sauber gemacht hat, wozu sie eine Rohrzange benutzte. Sie hat sie danach hinter den Wäschekorb geschoben.

Für den Fall, daß das Rohr nicht ganz dicht ist. Und genau in diesem Moment, als mir das einfällt, kriege ich eine Schweinewut, weil sie mich so vorgeführt hat.

Sie hat sich schon die ganze Zeit geschüttelt vor Lachen, während ich um sie und um mich schlimmste Todesangst auszustehen hatte.

Sie hat die Hand vor den Mund gehalten, damit sie sich nicht verrät und sich weiter über meine Blödheit amüsieren kann.

Ja, wie finde ich denn das?

Mein sowieso schon geschundenes Nervenkostüm derart zu mißhandeln.

Das ist ja mal wieder obergemein.

Ha, ha, ha!!!

Selten so gelacht.

Ich muß mich zusammenreißen, daß ich ihr nicht eine schmiere.

Das wäre das heutige Aus für meine Dropse.

Ich werde mich anderweitig abreagieren.

Wo ist die Nickel, die falsche Schlange?

Sicher hat sie sich auch eins gelacht.

Es wird Zeit, daß sie mal wieder Ohrfeigen kriegt.

»Nickel, Mädele! Wo bist du?«

Nicht da.

Jetzt hat sie aber ein Mordsglück gehabt.

Ich hätte sie zur Schnecke gemacht.

Nein, es muß sein.

»Nickel! Hast du mal einen Moment Zeit?«

»Muß es gleich sein«, säuselt sie bittersüß und kichert.

»Nein, es reicht auch übernächste Woche noch.«

Sie will mich bloß wieder auf die Palme bringen, aber darauf kann sie warten, bis sie Fäden zieht.

Aufgeschoben ist nicht aufgehoben.

Das wird dauern, bis ich dieses psychische Gefahrgut entsorgt habe.

Allerlei

Dschinazwei ist weggezogen.

Das heißt, Elki und Harald sind wieder ausgezogen.

Die Wohnung war ihnen zu klein.

Schade.

Dschinazwei hatte sich so gut eingelebt, und wir hatten alle eigentlich angenommen, daß sie sich im nächsten Frühling mit Tequila verlobt.

Aber wenn die Wohnung zu klein ist, da kann man nichts machen.

Der Beppi ist Fünfzig geworden.

Als Geschenk hat die Kleine ihm und seinen Kindern mein neues Buch geschenkt.

Sie hat es in diesem speziellen Fall als Erinnerung an Gisela und als Mahnung für den Beppi gedacht.

Zwar wird er es nicht lesen, aber es ist ein Muß, daß er es besitzt.

Ja, mein zweites Buch.

Die Fortsetzung.

Die Kleine hat wieder so hart für mich gearbeitet, und ich habe es nicht einmal mitgekriegt.

Bis vor ein paar Tagen der Verleger die Bücher gebracht hat.

Seitdem ist die Kleine wieder ganz aus dem Häuschen vor Freude.

Und ich bin riesig stolz auf sie. Und auf mich.

Gäbe es mich nicht, gäbe es keine Bücher von mir.

Sie reden übrigens wieder mit dem Beppi.

Belangloses, aber sie reden.

Mein Großer jedenfalls.

Sie laufen sich ab und zu über den Weg und plaudern.

Die Kleine weniger.

Sie hat nicht so oft die Gelegenheit, dem Beppi über den Weg zu laufen, aber sie winken sich immer, wenn sie sich mit dem Auto begegnen.

Das ist alles.

Das ist alles, was geblieben ist, aber es ist für ihn immer noch der winzige Hauch einer Chance, den Weg, den er geht, zu verlassen.

Denken tut sie oft an ihn.

Jetzt, wenn es abends länger hell ist, und sie ihn manchmal beim Schafefüttern beobachten kann.

Was wohl so alles geschieht da drüben?

Das erzählt ihr dann mein Großer, wenn er sich mal wieder mit einem von Beppis Söhnen unterhalten hat.

Es ist nichts Gutes, was der Beppi fabriziert.

Die Macht des Bösen breitet sich bedrohlich um ihn aus.

Er soll immer mehr den Halt verlieren.

Sorgen macht sich die Kleine natürlich.

Nicht um den Beppi.

Nicht mehr.

Er kennt den Preis, den er nicht zahlen will.

Aber die Söhne werden mit hineingezogen, in diesen Strudel der Ohnmacht.

Die Kleine ist etwas beruhigt, wenn sie weiß, daß ihr Großer ab und zu mit ihnen zusammen ist, und sie reden können.

Obwohl sie danach immer neue Hiobsbotschaften in Sachen Beppi erfahren muß.

Es ist zum Verzweifeln.

Er schwimmt immer weiter vom Ufer weg.

Gegen jede Chance.

Lieblingsplätze

Nickel kommt zur Zeit auch wieder auf die verrücktesten Ideen, wenn es darum geht, einen geeigneten Lieblingsplatz zu finden.

Es ist nie derselbe, den sie zuvor benutzt hat. War sie gerade noch im Wäschekorb und hat meiner Kleinen beim Baden Gesellschaft geleistet, so wählt sie für die folgende Ruhepause den Schreibtischstuhl. Sie weiß ganz genau, daß die Kleine bald auch dort sitzen wird, um etwas zu arbeiten.

Danach macht sie es sich auf dem Schaukelstuhl gemütlich, auf dem die Jeans von meinem Großen liegen.

Sie liegt immer irgendwo, wo irgendwas von meinen beiden ist.

Den Vogel schießt sie ab, als meine Kleine die Tasche für meinen Großen packt.

Er ist wieder die ganze Woche weg.

Sie legt noch ein frisches Badetuch auf die Tasche, damit er es nicht vergißt.

Als sie das nächste Mal ins Büro kommt, lacht sich die Kleine fast kringelig.

Sie ruft den Großen hinzu, und der amüsiert sich ebenfalls köstlich.

Jetzt muß ich aber wissen, was die beiden so putzig lustig finden und folge ihnen ins Büro.

Typisch, denke ich bei dem Anblick, der sich mir bietet.

Typisch und absolut schleimig!!!

»Sie möchte dich begleiten«, kichert die Kleine.

Nickel hat sich das Handtuch auf der gepackten Tasche meines Großen als Lieblingsplatz auserkoren.

Sie will ihm sagen, daß es eine Ehre für sie ist, auf seinen Sachen zu ruhen und erkauft sich so seine Zuneigung.

Sie schleimt sich bei ihm ein.

Typisch!!!

Aber lachen muß ich trotzdem.

Es sieht geradezu lächerlich aus, wie sie mitten im Zimmer auf der Tasche thront, wie ein überfülltes Paddelboot.

Ich sollte sie hineinstopfen und den Reißverschluß zumachen.

Sie wäre erst wieder nächsten Freitag da und könnte so lange meinem Großen die Zeit versüßen.

Einen Tag später hockt sie in dem Weidenkorb, den mein Großer immer zum Pilzesammeln mitnimmt.

Der steht auf dem Balkon unter dem kleinen Tisch.

Eigentlich kommt sie da gar nicht hinein.

Erst, wenn sie ihn wie eine Schublade unter dem Tisch vorzieht.

Das tut sie, legt sich in den Korb und läßt sich die Sonne auf den Pilz, äh, Pelz scheinen.

Ich muß ihr mal einen gescheiten Platz aussuchen.

Einen, den sie nicht mehr verlassen kann, und wo ich sie nicht mehr sehe.

Wie wäre es mit der Gefriertruhe?

Sie würde immer frisch bleiben.

Oder dem Dachboden?

Dort wäre sie mir aus den Augen.

Die Waschmaschine benutzt sie nicht mehr.

Aber das ist nicht so tragisch.

Ich kann nämlich immer noch nicht die Gebrauchsanweisung lesen.

Im Labyrinth des Grauens

Meine Kleine hat ihrer Nichte versprochen, sie zum Fasching zu begleiten.

Es ist noch Vorfasching, und normalerweise geht die Kleine nur zum Fasching, wenn auch wirklich Fasching ist.

Meistens am Rosenmontag.

Nun hat sie sich breitschlagen lassen, eine solche Veranstaltung zu besuchen.

Aber nicht bis in die Puppen, das war ihre Bedingung, weil sie anderntags arbeiten muß.

Es ist der Dienstag vor Fasching.

Mein Großer nutzt die Verabredung meiner Kleinen, um arbeitstechnisch ein großes Stück voranzukommen.

Wenn sie doch nicht zu Hause ist, kann er die Arbeit bis abends ausdehnen.

Sie verabreden, daß er spät und sie nicht so spät heimkommt.

Als die Kleine von der Arbeit zurück ist, köchelt sie sich etwas zu Essen, überlegt es sich dann aber anders.

Sie will erst baden und danach das Vorbereitete gemütlich zu sich nehmen.

Dann wird sie sich verkleiden und in den Fasching entschwinden.

Sie ist besonders gut drauf und freut sich auf den Abend mit ihrer Nichte.

Sie steigt gerade aus der Wanne, als es klingelt.

»Oh nein«, denkt sie. »Jetzt kommt wieder irgendeiner, der sein Herz bei ihr ausschütten will.«

Es ist immer so, daß jemand kommt, wenn sie etwas vorhat.

Ich werde nicht aufmachen. Schließlich war ich vor zwei Sekunden noch im Wasser.

Sie ignoriert das Klingeln.

Es klingelt noch einmal.

Diesmal öfters hintereinander.

Das kann sie nicht ignorieren.

Das ist keiner, der sein Herz ausschütten will.

Das ist einer, der Hilfe braucht.

Sie hüllt sich in ihren Bademantel und öffnet die Tür.

Es ist Beppis Sohn, der nach meinem Großen fragt.

»Er kommt heute Abend spät heim. Was ist denn«, will die Kleine wissen, und so langsam stellt sich ein komisches Gefühl bei ihr ein.

Er wirkt so außer sich.

241

»Was ist los«, fragt die Kleine noch einmal, und ihr komisches Gefühl steigert sich zu einer schlimmen Ahnung.

Es ist etwas passiert.

Warum sonst kommt er nicht herauf.

Warum sonst sitzt er unten auf der Treppe und rückt nicht heraus mit dem, was los ist.

»Ist etwas mit deinem Bruder?«

»Nein. Aber mein Vater...«

»Was ist mit ihm?«

»Jetzt hat der Beppi die Wohnung demoliert oder sonst irgend etwas Verrücktes angestellt«, denkt die Kleine.

Ein Unfall oder so. »Komm doch endlich rauf, komm rein. Ich ziehe mich an, aber komm herein. Du kannst doch nicht auf der Treppe sitzen bleiben.«

Die Kleine fetzt ins Schlafzimmer, reißt irgendwelche Klamotten aus dem Schrank und zieht sich an.

Als sie ins Wohnzimmer zurückkommt, ist Beppis Sohn nicht da.

Sie läuft zur Treppe, wo er noch immer sitzt und jetzt zu weinen begonnen hat.

»Was ist mit dem Beppi«, fragt die Kleine.

»Was hat er getan?«

»Er.... er ist tot. Er hat sich erhängt. In der Hütte.«

Die Kleine glaubt, daß sie gerade an einem falschen Ort sein muß, denn es will nicht in ihrem Kopf ankommen, was eben gesagt worden ist.

»Komm rein«, sagt sie nur.

Sie weiß, daß jetzt alles seinen Gang geht.

Fast wie automatisch.

Er kommt herein, setzt sich auf die Couch und weint sich seinen Schock vom Leib.

Die Kleine läßt ihn in Ruhe.

Er wird ihr schon alles erzählen.

Erst während sie wartet, daß er sich wieder etwas faßt, wird ihr wirklich bewußt, was geschehen ist.

»Er ist tot. Er hat sich erhängt. In der Hütte.«

Nein, das ist doch wieder ein Alptraum.

Ich möchte sofort aufwachen.

Kopflos irrt sie durch die Wohnung.

»Was soll ich jetzt tun? Ich bin alleine. Was soll ich bloß machen«, denkt sie hilflos.

»Er muß darüber reden, damit er wieder zu sich kommt.«

»Es tut mir so sehr leid«, sagt sie mit fast versagender Stimme.
»Er ist gestern Morgen aus dem Haus gegangen, wie immer«, erzählt
Beppis Sohn. »Aber er kam abends nicht nach Hause. Ich habe mir
nichts dabei gedacht, weil er in letzter Zeit so unberechenbar war. Nachdem er nachts auch nicht gekommen ist, habe ich mir Sorgen gemacht.
Gewöhnlich war er nachts immer da, auch wenn er irgendwo versackt
ist. Ich habe überall, wo er sein könnte, angerufen, aber niemand hat
ihn seit Sonntag gesehen. Bei der Arbeit war er auch nicht. Irgendwann ist mir aufgefallen, daß der Haustürschlüssel am Schlüsselbrett
hing, und da habe ich gewußt, daß etwas passiert ist. Ich ging dann
sofort zur Schafhütte, und dort habe ich ihn gefunden. Er ist schon
kalt. Es muß schon länger her sein, daß er es getan hat. Ich kam dann
gleich zu euch, damit mir jemand hilft, ihn abzuhängen.«

»Das darfst du auf keinen Fall tun. Wir müssen alles so lassen,
wie es ist. Ich muß die Polizei rufen. Verstehst du das? Wir können da nicht alleine durch. Wir brauchen Hilfe.«

Die Kleine nimmt das Telefon, wählt die Notrufnummer und
erklärt, was passiert ist.

Es dauert keine fünf Minuten, bis das erste Martinshorn zu vernehmen ist. Der erste Rettungswagen hält vor unserem Haus,
während ein weiterer direkt bis vor die Haustür fährt.

Die Kleine rennt auf die Straße.

Beppis Sohn bleibt in unserer Wohnung zurück. Ich folge der
Kleinen durch das Treppenhaus.

Ich muß nun bei ihr sein, obwohl ich im Moment so weit weg
von ihr bin, wie ich es noch nie im Leben gewesen bin.

Sie nimmt mich gar nicht wahr, aber ich muß bei ihr sein.

Draußen bietet sich ein katastrophales Bild.

Binnen weniger Sekunden hat sich das gesamte Viertel vor
unserer Haustür versammelt.

Die Fenster gehen auf und kleine Kinder rennen durch die Nacht.

Die ganze Szene wird von den zuckenden Lichtern der Rettungswagen schaurig beleuchtet.

Mittendrin steht meine Kleine, die dieses Chaos nicht fassen kann.

Sie redet kurz mit einem der Ärzte, deutet in Richtung Hütte,
und dann rennen sie los.

Mach jetzt bloß keinen Fehler, denke ich, als meine Kleine die
Gruppe von vier Ärzten anführt und auf die Hütte zurennt.

»Er hängt hinten«, hat Beppis Sohn noch gesagt, bevor die Kleine
auf die Straße stürzte.

Es wissen nur Eingeweihte, was hinten ist.

Sie muß es ihnen zeigen, aber sie sollte nicht hinein gehen.

Sie sollte sich das nicht antun.

Ich komme fast nicht nach, und zu meinem Entsetzen muß ich mitansehen, wie die Kleine in der Hütte verschwindet.

Ihr folgen die Strahlen der Taschenlampen, und als ich vor der Hütte ankomme, steht die Kleine regungslos vor dem Beppi und schaut an ihm hoch.

Sie hat es nicht vermeiden können.

Sie ist hineingerannt und stand plötzlich vor ihm.

Eine Ärztin packt sie sanft an den Schultern, dreht sie um und sagt: »Das, was nun geschehen muß, sollten sie sich besser nicht antun. Gehen sie hoch zur Straße. Es kommt noch ein Arzt von der Staatsanwaltschaft. Zeigen sie ihm bitte den Weg.«

»Ja, natürlich.«

Die arme Kleine verläßt die Hütte und rennt über die Wiese.

Dabei schreit sie ihren Schock aus sich heraus.

»Du Idiot! Du verdammter Idiot. Warum hast du das getan?«

Sie ist so außer sich, daß die Ärztin ihr nachläuft und sie fragt, ob sie Hilfe braucht.

»Nein, ich bin schon in Ordnung. Ich gehe jetzt hoch.«

An der Straße erwartet sie ein wachsender Menschenauflauf.

Jeder will wissen, was bei uns passiert ist.

Sie ziehen und schubsen sie herum, und reden auf sie ein.

»Warum geht ihr nicht alle heim. Es ist doch nur ein Notfall«, sagt die Kleine völlig außer Atem.

»Ist etwas bei euch passiert«, will einer wissen.

»Nein!«

»Was ist denn los?«

»Ist etwas mit dem Langen?«

»Nein, es ist etwas mit dem Beppi.«

»Was ist mit dem Beppi?«

»Er ist tot.«

Sie knallt dem Neugierigen diese drei Worte direkt und kalt ins Gesicht, so daß er erschrocken zurückweicht.

Das ist es doch, was sie wollen.

Sie wollen Action, sie wollen Schock und Aufregung.

Hans, unser Nachbar ist es, der meine Kleine vor den Zugriffen der Meute schützt.

»Laßt sie in Ruhe«, sagt er zu jedem, der sie bedrängt, um etwas Näheres zu erfahren.

Sie findet den neu hinzugekommenen Arzt und zeigt auch ihm

den Weg zur Hütte.

Als sie wieder zurück kommt, wird sie schon von der Kriminalpolizei erwartet.

Sie gehen in unsere Wohnung und »nehmen die Fakten auf«, wie es so schön heißt.

Beppis Sohn hat sich erstaunlich gut gefaßt. Er beantwortet alle Fragen und schildert, was er der Kleinen auch schon erzählt hat.

Danach gehen die beiden Beamten zur Hütte, um die Ermittlungen fortzusetzen.

Wir sind alleine, und es ist plötzlich so still, daß es in den Ohren klingelt.

Das Ende eines Kampfes, der nicht zu gewinnen war, ist schmerzlich spürbar.

Ich mache mir arge Sorgen um meine Kleine.

Sie ist so außer sich, daß sie es fast nicht ertragen kann.

Aber sie muß nun für Beppis Sohn dasein.

Wenn nur mein Großer hier wäre.

Sie fühlt sich so unendlich alleine.

»Soll ich das Beerdigungsinstitut anrufen?«

Er nickt stumm.

Der Inhaber der Instituts ist ein Bekannter der Familie.

Auch die Kleine kennt ihn gut. Er muß uns helfen.

Sie ruft ihn an und erklärt ihm alles.

»Wenn die Kripo fertig ist, soll ich noch einmal anrufen. Er holt ihn dann.«

Wieder nickt er stumm.

»Hast du etwas gefunden? Einen Brief oder irgendetwas?«

»Nein, es war zu dunkel.«

»Lieber Himmel, was hat er euch da nur angetan? War es so schlimm, daß man sich das Leben nehmen muß?«

»Ja, es war schon ziemlich schlimm, in letzter Zeit. Aber sich deswegen aufzuhängen...«

»Die Unberechenbarkeit kann sich jeden als Geisel nehmen«, sagt sie bitter. »Und wenn die Psyche streikt, siegt oft das Verderben.«

Unsere Wohnung füllt sich wieder mit Ärzten und Kripobeamten.

Sie begleiten Beppis Sohn nach Hause, um dort nach irgendwelchen Hinweisen zu suchen. Vielleicht gibt es einen Abschiedsbrief.

»Ich komme nachher zu dir rüber«, verspricht die Kleine.

In diesem Moment kommt der Leichenbestatter.

Sie reden kurz über das Geschehene.

»Kannst du ihn allein holen. Ich kann da nicht noch einmal

245

hinunter gehen.«

»Natürlich. Ich weiß ja, wo ich hingehen muß.«

»Und du kümmerst dich um alles Weitere?«

»Ja, ich werde alles Erforderliche regeln.«

»Danke.«

Sie verabschieden sich, und dann ist erst einmal Ruhe.

Die Kleine nimmt mich in ihre Arme und drückt mich ganz fest an sich.

»Siehst du, Fritzi, jetzt hat er es doch geschafft. Wie oft hat er damit gedroht, und nun hat er es getan. Und er hat uns allen noch eins ausgewischt. Jedem hat er Entsetzen gebracht, und jeder fühlt sich schuldig, obwohl keiner etwas dafür kann.«

Liebevoll schmiege ich an meine Kleine und versuche, sie zu trösten.

Sie hängt total durch.

Da klingelt das Telefon.

Es hat sich bereits herumgesprochen, aber die Kleine will nicht darüber reden.

Sie bittet um Verständnis und legt auf.

»Himmel! Meine Mutter! Ich muß meine Mutter anrufen. Wer weiß, welche Gerüchte zu ihr getragen werden. Es hat sich ja alles bei uns abgespielt.«

Sie kommt den Gerüchten zuvor. Ihre Mutter weiß noch nichts.

Die Kleine bittet sie, die Verabredung mit der Nichte abzusagen und es ihr zu erklären.

Noch während des Telefonats klingelt der nächste Geier an der Tür.

Die Kleine ist jetzt ziemlich entnervt, sagt: »Jetzt nicht!« Dann knallt sie die Tür zu.

»Fritzi, ich werde mich wohl morgen bei einigen Leuten entschuldigen müssen.«

Nein, mußt du nicht, weil sie dich wirklich endlich in Ruhe lassen sollten.

Sie versucht, meinen Großen zu erreichen, der nach der Arbeit noch etwas trinken gehen wollte, weil sie eigentlich gar nicht zu Hause wäre.

Er arbeitet noch.

Sie hinterläßt die Nachricht, daß er ganz dringend unter Beppis Telefonnummer zurückrufen sollte. Sie wäre bei Beppis Sohn.

Wenn er hört, daß die Kleine dort ist, wird er wissen, daß etwas passiert ist, weil sie dort schon lange nicht mehr gewesen ist. Er wird sofort heimkommen.

Dann geht sie rüber. Ich bin ganz durcheinander.

Was ist da bloß geschehen?

Vor ein paar Stunden war unsere Welt noch in Ordnung.

Es war ein schöner, warmer Februartag.

Es war alles in bester Ordnung.

Nun hat uns Beppis Wahnsinn eingeholt und in tiefe Erschütterung gestürzt.

Wahnsinn?

Ja, es ist ein Wahnsinn.

Eine Wahnsinnstat auf dem Rücken anderer ausgetragen.

Die Kleine hat ihm im Laufe unserer Freundschaft viel verziehen.

Eigentlich alles, letztendlich, obwohl er das Vertrauen zerstört hat.

Aber das wird sie ihm nie verzeihen.

Daß er seine Kinder im Stich läßt und sich aus dem Staub macht.

Daß er einen Scherbenhaufen produziert und sich vor der Verantwortung drückt, mit einem heimlichen Tod.

Irgendwann wird meine Kleine den Beppi wieder treffen, und dann wird er sich wünschen, daß er sich nicht so einfach davongestohlen hätte.

Mein Großer kommt heim.

Er ißt eine Kleinigkeit und geht danach sofort rüber, um die Betroffenen zu unterstützen.

Kurz darauf kommt die Kleine zurück.

Sie ist so geschlagen, wie ich sie noch nie erlebt habe.

Noch immer hat sie nichts gegessen.

Aber anstatt etwas Brauchbares in den Magen zu kriegen, sehe ich sie in der Küche stehen und schwanken.

Sie ergreift eine angebrochene Flasche Rotwein, setzt sie an den Mund und trinkt sie fast leer.

Dann geht sie ins Bad und hält ihren Kopf unter kaltes Wasser.

Sie sollte jetzt endlich weinen.

Das würde ihr etwas helfen.

Sie weiß nicht, was sie tun soll, und ich weiß es auch nicht.

Hilflos bleibe ich in ihrer Nähe und schmiege mich bei jeder Gelegenheit an sie.

Sie setzt sich auf die Couch und wartet, bis der Große wiederkommt.

Sie muß jetzt unbedingt mit jemandem reden, sonst wird sie überschnappen.

Er kommt um Mitternacht.

»Geht es ihm einigermaßen«, fragt sie ihn.

»Ich weiß nicht. Ich denke, daß ich ihn allein lassen konnte.«

»Halt mich fest. Ich kann nicht mehr.«

Er nimmt sie in die Arme.

»Ich habe eben fast eine ganze Flasche Wein ausgetrunken, und ich spüre überhaupt nichts. Ich dachte, daß ich davon müde werden würde, aber ich bin so wach, daß ich es fast nicht aushalten kann. Ich möchte schlafen.«

»Geh schlafen. Ich bleibe noch eine Weile«, sagt meine Großer.

»Nein! Ich kann jetzt nicht alleine sein. Gehst du mit?«

Sie gehen ins Bett.

Ich folge ihnen.

Ich weiß, daß ich ignoriert werde, aber ich möchte unbedingt dabei sein.

Sie reden noch lange über diesen schrecklichen Abend, und meine Kleine ist mit ihren Gedanken auch immer bei Beppis Sohn, der nun so unendlich alleine da drüben seinen grausamen Kampf auszustehen hat. Es ist schon lange nach Mitternacht, und sie sollten nun endlich in einen heilsamen Schlaf fallen.

Doch die Kleine fürchtet sich, das Licht auszumachen.

»Ich sehe ihn, sobald ich die Augen schließe«, sagt sie erschöpft.

»Ich werde das Licht brennen lassen. Macht es dir etwas aus?«

»Nein, laß es ruhig an, wenn es dir hilft.«

Mein Großer schläft nach einer Weile ein, während meine Kleine mit offenen Augen die Zimmerdecke anstarrt, bis sie ihr endlich auch zufallen, und sie in einen Schlaf voller Alpträume fällt.

Sie zappelt im Bett nur so herum. Der Eintritt in ihr nächtliches Chaos ist frei.

Danach

Am nächsten Morgen, in dem Moment, wo sie die Augen aufschlägt, fällt das vergangene Entsetzen brutal über sie her.

»Ich kann das nicht glauben«, sagt sie, als sie aufsteht.

»Ich meine, das alles nur geträumt zu haben. Aber es ist wahr. Es ist so verdammt wahr. Ich möchte nicht mehr denken.«

Sie fühlt sich, als hätte sie kein Auge zugemacht.

Sie hat die ganze Nacht mit ihren Alpträumen durchgetanzt.

Irgendwann geht sie zur Arbeit.

Die Zeit davor hat sie irgendwie herumgebracht.

Sie hat es durchgezogen wie jeden Morgen.

Aufstehen, Kaffe, Bad, Katzenfutter und so weiter.

Als sie wieder nach Hause kommt, schenkt sie sich als erstes ein riesiges Glas Wein ein.

»Ich muß das vergessen, Fritzi«, entschuldigt sie sich bei mir, als ich sie mahne.

Sie drosselt mit dem Alkohol ihre Gedanken, die sie, wie es scheint, nicht mehr ertragen kann, weil sie sich aufschäumen wie ein frisch eingeschenktes Bier.

Das heißt, sie meint, daß sie mit dem Wein müde wird und auf der Stelle einschläft, damit sie nicht mehr denken muß.

Mein Großer ist bei Beppis Sohn.

Als er zurückkommt, spielt sich dasselbe wie gestern ab.

Er schläft irgendwann ein.

Meine Kleine liegt mit geöffneten Augen im Bett und wartet, bis der Schlaf sie endlich holt, noch ehe ihr Beppis toter Blick begegnet.

Am vierten Tag kommt dann Elki zu uns.

Sie hat gehört, was passiert ist, und sie meint, daß sie meiner Kleinen beistehen muß.

Das finde ich echt gut von ihr, denn ich weiß mir mittlerweile nicht mehr zu helfen.

Meine Kleine erlebe ich nur noch volltrunken.

Sie kommt von der Arbeit heim, trinkt so schnell wie möglich, so viel wie möglich, legt sich ins Bett und schläft.

Na ja, schlafen kann man das eigentlich nicht nennen.

Auch heute, als Elki klingelt, entschuldigt sie sich gleich.

»Elki, ich bin betrunken. Ich hoffe, du nimmst mir das nicht übel, aber ich brauche das im Moment.«

Elki versteht, und sie läßt die Kleine erzählen.

Diese sitzt auf der Couch in der äußersten Ecke.

Die Beine angezogen und die Arme krampfhaft vor ihrem Herzen verschränkt.

Sie braucht überhaupt keinen Platz, weil sie eigentlich gar nicht da ist.

Sie ist wieder in der Hütte, wie jeden Abend, wenn die Ablenkung durch die täglichen Pflichten nachläßt.

Bis heute hat sie nicht darüber geredet.

Nicht einmal mit meinem Großen.

Aber es muß sein.

Es muß endlich sein.

Ihre derzeit so chaotische Welt jenseits des Verstandes muß wieder in Ordnung kommen.

Sie weiß, daß sie darüber reden muß, sonst wird sie keine Ruhe finden können.

Schleppend erzählt sie, was an diesem Abend war.

Nicht Beppis Selbstmord hat sie so stark verwundet.

Das war abzusehen.

Wahrscheinlich war es Zeit zu sterben.

Er hat schon immer mit dem Tod geliebäugelt.

Er hat sich diesen lebensvernichtenden Einfluß selbst geschaffen, und nun hat er die Bilanz aus seinem Leben gezogen.

Sein Leben ist recht laut gewesen, aber sein Tod war es auch.

Und diesen lauten Tod, seine Art, zu sterben, kann meine Kleine nicht verkraften.

»Ich werde gewaltig an mir arbeiten müssen, das alles vergessen zu können«, sagt sie, als sie aus der Ferne die Sirene eines Rettungswagens hört.

»Sie kommen. Sie kommen schon wieder. Genauso war es an diesem Dienstag«, sagt sie zu Elki und bricht zusammen.

Sie weint endlich die bitterlichen Tränen, die sie nun schon seit Tagen in sich behielt. Sie schüttelt sich und schluchzt, wie ich es noch nie bei ihr erlebt habe.

Elki nimmt sie in die Arme, und sie versucht vergeblich, sie zu trösten.

Nein, nein, denke ich.

Laß sie.

Es muß aus ihr heraus. Vorher wird es sie nicht in Frieden lassen.

Elki hält meine Kleine fest und läßt sie ihr Innerstes ausleeren.

Nach einer Weile geht es ihr etwas besser.

»Weißt du, ich bin seitdem immer alleine, und ich danke dir, daß du gekommen bist. Du hast mir sehr geholfen«, sagt sie erleichtert.

Ja, sie ist immer alleine, weil mein Großer bei Beppis Sohn nach dem Rechten sieht.

Das muß sein, das weiß sie.

Aber es wäre besser, wenn sie nicht so alleine wäre.

Ich nehme an, sie hat ein leichtes Trauma, welches sie nur bewältigen kann, wenn sie darüber redet.

Und diese Augen.

Beppis Augen lassen sie nicht zu Ruhe kommen.

Darum bleibt auch nachts immer das Licht an.

Sie möchte diese Augen nicht mehr sehen.

Spät abends verläßt uns Elki wieder, und die Kleine geht schlafen.

Heute tut der Alkohol seine Pflicht, aber sie kann nicht so weiter machen.

Die Zeit muß den Schaden wieder heilen.

Paradies mit Widerhaken

Der Ausweg

Die Wunden meiner Kleinen wollen nicht heilen.

Während mein Großer den Rest der Familie von Beppi betreut, wird sie immer seltsamer.

Zwar trinkt sie nicht mehr, aber sie ist eigentlich nicht mehr meine Kleine, die sie einmal gewesen ist.

Ich mache mir arge Sorgen.

Wo soll das bloß noch hinführen?

Jedesmal, wenn sie den Rettungswagen durch den Ort fahren hört, verkrampft sie sich total und bekommt Atemnot.

Es herrscht bei uns die absolute Burgbeleuchtung, weil sie sich vor der Dunkelheit fürchtet.

Sie redet kaum noch etwas, weil sie zu sehr mit diesem Bild beschäftigt ist, das sie an jenem Abend gesehen hat.

Sie kommt mir so abwesend und so erschöpft vor.

»Ich muß in die Hütte gehen«, sagt sie meinem völlig verblüfften Großen, als er nach Hause kommt.

»Ja, ich muß in die Hütte. Ich muß sehen, wie es nun dort unten aussieht. Ich glaube, das ist die einzige Möglichkeit, dieses schreckliche Bild loszuwerden.«

»Du willst zur Hütte? Ich sollte sie abreißen«, sagt mein Großer.

»Gehst du mit?«

»Ich wollte sie eigentlich nie wieder betreten«, gibt er zu.

»Aber ich muß dorthin. Ich werde verrückt, wenn ich diese Vorstellungen nicht bald loswerde. Alleine möchte ich nicht gehen. Gehst du mit?«

»Na ja, wenn es dir hilft.«

»Jetzt gleich«, sagt sie. »Die Sonne scheint, dann ist es nicht so schlimm, wenn es hell ist.«

Er fühlt sich überrumpelt, aber er hat auch mitgekriegt, wie es um die Kleine steht.

Darum widerspricht er nicht und tut ihr den Gefallen, sie zu begleiten.

Vielleicht muß sie sich tatsächlich damit konfrontieren, um wieder zu sich zu kommen.

Ich folge ihnen.

Im Gegensatz zu meinem Großen stehe ich zu meinem Versprechen, die Hütte nie wieder zu betreten.

Ich warte draußen.

»Siehst du«, sagt die Kleine, »ich hatte ein total falsches Bild.«

253

Es hat alles so bombastisch und dunkel ausgesehen in diesem Augenblick, als ich fast mit dem Beppi zusammengestoßen bin. Diese Pfosten habe ich viel stärker in Erinnerung, und diese Querstreben dort oben, wo der Strick noch hängt, war in meiner Einbildung dreifach so dick. Dabei sind es eigentlich nur Bretter und Stangen. Genau das ist es, was ich richtigstellen mußte. In dieser Sekunde haben sich so viele Eindrücke in mein Gehirn geprägt. Verfälschte Eindrücke. Verfälscht durch den Schock.«

Sie hört gar nicht mehr auf zu reden, und sie redet darüber, als wäre es das Natürlichste auf der Welt.

»Ich bin froh, daß ich hierher gekommen bin. Ich glaube, jetzt kann ich wieder zu mir kommen. Sieh dir das an. Da steht noch die Leiter. Er muß sich draufgestellt und sich in das Seil gehängt haben, bis er bewußtlos geworden ist. Meinst du, er hat es spontan gemacht? Ich kann mir das nicht vorstellen. Wenn ich denke, wie lange er sich vielleicht noch hier aufgehalten hat und sein Leben noch einmal durchgegangen ist.«

»Laß uns gehen«, sagt mein Großer und zieht sie aus der Hütte.

»Ja, laß uns gehen«, denke ich.

Ich habe eine Gänsehaut, obwohl die Sonne mein Fell erwärmt. Ich möchte hier weg.

Wir laufen über die Wiese, und jeder ist bei seinen Gedanken.

Ja, es war gut, daß die Kleine noch einmal hierher gekommen ist und sich das alles angesehen hat.

Es wird ihr helfen, das Erlebte zu verarbeiten.

Sie wird das, was der Beppi getan hat, verdrängen und versuchen, das letzte, verdorbene Jahr zu vergessen.

Sie wird sich an die Zeiten erinnern, als die Hütte gerade aufgebaut war und wir unsere Abende dort zusammen verbracht haben.

Als Gisela noch lebte und der Beppi noch friedlicher war.

Die Kleinkarierten

Die Zeit heilt alles.

Es ist wirklich so, daß nach einem gewissen Abstand die Ereignisse den Schrecken verlieren.

Meine Kleine hat sich wieder gefaßt.

»Es soll dem Beppi nicht gelingen, mich zu belasten, obwohl er nicht mehr da ist«, hat sie vor ein paar Tagen zu mir gesagt.

Sie konzentriert sich wieder auf Dinge, die sie erfreuen.

Den Frühling, zum Beispiel.

Er ist schon ganz schön vorwitzig.

Bis vor kurzem hatten wir die heftigsten Schneegestöber.

Es schneite, wie es im dicksten Winter nicht geschneit hat.

Winterzeit zum Frühlingsanfang.

Mitten im März.

»Ich muß aufpassen, daß ich nicht aus Versehen Weihnachtskarten als Ostergrüße verschicke«, witzelte die Kleine.

Nun ist er da.

Mit all seinen Gaben baut er uns auf und bringt uns in Bewegung.

Eins gefällt der Kleinen überhaupt nicht.

Die Vögel sind verschwunden.

Seit die Elstern in das Viertel eingezogen sind und sich explosionsartig vermehren, haben sich unsere Singvögel zurückgezogen.

Zuerst hat sie es nicht bemerkt.

Sie werden halt noch im warmen Süden sein.

Irgendwann, als es höchste Zeit gewesen wäre, daß sie nun endlich auftauchen, hat sie dann bewußt darauf geachtet, daß sie am Morgen nicht mehr vom Vogelkonzert, sondern vom Wecker geweckt wird, und von diesem nervenden Elsterngezeter.

Nur noch ganz selten kann sie das von ihr so sehr geliebte Vogelgezwitscher hören.

Sie empfindet das Nichtvorhandensein ihrer Vögel als eine schlimme Sache.

Eigentlich ist das für sie eine Katastrophe.

Sie ist traurig, und sie verflucht die Elstern, die ihr ein Stück Lebensfreude gestohlen haben.

Es bleibt ihr nur die Hoffnung, daß diese Diebe in Federn Wanderer sind und sich bald einen neuen Standort suchen.

Dann werden die anderen Vögel zurückkehren.

Aber ihre Freunde sind wieder da.

Diese kleine Käferchen mit den karierten Flügeln.

In der Küche auf der Fensterbank haben sie sich angesiedelt.

Die Kleine nennt sie Frühlingsboten, denn wenn sie wieder da sind, dann ist Frühling.

Sie hegt und pflegt die Käferchen und setzt sie in die Blumentöpfe zurück, wenn sie von den Blättern purzeln und auf dem Rücken liegend herumzappeln.

Sie danken ihr diese Hilfe, indem sie sich unermüdlich vermehren.

Eines Samstags, es ist ein wunderschöner Tag, wimmelt die

Küche nur so von dankbaren Karierten.

Jetzt wird es ihr aber doch zu bunt.

Sogar an meinem Trockenfutter vergreifen sie sich.

Das geht nicht!

Die Kleine sammelt die Freunde ein und schenkt ihnen die Freiheit.

Das macht sie nun jeden Tag, um eine Invasion der Freunde zu verhindern.

Täglich sammelt sie fünfzehn bis zwanzig Schottenkäfer ein und läßt sie auf dem Balkon fliegen.

Manchmal ist sie es leid, aber sie hat es ja so gewollt.

Ja, ja! Mit ihrem Willen ist es wie bei meinem Stamm. Er kann noch so stabil sein. Ein bißchen schwankt er immer.

Sollte mein Großer jemals die massenhafte Anwesenheit ihrer Freunde

bemerken, dann wird es kurz danach keinen einzigen davon mehr geben.

Lebendig, meine ich.

Tot schon, weil er sie in Insektenvernichtungsmittel baden wird.

Die Keine hofft natürlich, daß die kleinen, fliegenden Schachbretter sich verstecken.

Die, die das nicht tun, bringt sie in die sichere Freiheit.

Sie wird einmal eine Lebensrettungsmedaille kriegen.

Auch ist sie inzwischen ein As in Sachen Geburtenkontrolle.

Sie ist unermüdlich, wenn es darum geht, die Vermehrung der kleinen Freunde in Grenzen zu halten.

Ständig ist sie am Einsammeln und Aussetzen.

Sie hat herausgefunden, daß sie bei schönem Wetter besonders aktiv sind, und daß sie immer am Nachmittag ein Stelldichein geben.

»Ich glaube, die fliegen ums Haus und kommen zum Küchenfenster wieder hinein«, sagt sie, als die Kleinkarierten es wieder besonders dreist treiben.

Na, dann schau halt mal in den Lobelien nach, denke ich.

Ich bin fast sicher, daß sie dort ihre Kinderstube haben.

Warum sonst sollte diese Saatschale so mager mit kleinen Pflänzchen bestückt sein?

Die Käfermama hat ihre Nachkommen in dieses Nest mit Futtervorrat gebettet.

Die Käferkinderlein sind gut getarnt und bestens mit köstlichem Lobeliensamen versorgt.

Die Kleine hat's natürlich gemerkt, will's aber nicht wahrhaben.
Es werden halt minderwertige Samen gewesen sein.
Sie ist wieder mal in der Zwickmühle.
Sie mag die Lobelien, sie mag aber auch die kleinen Karierten.
Sie gönnt ihnen den Samen und die Pflänzchen.
Sie hat ja mehrere Saatschalen vorbereitet.
Was aber wird sein, wenn die Freunde in die anderen Schalen überlaufen?
Dann bleibt mein Balkon in diesem Jahr nackt und kahl.
Sie will abwarten.
Es kommt ganz darauf an, wie sie gelaunt ist.
Ist sie gut drauf, sammelt sie.
Wenn sie nicht so gut gelaunt ist, verzieht sie schon mal das Gesicht und läßt ein »Oh, seid ihr lästig« heraus.
So wie heute.
Nach dem Heimkommen geht sie gleich in die Käferernte und läßt sie fliegen.
Übrigens hat sie mir früher immer erst mein Futter gegeben.
Das kommt neuerdings an zweiter Stelle.
Erst die karierten Stecknadelköpfe, dann der Fritz.
Sie hat also wieder mal eineinhalb Dutzend Krabblern die Freiheit geschenkt, als sie zurück in die Küche kommt, wo ich schon ungeduldig auf mein Futter warte.
Da erwischt sie doch glatt zwei Exemplare, wie sie mitten auf der Fensterbank ihrem Liebesleben nachgehen.
»Das habt ihr euch so gedacht, ihr Schamlosen! Raus mit euch! Ihr könnt draußen weitermachen und euren Nachwuchs dort zur Welt bringen.«
Sie schnappt die zwei eng Umschlungenen und schmeißt sie aus der Wohnung.
Ich warte noch immer auf mein Futter.
Wieder in der Küche, bemerkt sie den einsamen Karierten, wie er munter auf dem Tomatenpflänzchen herumturnt.
»Macht ihr nur so weiter, dann werde ich härtere Geschütze auffahren. Ich lasse mir doch von euch nicht alles kahlfressen. Wenn ihr nicht spurt, dann gibt's Krieg!«
»Mit Insektenspray«, meckere ich leicht säuerlich, denn die Biester sind schuld, daß ich immer so lange auf mein Futter warten muß.
»Was ist mit meinem Futter? Gibt's jetzt endlich was«, mahne ich die Kleine, die gerade den Tomatenartisten abgeseilt hat.

»Fritz, kannst du nicht etwas geduldiger sein, wenn es ums Futter geht«, fragt sie genervt.

Immerhin warte ich ja erst eine halbe Stunde.

Ich habe nie länger als eine Minute auf mein Futter warten müssen.

Seit Ankunft der Freunde hat sich das geändert.

Aber so lange wie heute habe ich noch nicht gewartet.

Ich dachte schon, sie hat mich vergessen.

Außerdem hat sie »Fritz« gesagt, und das in einem dermaßen gestreßten Tonfall, als wäre ich ihr schon stundenlang auf die Kekse gegangen.

»Beeile dich, sonst fresse ich deine Freunde!«

»Jaa, jaa! Es ist ja schon gut.«

Sie läßt wieder alles bei mir aus.

Da muß ich mir wohl die Nickel schnappen.

Ich kann es, verdammt noch mal, nicht leiden, wenn man mich dafür büßen läßt, weil man mit anderen Sachen überfordert ist.

Der Superschlaue

Es war einmal ein superschlauer Kleinkarierter.

Immer, wenn meine Kleine ihn von der Pflanze pflücken wollte, ließ er sich fallen und verschwand im untersten Gestrüpp.

Normalerweise dreht sie die Käfer auf den Rücken.

Dann zappeln sie und erklimmen dankbar ihre Fingerkuppe, mit der sie nach ihnen tupft.

Nun läßt sich der Bengel ins Unterholz kullern.

Unerreichbar für die Kuppen meiner Kleinen.

Dreimal nahm sie Anlauf, den Schlauen zu erwischen, als der wieder die oberen Gefilde erklommen hatte.

Dreimal konnte er sich der Verhaftung entziehen, indem er sich in sein dichtes Gestrüpp-Versteck stürzte.

Beim vierten Mal hat er sich dann gründlich verschätzt.

Er kletterte an den äußeren Enden der Pflanze, und als er sich dann fallenließ, lag er plötzlich auf dem Servierteller.

Nämlich auf der Fensterbank, wo ihn die Kleine bequem umdrehen und auftupfen konnte.

So ein Pech aber auch!

Er war der letzte, einsame Schachbrettkäfer.

Alle anderen habe es vorgezogen, draußen in der Natur

weiterzuleben.

Sie haben sich nicht einmal von uns verabschiedet.

Der Einsame, der meiner Kleinen doch noch einmal entwischen konnte, flog noch eine Weile in der Küche umher, und irgendwann hat er sich durch das Fenster fortgestohlen, um seinen Kameraden zu folgen.

Jetzt kriege ich wieder pünktlich mein Futter.

Und wehe, wenn nicht.

Dann lasse ich mir ein kariertes Fell wachsen und fresse sämtliche Saatschalen leer.

Ende der Legende.

Käsestückchen

Die Käfer haben uns verlassen, und nun kann ich mich wieder voll auf die Nickel konzentrieren.

Sie hat sowieso noch etwas gut bei mir.

Ich muß mich noch abreagieren, weil die Kleine mich wegen der Karierten angepflaumt hat.

Ich finde sie bei ihrem Futternapf.

»Sag mal, Nickel, kannst du nicht etwas geduldiger sein, wenn es ums Futter geht?«

»Ooooh Fritz! Plaudere dich bloß nicht bewußtlos, und rede vor allem nicht solchen Quatsch. Was willst du überhaupt von mir? Laß mich doch in Ruhe.«

»Ich rede keinen Quatsch. Ich rede den Tatsachen entsprechend. Du bist absolut ungeduldig, wenn es ums Futter geht. Du schlingst. Na ja. Du kennst es halt nicht anders«, sage ich bewußt verständnisvoll, setze mich neben sie und beobachte sie beim Essen.

Das kann sie überhaupt nicht leiden, und weil ich das weiß, räuspere ich mich kurz, damit sie merkt, daß ich dicht bei ihr hocke.

Ich höre es so gerne, wenn sie ihr Futter maulend in sich hineinstopft. Sie jault regelrecht.

Sie schmatzt und gurgelt wie ein verstopfter Badewannenabfluß.

Dabei schielt sie wütend zur Seite und läßt mich nicht aus den Augen.

Plötzlich verschluckt sie sich.

Jetzt kriegt sie einen langen Hals und eine spitze Nase.

Sie japst nach Luft und hustet das Bröckchen heraus.

»Siehst du. Das kommt davon, wenn man so ungeduldig ist,

wenn es ums Futter geht.«

»Mein lieber Fritz! Ich kann dir zeigen, wie es aussieht, wenn ich ungeduldig mit einem roten Blödmann bin. Du hast es bald erreicht.«

»Ist ja schon gut. Ich habe gesehen, was ich sehen wollte.«

Hat sie eben 'Mein lieber Fritz' gesagt?

Ich glaube, da habe ich mich aber gewaltig verhört.

Obwohl, sie ist in letzter Zeit recht nett zu mir, das muß ich zugeben. Sie zeigt eine seltene, seltsame Liebenswürdigkeit.

Vielleicht hat sie wieder einen hartnäckiger Verehrer und braucht mich zu ihrem Schutz.

Die Zeit wäre genau richtig.

Wenn ich es mir richtig überlege, ist sie sogar außerordentlich nett zu mir.

Es gibt nur zwei Möglichkeiten: Entweder braucht sie meine Hilfe, oder sie will mich reinlegen. Etwas anderes kommt bei dem Biest nicht in Frage.

Daß sie mich vielleicht mag und sie sich letztendlich doch noch in mich verknallt hat, ist so unwahrscheinlich wie ein Zimmerbrand in einem Rohbau.

Das kann ich mir abschminken.

Zu oft hat sie meine Zuneigung wie eine zarte Feder in den Wind gepustet, so daß sie in wirbelnder Hektik zu Boden schleuderte.

Seit sie damals unter meine Haut geschlüpft ist, war ich immer gerade einen Schritt hinter ihr.

Ich habe fast den Mut zum Glücklichsein mit ihr verloren.

Ein einsames Herz ist besser als ein gebrochenes Herz.

Auf keinen Fall würde sie die Blöße zeigen, sich nach so langer Zeit der Auseinandersetzungen an mich zu verschwenden.

Niemals!!!

Also lassen wir das.

Ich werde schon noch herausfinden, warum sie so freundlich ist.

Und wehe, sie legt mich rein.

Morle wartet unten. Das heißt, es gibt Scheiblettenkäse.

Immer wenn Morle auf der Wiese hockt und zu meinem Großen hochschaut, kriegt er ein Eckchen Käse.

Ich auch, und die Nickel selbstverständlich ebenfalls.

Nicht, daß Morle betteln würde.

Er setzt sich unten hin, blinzelt meinen Großen an, bis der freiwillig den Käse herausrückt.

Morle und ich haben unser Eckchen sofort aufgesaugt.

260

Nickel genießt wieder einmal.

Ich muß zusehen, wie sie dieses Käse Eckchen zelebriert, und es fehlt nur noch, daß sie sich eine Serviette umbindet.

Der Käse liegt immer noch vor ihren Pfoten, und ich kriege die Wut, weil sie so eine Schau macht.

»Möchtest du ein Stückchen Käse, Fritz?«

»Was?!! Ich habe Halluzinationen.«

Ich glaube, eben gehört zu haben: »Möchtest du ein Stückchen Käse, Fritz«.

Meine Kleine sollte mich schleunigst zum Weißkittel bringen oder besser gleich zum Psychiater.

Ich muß einen Webfehler haben.

Oder zwei?

»Möchtest du, oder möchtest du nicht?«

Hilfe, hilfe!!!

Ich schnappe gleich über. Ich drehe durch.

Ich habe schlimmste Wahnvorstellungen.

Da ist doch irgendwo ein Haken.

Das ist doch wieder eine Linkerei von ihr.

Gleich wird sie mir den Boden unter den Pfoten wegziehen, und ich falle in ein tiefes Loch. »Die Sache spricht mich überhaupt nicht an«, gebe ich mich desinteressiert und gelangweilt.

»Aber flüstern tut sie schon ein bißchen. Nicht wahr«, zwitschert sie spitzbübisch.

»Du willst mich doch auf den Arm nehmen. Stimmt´s?«

»Nö!«

»Fritz, Liebster! Ich schenke dir meinen Käse.«

Oh nein! Habe ich giftige Pilze gegessen, und der Wahn packt mich, bevor ich elend sterbe? »Kökökönntest du das noch einmal wiederholen?«

»Was? Das mit dem Käse?«

»Nein, das davor, nach dem Fritz.«

»Nö!«

»Schade.«

»Möchtest du den Käse, oder soll ich ihn selbst essen?«

»Hmmm!«

»Was?«

»Ich möchte den Käse.«

»Dann nimm ihn dir endlich.«

Vorsichtig gehe ich auf Nickel zu.

Sie weicht nicht einen Millimeter.

Jetzt wird gleich die Balkondecke einstürzen.

Sicher hat sie einen Riß entdeckt, es Knacken gehört oder so was.

Nun lockt sie mich unter die Bruchstelle, um mich ein für allemal loszuwerden.

Aber warum bleibt sie bei mir?

Sie würde mit mir erschlagen werden.

Also keine einstürzenden Balkondecken.

Es wird wohl so sein, daß sie mir ihr Stückchen Scheiblettenkäse schenkt.

Jetzt aber ran, an den Speck.

Ich pflücke mir das Eckchen vom Boden, zerre es in Sicherheit und schlinge es hinunter.

Nein, ich knalle mit der Nase auf die Platten, weil ich so gierig bin, schlinge gar nichts hinunter, außer Luft und handle mir einen gehörigen Schluckauf ein.

Das Käsestückchen klebt noch immer auf dem Boden. Das war der Haken.

Weil sie es nicht abgekriegt hat, überließ sie es mir großzügig.

Vielen Dank für meine demolierte Nase.

Nickel grinst mich an, und wenn ich nicht einen Schluckauf hätte, würde ich sie plattmachen, wie der Käse auf dem Boden.

Mich derart zu verunsichern und schamlos auf meinen heiligsten Gefühlen herumzutrampeln.

»Liebster«, pa!

Eben sehe ich, daß ihr Grinsen gar keines ist.

Es ist ein Lächeln.

Ein Lächeln huscht über ihr Gesicht.

Sie lächelt mich an.

Was soll das jetzt schon wieder.

Ich traue ihr nicht mehr.

Sie zwinkert mich an, und mit diesem Augenzwinkern sehe ich schließlich klar.

Eine Erinnerung kommt in mir auf.

Ich hatte die Zeit bereits total vergessen.

Vor Jahren, als Nickel mit dem neuen Nachbarn nebenan eingezogen ist und ich sie zu meiner Auserwählten machte.

Auch damals hatte ich eine demolierte Nase, weil ich diese, bis über die Schmerzgrenze hinaus, gegen die Scheibe der Balkontür preßte, um Nickel zu sehen, die zu dieser Zeit noch Julia hieß.

Und einen Schluckauf hatte ich, weil ich zu lange die Luft anhielt, damit die Scheibe nicht zugehaucht wurde.

Mein Schluckauf hatte die Form von kleinen Herzen, und ich hoffe, daß das im Moment nicht der Fall ist.

Und wenn, dann hoffe ich, daß Nickel plötzlich blind wird.

Wenn ich in diesem Augenblick eins nicht vertragen kann, dann ist es, daß ich mich ihr offenbare und damit ausliefere.

Sie hat mein Feuer erneut entfacht, auch wenn ich das nicht mehr für möglich gehalten hätte.

Ich bin genauso verknallt wie vor sechs Jahren, als ich ihr zum ersten Mal begegnet bin.

»Siehst du, Fritz. Es wiederholt sich alles«, säuselt sie, und damit meint sie meine Nase und meinen Herzschluckauf.

»Du solltest auf diese Zeichen achten. Sie sind bestimmt nicht ohne Grund vorhanden. Chancen kann man auch auf den zweiten Blick erkennen.«

Ja, da hat sie recht, auch wenn ich nicht ganz kapiere, wie sie das jetzt gemeint hat. Diese Zeichen entziehen sich meiner Sehschärfe.

Und trotzdem hat sie mir ihren Käse geschenkt.

Es wäre ein Leichtes für sie gewesen, mit ihrer Rasiermesserzunge den festgeklebten Käse zu lösen.

Nickel hat mir ihren Käse geschenkt, Nickel hat mir ihren Käse geschenkt. Hicks!

Ein Himmelsgeschenk.

Ich darf jetzt nicht nachgeben.

Ich habe den Zipfel in der Hand, und vielleicht gehört mir bald die ganze Decke.

Sie will mich, sie will mich nicht. Hicks!

Sie macht gewisse Andeutungen.

Keine eindeutigen Andeutungen, aber Andeutungen. Hicks!

Immerhin.

Hicks!!!

Es sieht so aus, als hätte ihre Zuneigung mich schließlich doch noch gefunden.

Hicks!!!

Ich muß etwas trinken. Hicks!

Nickel kriegt ihre Zeit, das ist ganz klar.

Ich wage es kaum zu denken, aber es scheint wirklich so, als hätte sie mich als ihren Verehrer auserkoren.

Die Liebe ist gerade noch einen Herzschlag von mir entfernt.

Oder ist das wieder eine Variante ihrer gemeinen Spielchen?

Es würde mich nicht wundern.

263

Ich weiß nicht, was ich davon halten soll.

Jedenfalls muß ich äußerst vorsichtig sein.

Seit Jahren gehen wir uns auf die Nerven, und nun sollten wir uns plötzlich vertragen. Ja, sogar mögen.

Einfach so?

Das ist mir zu hoch.

Ich hätte von Anfang an nichts gegen eine Verbindung gehabt, aber sie hat ja immer alles abgeschmettert, was von mir kam, und so hat sie mich mit ihrer Fiesheit infiziert.

Ich traue dieser linken Kartoffel nicht.

Das ist doch alles China.

Zu weit weg.

Unerreichbar.

Romeo

Ich muß mit Morle reden.

Ich bin so verwirrt, daß ich alleine auf keinen klaren Gedanken komme.

Er sitzt noch immer unten im Gras, und ich werde ihn um eine Unterredung bitten.

»Morle, komm mit. Ich muß mit dir reden«, sage ich, nachdem ich vom Baum gesprungen bin.

»Ja, ja. Ich kann mir schon denken, um was es geht.«

»Ach ja?«

»Natürlich! Schließlich habe ich doch Lauscher auf dem Kopf.«

»So, hast du?«

»Ja! Es geht um das Käse-Eckchen, und du hast dich wieder als Romeo verkleidet. Stimmt's?«

»Na ja. So könnte man es auch sehen«, gebe ich zu, und ich spüre, wie sich meine Ohren färben.

Hat er mich doch schon wieder durchschaut, der Oberpsychologe.

Er denkt, daß er seine Ameisenstudien auch bei mir anwenden kann.

Ich kann mir absolut keine frisch verliebte Ameise vorstellen.

Beim besten Willen nicht.

»Also, Morle. Ich bin keine Ameise, ich bin dein Bruder, und ich habe ein Problem.«

»Du hast ein hübsches Problem, würde ich mal sagen.«

Wenn er jetzt nicht gleich aufhört zu sticheln, kriegt er eine Abfuhr.

»Morle, jetzt sei doch ernst. Hast du das vorhin mitgekriegt?«

»Das mit dem Käse? Logisch! Ich war ja hautnah dabei, sozusagen.«

»Und?«

»Was und?«

»Na, und. Was sagst du dazu?«

»Das, was ich dir vor etlichen Jahren auch schon gesagt habe, als du zum ersten Mal deinen Juliarappel bekommen hast. Sei auf der Hut. Die Weiber sind unberechenbar. Du kennst Nickel inzwischen, und du weißt, daß sie die Kühnheit einer Schlange besitzt. Laß es halt auf dich zukommen, ehe du dich wieder umsonst versteifst. Du weißt ja, daß manche Romanzen pure Zeitverschwendung sind.«

»Ja, ich weiß das. Bis heute habe ich eigentlich einen großen Teil meiner Zeit für diese einseitige, nichtsnutzige Schwärmerei vergeudet. Aber plötzlich habe ich das Gefühl, als sei es doch nicht so unnütz gewesen. Vielleicht erntet meine jahrelange Geduld jetzt doch noch ihren Gewinn. 'Geduld macht jeden zum Sieger' sagt meine Kleine immer.«

»Man könnte gerade meinen, du magst dieses Biest tatsächlich.«

»Tue ich auch. Auch wenn ich es immer gesagt habe, aber gehaßt habe ich sie nie. Ich glaube, meine Ausbrüche waren eher das Produkt meines geschundenen Stolzes, weil sie mich immer hat abblitzen lassen. Heimlich habe ich sie geliebt, auch wenn ich das Gegenteil vorgetäuscht habe. Wie oft habe ich gefleht, daß sie eines Tages ein Teil von mir sein wird.«

»Aha! Dein Geständnis deutet mir, daß sie dich wieder ganz schön in der Kralle hat und du bereit bist, dir das Fell über die Ohren ziehen zu lassen.«

»Nein, ich möchte nur mit ihr zusammen sein.«

»Das kommt auf dasselbe heraus.«

»Du meinst, ich sollte es lassen? Ich soll den Rest meines Daseins neben meiner Geliebten leben, sie ignorieren und versuchen, sie zu hassen? Und das, obwohl sie mir zu verstehen gegeben hat, daß sie mich mag?«

»Jetzt übertreibst du aber wieder, Fritz. Ich meine nur, du solltest dich nicht so hineinsteigern. Sie muß den nächsten Schritt tun. Laß sie vorerst in Ruhe, sonst zerstörst du alles.«

»Ja, du hast recht, Morle. Wenn die Nickel aus sich herausgeht und mir ein Geschenk anbietet, hab' ich bestimmt noch mehr zu erwarten. Aber es muß von ihrer Seite kommen.«

»Ich nehme an, du läßt mich nun sitzen und stiefelst zu deiner neuen Flamme?«

»Woher weißt du das?«

»Aus Erfahrung, Fritz. Aus Erfahrung.«

»Bist du sauer?«

»Nö!«

»Also dann.«

Ich eile heim.

Natürlich möchte ich in der Nähe von Nickel sein.

Ich muß ja schließlich dabei sein, wenn sie mit mir flirtet.

Forelle satt

Ich komme gerade an meinem Baum an, als ich sie nach mir rufen höre.

»Frihitz! Die Forellen sind fertig. Wo bleibst du denn?«

Himmel, die Forellen!

Die hätte ich ja fast verschwitzt.

Mein Großer hat sie heute morgen gefangen, und wenn es Forellen gibt, kriegen Nickel und ich auch immer eine kleine geteilt.

Das ist auch neu, daß sie mich zum Essen ruft.

Früher wäre sie in die Astgabel gezischt und hätte so lange auf mich niedergefaucht, bis ich mich wieder verzogen hätte. Damit sie alleine abkassieren kann.

Nun lädt sie mich zum Essen ein.

Das ist aber jetzt eine ganz eindeutige Andeutung.

Mal sehen, wie das weitergeht.

»Hallo Nickel, wie geht es dir«, frage ich, als ich auf dem Balkon ankomme.

»Danke, sehr gut. Und selbst?«

»Auch gut. Wenn es Forellen gibt, geht es mir immer gut. Übrigens, ich danke dir, daß du mich daran erinnert hast. Ich hätte das glatt vergessen.«

»Keine Ursache, Fritz.«

»Haben sie schon gegessen?«

»Nein, die Kleine filetiert gerade den Fisch für uns.«

»Ja, ja. Damit sie dann in Ruhe essen können.«

»Du sagst es.«

»Fritzi, Mädele! Schaut, was ich für euch habe«, ruft die Kleine, und ich bin bereits nicht mehr zu bremsen.

»Laß es dir schmecken«, sage ich hastig und eile in die Küche, wo mich ein Zungengenuß allererster Güte erwartet.

Die Kleine ist wieder stolz, weil sie uns mit Forellenfilet verwöhnen kann.

Während ich die Fischteile in mich hineinschiebe, überlege ich, ob ich mich nicht für Nickels Geschenk revanchieren sollte.

Das wäre doch eine edle Geste, wenn ich ihr von meiner heißgeliebten Forelle etwas abgebe.

»Nickel, möchtest du etwas von meiner Forelle abhaben?«

»Natürlich, Fritz. Ich bedanke mich.«

Und schon hängt sie über meiner Schüssel.

Ich bin stolz, daß ich sie verwöhnen kann und sie mein Geschenk annimmt.

»Sagt mal, was ist denn mit euch beiden los. Ich dachte, ich hätte mich geirrt, als ich euch vorhin bei einem Plausch erwischt habe. Aber wie es scheint, habt ihr im Moment Waffenstillstand. Oder vertragt ihr euch nur wegen der Forelle«, wundert sich meine Kleine.

»Mii, mii«, meint Nickel, und ich stimme mit einem »Mä« ein.

Das heißt: »Wer weiß?«

»Das wäre ja der Wahnsinn, wenn ihr beiden Giftschleudern euch plötzlich leiden könntet«, witzelt die Kleine.

»Mii, mii! Mä!«

Ja, es wäre wirklich der Wahnsinn, nach so langer Zeit des absoluten Kriegs.

»Sag mal, Nickel, was ist eigentlich mit dir los. Ich meine, du zeigst dich plötzlich von deiner Zuckerseite, wo du mir doch jahrelang Pfeffer gegeben hast. Verstehe mich bitte nicht falsch.

Ich finde das natürlich toll und ich wünsche mir, daß es nicht nur wieder eine Laune von dir ist. Aber warum gerade jetzt?«

»Weil ich eben so lange gebraucht habe, um herauszufinden, ob ich dich mag oder nicht. Das ist alles. Schlimm?«

»Nö, natürlich nicht. Und du meinst, daß ich nun der Richtige für dich geworden bin.«

»Ja, du hast eben so lange gebraucht.«

»Ach, ich habe so lange gebraucht.«

»Genau. Du warst immer so unfertig.«

»So unfertig. Und weiter?«

»Na ja, so memmig halt!«

»Aha!«

Gerade fällt mir ein, daß Nickel mich anmacht, und nicht umgekehrt, wie das eigentlich der Fall sein sollte.

»Ich glaube, wir lassen das Ganze«, sage ich mit unterdrücktem Zorn. Ich würde es begrüßen, wenn du dich auf deinen Balkon zurückziehst, wo du hingehörst.«

»Ist das alles, was du mir zu sagen hast, Fritz?«

»Ich hätte dir noch mehr zu sagen, aber ich kann dich im Augenblick nicht mehr ertragen. Also gehe mir aus den Augen.«

»Ist gut, Fritz. Aber denke daran, daß jetzt alles an dir liegt.«

Nickel trollt sich auf den Balkon.

Das ist auch neu an ihr.

Normalerweise hätte sie mir etwas gepfiffen.

Meine Reaktion kenne ich irgendwoher, und ich weiß genau, daß sie mir den Weg verbarrikadiert wie ein umgestürzter Baum.

Ich habe eben genau denselben Fehler gemacht, wie damals, als ich zum ersten Mal um sie geworben habe.

Ich habe meinem Stolz das Feld überlassen, und er hat in einer Sekunde alles zerstört, was Nickel mir zu schenken bereit gewesen wäre, einschließlich ihrer selbst.

Ich habe mich wieder einmal selbst lahmgelegt.

Ich könnte mir die Zunge abbeißen.

Aber frech war das trotzdem von ihr.

»Memmig«. Pah!

Es wird alles wieder gut

Als Nickel schon eine ganze Weile draußen ist, und ich in meinem Zorn bade, höre ich auf einmal die typischen Schreie von Rivalenkämpfen.

Ich gehe auf den Balkon und kann gerade noch miterleben, wie Nickel der Susi eine auf das Fell brennt, und diese in die Büsche flieht.

»Und laß dich nicht mehr bei uns blicken«, zischt Nickel ihr nach.

Das imponiert mir ganz gewaltig.

Susi hatte mir vor ein paar Tagen ebenfalls ihre Zuneigung geschenkt, aber das paßt nicht in Nickels Plan.

Sauber, denke ich und mache es mir wieder auf meiner Couch bequem.

Es ist ein unsagbar prickelndes Gefühl, wenn zwei Weiber um einen kämpfen.

Ein Gefühl, mit dem man Berge versetzen könnte.

Ich glaube, die Nickel meint es wirklich ernst.

Trotzdem muß ich sie ärgern.

Ganz so einfach möchte ich es ihr doch nicht machen.

Ich habe mich nämlich auf ihren momentanen Lieblingsplatz gelegt.

Ich liege auf der kleinen Couch und döse, während die Kleine in der Badewanne liegt.

Beim Dösen muß ich eingeschlafen sein, und während ich schlief, hat sich Nickel wieder mal eine mittlere Frechheit geleistet.

Vielleicht möchte sie sich nur mit mir zusammentun, damit sie sich mehr herausnehmen kann.

Denn sie nimmt sich bereits jetzt zuviel heraus.

Sie hat sich ebenfalls auf die kleine Couch geschlichen und sich neben mir in die Kissen gekuschelt.

Wie soll ich das jetzt verstehen?

Will sie mich provozieren?

Will sie vielleicht Ohrfeigen?

So etwas habe ich noch nicht erlebt.

Völlig entspannt liegt sie mir gegenüber, räkelt und streckt sich ab und zu genüßlich und blinzelt mich verführerisch an.

Sie geht nun auf's Ganze.

Wenn das so ist, kann ich mich beruhigt auch wieder entspannen.

Ich räkle und strecke mich ab und zu genüßlich und blinzle Nickel verführerisch an.

Ich gehe auch auf's Ganze.

Nickel putzt sich, ich döse. Und umgekehrt.

Wenn ich mich strecke, wird sie kurz aufmerksam und döst danach wieder ein. Mein Himmel ist ein Platz auf Erden.

Auf der Couch.

Als meine Kleine aus dem Bad kommt, kann sie es gar nicht fassen, was da auf ihrer Couch abgeht.

Eine lange Weile steht sie ungläubig vor uns und beobachtet unser friedliches Techtelmechtel.

»Was ist passiert? Hast du sie betäubt, Fritz? Seid ihr krank? Da sind ja nicht einmal zehn Zentimeter Abstand zwischen euch. Warum prügelt ihr euch nicht? Ist das ein Trick oder seid ihr plötzlich ein Pärchen?«

Oh, laß uns in Ruhe, denke ich.

Antworte ihr einfach nicht, denke ich.

Zerstöre nicht diesen einmaligen Einklang einer süßen Liebe.

Wenn ich ehrlich bin, finde ich den Gedanken mit dem Pärchen recht verlockend.

269

Es ist schließlich schon immer mein Wunsch gewesen.

Das Paar, das in meinem Herzen ruht, heißt Mädele und Burli.

Die Kleine akzeptiert, daß wir im Augenblick ungestört sein wollen.

»Zwei dösende Katzen«, murmelt sie. »Die Ruhe in Perfektion.«

Sie setzt sich uns gegenüber auf die große Couch und labt sich an dieser Idylle, die wir ihr bieten.

Fassen kann sie es trotzdem nicht.

Glauben tut sie es mittlerweile, denn unser trautes Beisammensein dauert nun schon über zwei Stunden.

Zwei Stunden nichts anderes als Liebe und Verständnis.

Verstehen kann sie es nicht, aber sie bewacht unsere zarten Gefühle.

Wie sollte sie es auch verstehen, wenn nicht einmal ich es verstehe.

Ob Nickel es versteht?

Sie ist ja viel älter als ich.

Wenn das nur gutgeht.

Als mein Großer heimkommt, erzählt sie ihm, was geschehen ist.

»Vielleicht haben sie sich verlobt«, meint er.

Mag sein, mag sein, denke ich.

Hi, hi!!!

»Ich dachte immer, die Liebe meiner Katzen läß sich nur mit Milchdropsen oder Pastetchen kaufen. Da habe ich mich aber gewaltig geirrt«, stichelt die Kleine, und das nehme ich ihr jetzt ein bißchen übel.

Ich habe nie einen Hehl daraus gemacht, daß ich sie liebe.

Auch ohne Dropse und Pastetchen.

Aber die Liebe, die mich mit Nickel verbindet, ist doch eine ganz andere.

Sie wird an dem Verhältnis zu meiner Kleinen absolut nichts ändern können.

Im Gegenteil, denn nun sind wir ja eine richtige Familie.

»Die Liebe ist doch kein seltener Schmetterling. Sie ist ein Rohdiamant, der in jedem schlummert. Von Sehnsucht und Geduld immer und immer wieder geschliffen, wird er schließlich ein strahlendes Juwel. Nicht wahr, Nickel?«

»Du entwickelst dich zum Dichter, mein Lieber«, haucht meine Liebe.

»Ja. Bei deiner Gegenwart wird jeder zum Dichter, meine Liebe.«

»Das ist so unbedeutend wie ein Atemzug.«